本教材由上海对外经贸大学资助出版

行政领导学

吴小云◎编著

Administrative Leadership

中国经济出版社
CHINA ECONOMIC PUBLISHING HOUSE
·北京·

图书在版编目（CIP）数据

行政领导学 / 吴小云编著. -- 北京：中国经济出版社，2023.8

ISBN 978 - 7 - 5136 - 7414 - 0

Ⅰ. ①行… Ⅱ. ①吴… Ⅲ. ①行政管理 - 领导学 Ⅳ. ①D035

中国国家版本馆 CIP 数据核字（2023）第 149363 号

责任编辑　杨元丽
责任印制　马小宾
封面设计　任燕飞设计

出版发行　中国经济出版社
印 刷 者　北京科信印刷有限公司
经 销 者　各地新华书店
开　　本　710mm × 1000mm　1/16
印　　张　19.5
字　　数　264 千字
版　　次　2023 年 8 月第 1 版
印　　次　2023 年 8 月第 1 次
定　　价　69.00 元
广告经营许可证　京西工商广字第 8179 号

中国经济出版社　**网址** www.economyph.com　**社址** 北京市东城区安定门外大街 58 号　**邮编** 100011
本版图书如存在印装质量问题，请与本社销售中心联系调换（联系电话：010 - 57512564）

内容简介

领导学是研究领导活动基本规律的新兴科学，具有很强的实践性。行政领导学作为领导学的一个重要分支，是一门应用性很强的新兴交叉学科。它的主要研究对象、理论和研究方法来自领导学和行政学学科。行政领导学对培养具有广阔视野和领导素质与能力的复合型领导人才具有重要意义。

本书以马克思主义为指导，以领导学理论和实践为核心，以行政学、管理学、政治学、社会学、历史学和心理学等多学科知识为背景，不断发展创新，探讨公共部门领导者的领导活动规律和艺术，以便应用这些知识提高领导能力和艺术，激发领导潜能，培养强有力的公共部门领导者。

本书从追随行为的产生机制来理解领导力的作用原理，以领导有效性为目标介绍领导，即通过团队完成任务而非自己冲在一线，通过做好人的工作来做成事；关于如何激励人心的方法和艺术；核心是建立高质量的追随关系，让下属通过认同和内化领导价值而非迫于外界奖惩而做事；本质是一种影响力，是建立在不对称依赖关系基础上的广义权力。领导的权威体现在他人由衷的积极评价上，包括赞扬、尊重、信任和服从，而不是职务、头衔和权谋。领导活动的本质可以概括为先做人再做事，然后正确地做正确的事。

前　言

领导学在世界范围内备受关注，相关著述汗牛充栋，这与人们希望改善自己的个人生活、社会生活与职业生涯的愿望，以及组织希望找到或者培养优秀的领导人才以带领组织发展的愿望相契合。

领导是一门科学，更是一门艺术。对于个人而言，领导力是未来职业发展的核心动力；对于组织而言，领导是事业发展的推动力；对于国家与社会而言，领导是和谐、团结、发展的中流砥柱。

从庖丁解牛我们可以感悟领导方法与艺术的本质

从前，有个叫丁的厨师，称为庖丁，特别擅长宰牛。梁惠王知道后，就请他为自己宰牛剔肉。

庖丁宰牛剔肉的时候，凡是他手碰到的地方，肩膀靠到的地方，脚踩到的地方，膝盖顶着的地方，都发出“淅沥沥”“哗啦啦”的响声。只见他挥刀一刺，“哗”的一声，骨肉分离。庖丁解牛时的声音，就像有节奏的音乐一样；他的姿势优美，好像古代的《桑林》之舞；那动听的声音，仿佛古乐《咸池》的旋律。

看到这里，梁惠王拍手称赞道：“啊，好啊！太好了！你的技术怎么能达到如此神奇的境地呢?”

庖丁放下刀，回答说："因为我知道宰牛的规律，这比掌握一般的宰牛技术更进一步。我刚开始宰牛的时候，看到的也是一头完整的牛，不知道从什么地方下刀。3 年以后，我对牛的身体结构已经完全了解，呈现在眼前的再不是一头完整的牛，而是牛的骨节空隙。到了现在，我宰牛的时候，不用眼睛去看，感觉器官的功能都能不用，而是凭意念去接触牛体，用意念自然地指挥着手脚的动作。"

说到这儿，庖丁见梁惠王大惑不解的样子，接着解释道："在肢解牛体时，我会顺着牛身体的自然生理结构，把刀子插进筋骨间缝隙，通过骨节间的孔道，一切动作完全顺着牛本来的身体结构进行。刀子所经过的地方，连经络、筋腱都没有碰过，更不要说那些大骨头了。好的厨师一年换一把刀，这是因为他们要用刀割肉；一般的厨师一个月换一把刀，这是因为他们在肢解牛体时，要用刀子去砍骨头。"

说到这里，庖丁拿起自己的刀，掂了掂，继续说道："我的这把刀，已经用了 19 年，用它宰的牛也有几千头了，然而刀刃还像刚刚在磨刀石上磨过一样锋利。要知道，牛的骨节之间是有空隙的，刀刃却薄得几乎没有厚度，把这样的刀刃插入有空隙的骨缝中是很宽绰的，刀也有回旋的余地。19 年过去了，我的刀子还是这样的锋利。尽管如此，我也从不掉以轻心，每当遇到筋骨交错聚结的地方，我便把动作放慢，下刀也很轻。当牛的身体'哗'的一下分开，像泥土一样散落在地上时，我便提刀站立，环顾四周，从容自得、心满意足，把刀擦拭干净，好好地收藏起来。"

听到这里，梁惠王说："太妙了！有幸听到您的这番话，我从中悟出了养生的大道理。"

这个寓言故事对领导方法和艺术的启示：

从表面来看，艺术比方法带来更好的结果。普通厨师宰牛用刀砍骨、割肉毫无美感，庖丁解牛犹如音乐、舞蹈之旋律；一般厨师一个月用一把刀，好的厨师一年用一把刀，庖丁一把用了19年的刀宰牛逾千却仍然锋利无比。

从本质来看，艺术的本质是对规律的把握。这比方法更进一步。世上一切事物都有规律，按照规律办事，自然能够取得良好的效果。庖丁在肢解牛体时，顺着牛身体的自然生理结构进行，刀子就能够保持锋利。

艺术来自对技术的熟练运用。庖丁从“不知如何下刀”，到“3年后对牛身体了如指掌，呈现在眼前的不是一头完整的牛，而是牛的骨缝空隙”，再到“闭着眼睛，仅凭意念去接触牛体，用意念自然地指挥着手脚的动作”。经过长久的历练，他的宰牛技术不断精进，最终达到出神入化的境界。

艺术源于追求卓越的精神。庖丁宰牛多年，技术已经十分熟练，却依然不敢掉以轻心，直到大功告成的一刻。

艺术能给人带来成就感，一是自己做好事情的满足和从容；二是来自他人的赞扬和尊敬。

真相如同复杂的拼图，探索如同盲人在摸象

“有效领导是什么？”古今中外无数人试图给出自己的答案。人类历史告诉我们：领导学只有永恒的问题，没有永恒的答案。如同盲人摸象，每个人只能感知到部分的真实。当人们把这些部分真实拼接起来的时候，一幅完整的图画逐步清晰起来。然而，领导这幅拼图不是简单的十片、百片平面拼图，而是千片、万片包括人、情境、时间、地域等在内的立体拼图，这项艰巨的任务带来的挑战激励着大家努力做出自己的回答。40多年来，领导理论成为管理学研究的热点，领导学研究的大量文献、丰富实践以及培训供给等让人们的领导力提升路径变得非常便捷。

领导学是关于如何激励人心的方法和艺术。借助团队完成任务而非自己冲在一线，通过做好人的工作来做成事；核心是建立高质量的追随关系，让下属通过认同和内化领导价值而非迫于外界奖惩而做事；本质是一种建立在不对称依赖关系基础上的人际影响力。领导权威体现在他人由衷的积极评价上，包括赞扬、尊重、信任和服从，而非职务、头衔，或者权谋。领导活动的本质可以概括为先做人再做事，然后正确地做正确的事。

领导研究如同仰望星空

领导研究如同人们仰望星空：领导者就是仲夏夜那一轮满月，完美无缺、白得像雪、圆润如玉，吸引了人们几乎全部的目光；追随者就如同点缀夜幕的星星，只有几颗耀眼，其余则昏暗无光，较少得到人们的赞美和关注；而领导环境则是那广袤无垠的背景，到底蕴藏了多少奥妙人们尚知之甚少。

目　录

第一章　导　论

第一节　行政领导学的产生与发展 …………………………… 4

第二节　行政领导学的研究范畴 …………………………… 8

第三节　行政领导体制 …………………………… 18

第二章　领导与追随

第一节　领导的基本概念 …………………………… 34

第二节　领导的构成要素 …………………………… 40

第三节　追随的意义与内涵 …………………………… 45

第三章　领导职责

第一节　领导职责概述 …………………………… 54

第二节　领导职责的产生 …………………………… 57

第三节　领导职责的内容 …………………………… 59

第四章 领导权力

第一节 权力的本质与特性 …… 74
第二节 权力的类型 …… 80
第三节 权力与权威 …… 87

第五章 领导特质

第一节 特 质 …… 99
第二节 领导的生理素质 …… 100
第三节 领导的心理特质 …… 105
第四节 重要领导特质 …… 116

第六章 领导技能

第一节 3 种基本技能 …… 130
第二节 领导技能模型 …… 135
第三节 其他领导能力 …… 145

第七章 领导行为

第一节 领导行为的分类 …… 154
第二节 密歇根大学的研究 …… 157
第三节 俄亥俄州立大学的研究 …… 159
第四节 管理方格图 …… 162
第五节 关系行为与任务行为 …… 168

第八章 领导情境

第一节 领导活动的环境 …………………………………………… 178
第二节 路径—目标理论 …………………………………………… 183
第三节 情境领导模型 ……………………………………………… 191

第九章 二元关系

第一节 领导—成员交换关系的研究与发展 ………………………… 208
第二节 领导—成员交换关系的内容与测量 ………………………… 212
第三节 领导—成员交换关系的影响与评价 ………………………… 218
第四节 印象管理 …………………………………………………… 223

第十章 领导变革

第一节 变革型领导的定义 ………………………………………… 234
第二节 变革型领导模型 …………………………………………… 235
第三节 其他变革型领导观点 ……………………………………… 246
第四节 理论应用 …………………………………………………… 247

第十一章 诚实领导

第一节 诚实领导的定义 …………………………………………… 256
第二节 诚实领导的方式 …………………………………………… 259
第三节 理论应用 …………………………………………………… 270

第十二章　领导道德

第一节　“好领导”与“坏领导” …… 279
第二节　道德的基础理论 …… 284
第三节　领导的一般道德原则 …… 292

后　记…… 297

第一章 导论

[本章要点]

1. 了解行政领导学产生与发展的背景。

2. 明确行政领导学的研究范畴与方法。

3. 理解我国的行政领导体制与要素。

[引　例]

良臣与明君

魏征是唐太宗李世民的左膀右臂，长期担任尚书右丞，兼任谏议大夫。他以勇于进谏、监察朝政而名垂青史。魏征进谏贯穿的一个主导思想是“居安思危，戒奢以俭”。他不怕皇帝震怒，在其他大臣都敛声低头的时候，他依然能够神色镇定，从容陈词。

有一次，李世民出巡洛阳，住在昭仁宫，因为饭菜较差而对地方官多有谴责。魏征听说后对李世民直言道：“隋朝因为责备郡县不进奉食物，或是供物不够精美，为此事而无节制，以致灭亡。所以上天命陛下取而代之。您正应谨慎戒惧，约束自己，怎能让人因供应不奢侈而悔恨呢！如果认为充足，如今就很充足了；如果认为不足，比这多一万倍也会不知满足！”李世民听后感慨地说：“不是你，我听不到这样的话。”

李世民亲近、赏识魏征，魏征感怀唐太宗的知遇之恩，毫无隐讳地直言进谏200多项，全都切实可行，合乎唐太宗之意。李世民开明纳谏，让他少犯很多错误，最终开创了大唐盛世。

第一节　行政领导学的产生与发展

一、西方行政领导学的产生与发展

科学的产生是社会生活与生产实践的总结与升华，其发展在于能否满足时代需要并推动社会进步。恩格斯在《自然辩证法》中指出，“科学的发生和发展一开始就是由生产决定的”，“社会一旦有技术上的需要，这种需要就会比十所大学更能把科学推向前进”。① 行政领导学的产生与发展也是生产力发展基础上社会分工的产物。②

行政领导工作作为一类专门的职业活动自古有之，关于领导实践的智慧、经验、观点、故事、案例等散见于各种宗教、文学、艺术等作品中。然而，行政领导工作能够发展出系统的学科理论，主要源于社会实践的需求和科学研究的进步。

（一）社会化大生产带来的复杂性挑战

社会化大生产带来社会生活的高度复杂性。信息技术更新迅速、生产方式转变、生产规模扩大、组织规模扩大、结构复杂、生产要素及要素间联系增多、信息量暴增等带来社会生活的许多新变化。某一个社会问题的产生可能涉及政治、经济、社会、文化、教育、科学等多个社会领域，也可能包含生产力、生产关系以及上层建筑等多方面内容。

应对复杂性需求催生了分工、合作与协调。社会化大生产的发展深化

---

① 中共中央马克思恩格斯列宁斯大林著作编译局．马克思恩格斯选集:第4卷[M]．北京:人民出版社,2012:648.

② 胡冶岩．行政领导学[M]．北京:国家行政学院出版社,2014:28.

了社会分工，一是不同劳动部门间的横向分工；二是不同劳动过程间的纵向分工。社会分工是社会发展的重要杠杆，在带来社会大分裂的同时也带来社会文明的大发展。现代社会在纵向分工上产生了决策与执行的分工、谋与断的分工和行与评（对决策与执行、谋与断的评价监督）的分工。[①]也即按照劳动过程划分为咨询、决策、执行和反馈 4 种分工，其中，决策与执行的分工带来领导与管理的分离，进而带来领导决策专门化与管理执行专门化，由此奠定了领导科学理论产生的实践基础。

在复杂的社会大背景下，公共部门领导活动的影响更加深远，领导想要推动组织目标的实现难度也大增。他们需要借助科学的原理与方法来弥补个人经验与智慧在应对复杂系统时的不足。

（二）心理科学的发展深化了领导问题研究

从 20 世纪 30 年代开始，美国开始积极展开领导科学的研究，寻找领导有效性的根源，真正意义上的领导科学不断形成和发展，主要有两方面因素[②]：一方面，当时的政治领导危机引起社会学、政治学等学科研究者对领导问题的兴趣；另一方面，二战爆发，大批心理学家被军方雇佣开展各类人员心理选拔和训练活动，他们在战后转向企业领导人员的选拔和训练研究。

近代西方心理学以物理学为榜样，其自然科学模式以实证主义为其哲学基础，强调一切科学知识必须建立在观察和实验事实的基础之上，把心理现象当成自然现象进行控制，排除一切社会文化等外界因素的影响，寻找心理和行为的决定性原因。[③] 实验法、定量分析法等实证研究法逐渐成为主流研究方法。

领导学研究日益活跃，从特质理论、行为理论、情境理论到领导—成

---

① 刘圣恩．现代社会的三大分工[J]．决策与信息，1992(9)：7 – 10.

② 毛军权，等．领导科学理论与实践[M]．上海：复旦大学出版社，2020：2.

③ 胡万年．从个体主义到文化主义：心理学研究范式的转向与整合[J]．心理学探新，2006(2)：18 – 21，91.

员交换理论、变革型领导理论，以及进入21世纪后针对层出不穷的领导丑闻而产生的真诚型领导理论、道德型领导理论、精神型领导理论等。这些理论以领导有效性为目标，以实证研究方法为主，从管理学母体脱颖而出，以管理学、心理学、社会学、政治学、教育学、伦理学等不同学科视角探索领导活动的规律，逐渐形成了具有一定高度、深度和广度的系统理论。

领导理论的研究大致经历了特质理论、行为理论、情境理论和变革型理论等几个比较明显的发展阶段。特质理论是领导理论研究的基础，20世纪三四十年代共有100多项有关特质理论的研究，但是，没有人找到所有领导者具有的通用特质，或者是可以保证领导成功的相关特质。到20世纪50年代，领导研究从特质理论转向研究领导者在工作中的实际行为，试图解释高效领导者和低效领导者的不同领导风格，从而产生了重要的行为领导理论。20世纪60年代，研究者发现不存在通用的领导风格，于是权变领导理论范式出现，提出在不同的组织任务、岗位角色、下属素质等情境下适合的领导风格。从20世纪70年代开始，领导理论转向对传统理论的审视和领导理论的整合。综合领导理论尝试结合特质、行为和权变理论等，来解释成功的和富有魅力的领导者及领导—成员关系。20世纪80年代后开始的变革型领导理论，成为领导理论研究新的重点和热点。

二、我国领导科学的产生与发展

从历史角度来看，西方在体制、程序方面的文化比较发达，我国在人文思想、人治、官学思想方面的文化比较发达。从现实来看，中国共产党在长期带领我国人民进行艰苦卓绝、错综复杂的革命斗争和社会主义建设过程中，总结、概括出一系列领导原理、原则和方法，内容涵盖组织建设、领导体制、领导班子建设、干部队伍建设、领导作风、领导方法与艺术等，特别是贯穿始终的全心全意为人民服务的宗旨、领导就是服务的价值主张等，形成了宝贵的领导科学理论财富。[①]

20 世纪 80 年代之前，“领导”这一重要的社会现象仅停留在工作方法和经验的总结上而未进行系统的科学研究。党的十一届三中全会之后，领导科学作为一门学科在我国发展、繁荣起来。

1980 年 12 月召开的“中国未来研究会首届全国学术研讨会”首次提出“领导科学”。

1981 年 9 月，中组部和中宣部联合召开干部教育座谈会，明确提出“各级党校要筹备开设领导科学课”的建议。

1982 年 10 月，《中共中央、国务院关于中央党政机关干部教育工作的决定》把“领导科学”列为党政干部必须学习的共同业务基础课之一。[②]

1983 年，广西人民出版社出版了国内第一本领导科学著作，也即夏禹龙等合著的《领导科学基础》，4 年内连续再版 7 次，印数达 70 多万册。

1985 年 3 月，河南省社会科学联合会创办全国第一家公开发行的理论刊物——《领导科学》。之后，研究领导科学的文章、著作、研究会、研讨会等如雨后春笋般涌现。

1986 年 10 月 4 日，时任上海市市长、中共上海市委副书记江泽民在上海发表《各级领导干部都要研究领导科学》的重要讲话，对领导干部学习并运用领导科学理论提出了要求：“什么是领导科学？我认为领导科学就是指领导工作中合乎规律性的东西。我们在长期的革命实践中积累了许多经验，要把它上升到理论上来，使之科学化。”之后，领导科学进入一个全新的发展时期，一些省、自治区、市领导科学研究会等研究实体相继建立。

2003 年 8 月，中国领导科学研究会成立，标志着我国领导科学学科建设进入新的发展阶段。

领导科学发展至今，国内出版的有关领导科学的书籍、杂志等已不可

---

① 朱立言，李国梁．行政领导学［M］．北京：中国人民大学出版社，2015：15.

② 李永林．领导科学教程［M］．太原：山西人民出版社，1992.

计数。领导科学不但进入各级党校、行政学院、干部学院，成为各级领导干部培训的课程，而且已经进入高校课堂，成为高校学生学习的课程。

第二节　行政领导学的研究范畴

一、行政领导学的学科定位

行政领导学，顾名思义，这门学问研究行政体系中的领导。行政体系是否等同于政府管理？领导与管理是一回事吗？对这些问题的回答将使行政领导学的学科定位更加清晰，也更有助于这门应用性很强的新兴交叉学科进一步明确其研究对象、学科理论和研究方法。

行政工作同国家机构或政府组织一样古老。“政府”是政治学概念，指议政之府，19 世纪开始成为专门性的行政机构。政府和行政的关系可以这样来认识，那就是行政行为产生于政府并由政府中的组织机构或人员来承担。行政关注政府作为行政体系的形式，而非政府本身。①

对行政组织和管理的研究原来从属于政治学学科，现在属于行政学范畴。行政学作为政治学分支学科始于 20 世纪二三十年代，其与其他学科的交叉渗透关系已日益密切②，管理学、心理学、社会学、经济学、法学等学科均为行政学提供了丰富的养分。第二次世界大战之后，现代管理科学对行政学产生了很大的影响。行政管理的概念也反映在一定程度上，有人

---

① 张康之，李传军，程倩，等．公共行政学（第 3 版）[M]．北京：经济科学出版社，2017：8.

② 1887 年，W. 威尔逊所写的一篇关于行政问题的论文被认为是行政学象征性的开端，行政学真正和完全作为独立学科出现，有两部专著被认为是第一批行政学的教科书：一是 1926 年 L. D. 怀特所著的《行政学概论》；二是 1927 年 W. F. 魏劳比所著的《行政学原理》。按照美国行政学界流行的说法，这两本书标志着准备已久的行政学的诞生。资料来源：夏书章．行政学新论[M]．广州：中山大学出版社，2017：9 – 12.

把行政学作为管理学分支——一门研究特殊的“有关行政的管理学”的学科。①

人类行政从统治行政走到了今天的管理行政，未来管理行政也会因自身的历史局限性而被服务行政所取代。行政学作为一门专门性的学科，在认识政府中的行政体系及其运行过程时，在汲取政治学、管理学等学科理论养分的同时，也在适应社会治理的实践过程中将其研究范围延伸到一切公共组织的公共行政和管理领域（见图 1 – 1）中。公共行政学将在公共管理学科体系的建构中，研究公共管理体系多元主体之间的关系以及它们内部的运行规律。②

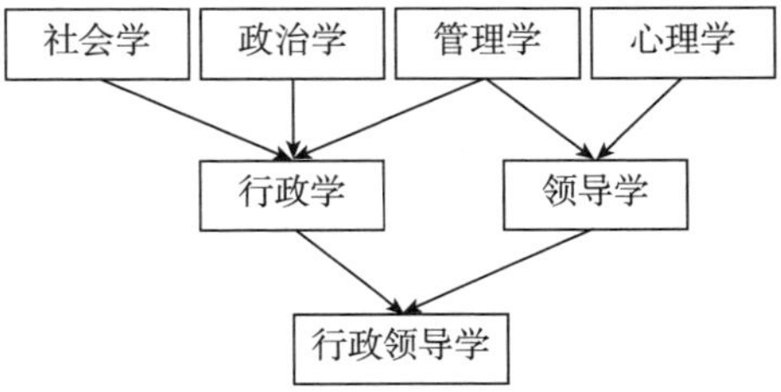

图 1 – 1　行政领导学的主要学科源流

行政领导学作为领导科学的一个重要分支，是一门应用性很强的新兴交叉学科，旨在研究公共部门领导活动的一般规律③，以及公共部门领导人才培养与开发。它的主要研究对象、研究理论和研究方法来自领导学和行政学学科。总体学科门类属于管理学，涉及组织行为管理、公共管理与公共政策、非政府组织管理、战略与决策管理、人力资源管理、公共安全与危机管理、管理理论与方法等。马克思主义理论、中央党史党建等学科，为中国特色社会主义领导科学提供了强有力的学理支撑和理论指导。

① 张康之，李传军，程倩，等．公共行政学（第 3 版）[M]．北京：经济科学出版社，2017：9.

② 张康之，李传军，程倩，等．公共行政学（第 3 版）[M]．北京：经济科学出版社，2017：11.

③ 胡冶岩．行政领导学[M]．北京：国家行政学院出版社，2014：2.

二、行政领导的作用与内涵

研究行政领导学首先要明确界定“行政领导”的内涵，理解“行政”这个理论前提，以及行政领导与企业领导的区别与联系。

（一）行政、公共行政与公共管理

“行政”一词由“行”和“政”组成。“行”是动词，与“管理”同义；“政”是名词，指与国家政务或与国家相联系的各种事务，也是行政特殊性之所在。合起来，行政就是管理国家政务或与国家相联系的各种事务。政府发展到今天，逐步被作为一个相对独立的执行国家意志、代表国家管理国家事务和社会事务的专门机构。因此，行政就成为一种特殊的管理活动，可以借鉴企业或者其他社会组织的管理理论与工具，同时还要注意它们在管理内容、管理手段等方面存在的区别。

行政是政府中的机构和人员为了政府运转的有序化和条理化以及社会运行的稳定和安全而做出的程序化、制度化行为选择的总和。政府还肩负着推动社会发展的职能，因此，也会通过优化自身的运行机制和制定公共政策等手段为社会发展提供保障。

政府在行政管理中既可以作为主体，也可以作为客体。当政府作为行政管理主体时，既有对政府自身的管理，也有对社会的管理。从行政发展趋势的角度来看，政府运用行政手段管理社会受到越来越严格的约束，需要更多地运用法律、政策等手段调控社会运行。这就是行政管理内部化，即行政管理逐渐被限定在政府管理自身，它使政府的行政管理与社会组织的行政管理呈现形式上的趋同。公共行政则着眼于政府职能，强调政府面对整个社会和全体公众提供公共服务的内容、性质和途径。公共行政比行政管理概念更广泛，从而避免行政管理陷入片面的工具主义和效率中心主义。

公共管理是 20 世纪后期出现的一种政府主导的、多元治理主体共同

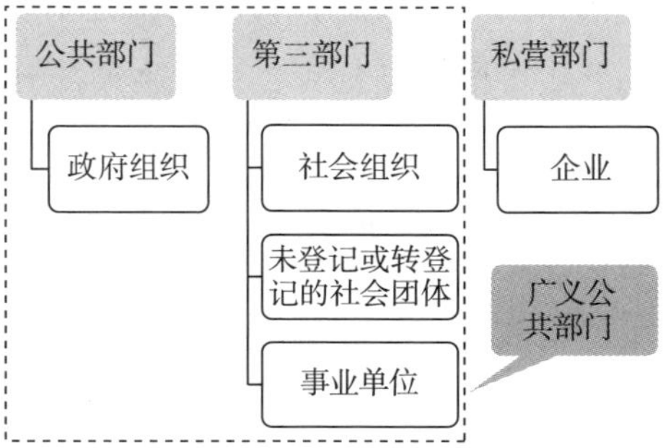

图 1 -2　部门划分

参与社会治理的新型社会治理模式。一是在动态、复杂、模糊、不确定性的社会环境下，非营利组织、社会团体、事业单位等社会自治组织参与社会治理可以提高治理效能；二是政府职能在从统治行政、管理行政向服务行政模式转变的历史趋势下，政府不断进行自身改革，以便与各种社会力量进行有效的合作治理（见图 1 -2）。公共行政包含在公共管理模式之中，不再是指政府及其所开展的社会治理活动的总和，而是指包括政府在内的一些公共组织所共同拥有的提供公共服务的路径、方式、方法和行为的总和（见图 1 -3）。

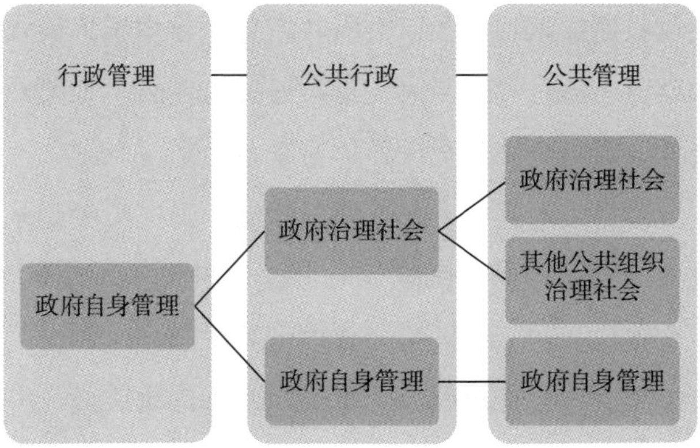

图 1 -3　当前行政管理、公共行政和公共管理含义的区别与联系

综上所述，本书狭义上的行政管理，是指政府管理自身以及代表国家管理国家与社会事务的活动。广义上，行政是指包括政府、非营利组织等公共组织合作提供公共服务的路径、方式、方法和行为的总和。

（二）行政领导的概念与内涵

与此相应，行政领导也可以分为狭义和广义两种。狭义的行政领导是指各级国家行政机关的行政首长及其领导集体，影响团队在政府自身管理和社会治理活动中实现共同目标的过程。广义的行政领导是指包括政府在内的各类公共组织领导者，影响团队在提供公共服务活动中实现共同目标的过程。

在我国坚持和完善中国特色社会主义制度、推进国家治理体系和中国式现代化的伟大进程中，在中国特色哲学社会科学话语体系中，本书的行政领导采用广义的概念范畴，主要内容包括：

第一，中国共产党各级党组织的领导者及其领导活动。党政军民学，东西南北中，党是领导一切的。[①] 各级党委是政府在政治上的领导机关，直接参与组织决策和人事管理等相关工作。中国共产党的领导是中国特色社会主义的最大优势和最鲜明的特征。中国共产党的领导是中国特色社会主义最本质的特征，是中国特色社会主义制度的最大优势，是最高政治领导力量。经过长期探索和发展，中国共产党领导中国人民艰苦奋斗，形成了强大的领导力。通过党建伟大工程，通过内在的“四梁八柱”体系，构成了覆盖全党、影响全国和全世界的领导力大厦。[②]

第二，行政机关的领导者及其领导活动。国家机关是从事国家管理和行使国家权力的机关，包括国家元首、立法机关、行政机关、监察机关、审判机关、检察机关和军事机关。行政机关按照宪法和有关组织的法律规定设立，代表国家行使行政权力，组织和管理国家内政、外交、军事等方面的行政事务。

① 中国共产党章程[M]. 北京：人民出版社，2022：23.
② 胡月星. 中国共产党领导力论纲[M]. 北京：中国财政经济出版社，2022：21.

第三，群众性团队组织的领导者及其领导活动。工会、共青团、妇联、工商联、残联、文联、关工委等群众性团队组织，属于未登记或转登记的社会团体，由政府财政经费维持，工作人员参照《中华人民共和国公务员法》进行管理，职责是配合党委和各级政府做好相关社会工作，是党联系群众的桥梁和纽带。

第四，事业单位的领导者及其领导活动。事业单位是国家为了社会公益目的，由国家机关举办或者其他组织利用国有资产举办的，从事教育、科技、卫生等活动的社会服务组织。我国事业单位是在国家行政机关领导下执行和完成国家交办的各项任务，组织和指挥本单位的业务活动，管理日常行政事务的职能机构。事业单位是经济社会发展中提供公益服务的主要载体，是我国社会主义现代化建设的重要力量。

第五，社会组织的领导者及其领导活动。在我国，社会组织主要包括社会团体、基金会和社会服务机构，其中，社会团体是指各种学会、研究会、商会、协会、促进会、联合会等学术性、行业性、专业性和联合型团体；基金会包括公募基金和非公募基金；社会服务机构是指社工机构、民办学校、民办医院、民办福利机构、图书馆、美术馆、研究所、剧团等各类民办非企业单位。

（三）行政领导与企业领导的比较

一个好的带头人是任何组织能够有所成就的必要条件。领导在组织管理诸要素中属于关键性因素，事关组织目标、计划、组织架构、决策、人事、道德、效率、改革等相关要素的全局。行政领导与企业领导在以下方面存在较大差异：

第一，行政领导与企业领导的首要属性不同。西方行政学界流行一种观点："行政是现代政治的心脏。"社会主义行政管理具有鲜明的政治性，马克思列宁主义、毛泽东思想、邓小平理论、"三个代表"重要思想、科学发展观和习近平新时代中国特色社会主义思想都为行政学研究指明了方向，也为行政领导学提供了社会主义特色理论根基。相对而言，企业领导的经济属性更加浓厚。

第二，行政领导与企业领导的根本宗旨不同。在中国情境中，在中国共产党领导下，行政管理的宗旨是为人民服务，以人为本，执政为民，维护人民群众的根本利益。行政管理人员是人民的勤务员和公仆。企业领导的根本宗旨是带领企业取得商业成功，实现经济学上利润最大化或者成本最小化的最优状态。绿色企业所提倡的广义社会责任也往往以服务商业成功为目的。

第三，行政领导与企业领导的影响范围不同。行政领导带领的是公共部门，企业领导带领的是私人部门。公共性赋予行政领导更广泛的影响。行政管理影响整个国家或者地区的政治、经济、社会、技术、法律、生态等方面的状况与变革。企业领导的影响范围通常局限于企业的生死存亡与发展，少数领军或重要企业领导能够影响到行业或者社会发展。

（四）行政领导的作用

在行政体系中，行政领导的作用可以概括为以下几个方面：

第一，行政领导是实现政治领导的重要环节。古德诺在《政治与行政》中认为，在所有的政府体制中都存在两种主要的或基本的政府功能，即国家意志的表达功能和国家意志的执行功能。政府的这两种功能可以分别被称作：政治与行政。根据这一观点，行政领导是政治领导意图的实现过程。政治领导是党政和国家权力机关的活动，通过路线、方针、政策规定国家和社会的发展方向。行政领导则根据国家的法律、运用政治体系赋予的权力来领导、组织和管理国家事务、社会公共事务和行政机关内部事务，以推行政务来执行政治意图。①

第二，行政领导是实现行政体系服务价值的重要推动力。行政领导服务于行政组织、服务于行政人员、服务于公民。在提供公共服务的过程

---

① 张康之，李传军，程倩，等．公共行政学（第3版）[M]．北京：经济科学出版社，2017：127－128.

中，行政领导活动要通过价值引领的方式去培育和发展公共行政精神，提高行政人员的道德判断力，以求提供有效的公共产品和服务，最大限度地维护和实现公共利益，即行政效能。

第三，行政领导是行政体系有效运行的重要保障。行政体系由许多组织、机构、部门和行政人员组成。在管理组织体系中，部门间的职能、专业、利益差异较大，部门内上下级之间的角色、权力、工作内容等也存在矛盾与冲突。行政领导和领导集体需要通过多种方法寻求部门内和部门间的协调一致与精诚合作，才能保障行政体系的有效运行，提高行政体系的整体效能。

第四，行政领导是激发行政人员工作热情的重要动力。行政工作人员的工作热情决定其工作效率，有效的激励可以提高人员的工作热情。行政领导必须采取有效的激励措施，促使行政人员形成公共精神，提高工作效率，为公民提供优质公共服务。

三、行政领导学的研究对象

行政领导学旨在探讨政府部门及其他公共组织的领导者进行领导活动的规律，以便应用这些知识来提高领导能力和艺术，改善领导效能，开发领导潜能，培养强有力的公共管理部门领导者。①

行政领导学的研究对象包括：

一是领导理论，探讨广义的公共部门内组织领导活动的基本规律，即公共组织领导者的素质与能力、领导行为与风格、领导情境、领导与成员交换关系、领导变革、领导道德、领导效能的实现等。

二是领导实践，总结升华公共部门内组织领导者在带领团队管理达成公共绩效过程中决策、用人、沟通、激励、危机处理等方面典型的方法和艺术。

---

① 朱立言，李国梁．行政领导学（第3版）[M]．北京：中国人民大学出版社，2015：1．在该定义中，本书将“公共行政部门”改为“公共管理部门”，与前文所确立的广义行政范畴保持一致。

三是领导力开发，探讨如何在现代培训理论的指导下，通过各种现代培训手段，开发个体身上的领导潜能，增强领导者的角色意识和领导能力，提高领导素质，培养高绩效公共行政部门领导者。

四、行政领导学的研究方法

研究方法是帮助人们揭示领导活动内在规律、总结领导实践经验、提高领导力开发效果的工具和手段。行政领导学属于社会科学，社会科学的主要研究方法在这里也同样适用：

一是调查研究，采用问卷或结构式访谈的方式，系统地、直接地获取与研究问题相关的领导群体或者追随者群体的样本数据，通过对样本数据进行统计分析来认识领导现象及其规律。调查研究可以帮助人们：认识领导群体或追随者群体的社会背景，例如性别、年龄、职业、婚姻状况、受教育程度、组织类型等；认识领导群体、追随者群体的行为、风格、活动特点；认识领导者或追随者的态度、价值观等。该方法可以兼顾描述和解释两种研究目的，具有程序规范、数据收集高效、应用广泛的优点，不足之处在于随机抽样比较难实现、自我报告数据的客观性受影响以及因果关系的解释力存疑等。

二是实验研究，通过精心设计，在严格控制条件下，实验者通过操纵某些变量来研究变量之间的因果关系。实验研究在心理学、教育学、社会学、政治学等学科领域得到广泛使用，对两种社会现象或事物间的因果关系具有很强的解释力。与领导学有关的从众、权力、冲突等理论很多是在实验基础上构建起来的。大部分实验研究设计需要完成前测与后测，因此，研究结论的准确性可能受到实验对象的选择、实验对象的成长（身心发育）、所经历的重大事件、前测后测环境的改变、初试—复试影响、实验对象不同等方面的影响。

三是文献研究，文献研究是通过收集和分析现存的，以文字、数字、符号、画面等信息形式出现的文献资料，来探讨和分析各种社会行为、社会关系及其他社会现象的研究方式。① 研究者可以利用各种形式的文献资料来探讨和分析行政领导活动的结构、关系、群体、组织、文化、价值及变迁等。常用的方式包括内容分析、二次分析和现存统计资料分析等。文献研究的优点在于省时省钱，不会打扰研究对象，可以接触到无法接触的研究对象，适用于纵贯分析，并且不担心当研究准备不足时会造成无法弥补的后果；不足之处在于有些资料难以获得，文献质量较难保证，文献资料不标准带来的编码和分析困难，研究的信度和效度较低等。

四是实地研究，研究者在确立研究问题之后，不带任何假设地深入研究现象的生活背景，以观察和访谈的方式收集资料，通过对资料的定性分析来理解和解释相关现象。实地研究可用来研究个体、群体、组织或社区。研究者在对资料进行初步分析和归纳后，可以进一步观察和归纳，多次循环，逐步形成对研究问题的理论解释。常用的实地研究方法包括案例研究法、观察法、访谈法等。其中，案例研究可以对某个个体、一个事件、一个群体、一个组织或者一个社区进行深入全面的研究，能够给研究问题或现象提供丰富、生动、具体、深入的资料，较好地反映事物或事件发生、发展、变化的过程，系统地回答“为什么”“如何做”以及“是什么”的问题。实地研究适合在自然条件下研究人们的态度和行为，效度高、方式灵活，不足之处在于时间长、信度低、结论可推广性较低、容易出现伦理问题等。

五是比较研究，通过对不同国家或地区、不同组织类型、不同领导层次、不同领导体制、不同领导文化等的对比分析，找出它们之间的一致性与差异性，确定领导活动中影响领导效能的各种要素，帮助人们认识领导活动的本质，把握领导活动的普遍规律。比较研究法在教育学研究中被广泛运用，对于寻找更加有效的领导力开发途径具有重要意义。比较研究法属于定性研究，可以分为一致性比较法和差异性比较法。前者注意力集中

---

① 风笑天．社会学研究方法（第3版）[M]．北京：中国人民大学出版社，2009：233.

在寻找不同案例之间的共性以及可能的原因；后者既从有共同原因和结果的正面案例中获取信息，同时又从缺乏结果的反面案例中增加信息，从而获得更加可靠的比较结论。比较研究法可以帮助研究者发展理论，研究者需要将研究建立在原始资料基础上，切忌凭空杜撰。

六是经验总结，将领导活动的具体情况进行归纳、分析、总结，形成系统化的领导方法和艺术，便于推广一些长期有效的先进经验。经验是个体、群体或组织在特定条件下获得的某种知识或者技能，具有偶然性和特殊性。同时，经验需要在正确的指导思想下进行提炼，形成正确、鲜明的观点，以具备先进性、典型性、科学性和普遍意义。经验总结法一般经历确定专题、拟定提纲、收集资料、分析资料、撰写报告和修改定稿等过程。经验总结法要选择具有典型意义的总结对象，以客观事实为依据，全面考察领导活动或者领导力培养过程，以应用为导向，创造性地总结先进经验。

第三节　行政领导体制

一、行政领导体制的含义

广义上，体制是与组织形式有关的制度规范与权力运作体系，包括机构设置、隶属关系、权力划分等；狭义上，体制是指国家行政机关的机构设置和领导权限划分及其权力运作方面的制度。

领导体制是领导功能制度化的表现形式，是领导系统中关于权力划分、机构设置、横向及纵向间相互关系确定的组织形式和制度形式。①

行政领导体制，狭义上是政府行政系统中以领导权限划分为基础所形

① 贺善侃．领导科学与现代行政[M]．上海：上海大学出版社，2011：83.

成的组织机构设置及其相互关系的制度和规范；广义上即行政组织的领导体制，是指党政国家机关、事业单位和社会组织依据领导权限划分设置组织机构，对国家和社会事务进行管理的领导制度体系。①

行政领导体制用制度的方式规范了行政领导活动的范围和方式，具体包括四个方面的主要内容：领导权限划分、组织机构设置、领导权力运行以及行政领导管理制度。

领导权限划分是行政领导体制的核心，是对领导机构、领导岗位和领导干部职责和权限所做出的严格而明确的规定。行政领导体制以领导权限划分为基础进行纵向和横向划分，使行政体系中上下级之间与各部门之间的关系制度化、规范化和合法化。权限划分要遵循权责划分科学、权责划分明确和权责一致 3 项基本原则。各国行政领导机关基本都享有以下职权：行政方针政策的决定、行政法规和行政规章的制定、对行政业务的指导与监督、对行政人员的考核以及对国家公务员的任免等。②

组织机构设置是权限划分在组织制度上的体现。纵向结构也称行政授权体系，是自上而下对行政权力的分配方式，表现为上下级之间的领导与被领导关系。目前，我国行政机关领导职务层次分为：国家级正职、国家级副职、省部级正职、省部级副职、厅局级正职、厅局级副职、县处级正职、县处级副职、乡科级正职、乡科级副职。③ 横向结构是行政权力在同级行政机构、部门和人员之间分配的制度安排，其生成以行政权力的分类为基础。同级机构、部门、人员行使行政权力的范围边界要清晰，分工协作要密切衔接。这是行政权力矛盾冲突产生的根源，也是发挥整体作用的重要前提。

领导权力运行是指权力在横向和纵向上发挥作用的方向和方式，是行政主体分配和行使权力的过程。权力运行一般是双向的，横向上部门之间相互影响、相互制衡；纵向上上级发号施令，下级监督制约。纵向结构与

① 朱立言，李国梁．行政领导学[M]．北京：中国人民大学出版社，2015：50.

② 胡冶岩．行政领导学[M]．北京：国家行政学院出版社，2014：33.

③ 《公务员职务与职级并行规定》，2019 年 6 月 1 日开始实施。

行政体系紧密相连，相对稳定；横向结构则为适应管理实际要求而不断调整变化。行政权力内部的制约机制主要存在于横向结构中，是一种同级权力之间的约束和平衡机制。

行政领导管理制度，即狭义上的人事制度，主要包括行政领导的选举、招考、考核、监督、轮岗、培训、离退休等方面的制度规范。[①]

名人名言

我们过去发生的各种错误，固然与某些领导人的思想、作风有关，但是组织制度、工作制度方面的问题更重要。这些方面的制度好可以使坏人无法任意横行，制度不好可以使好人无法充分做好事，甚至会走向反面。

——《邓小平文选》

二、行政领导体制的特征

行政领导体制本质上是在公共行政组织制度基础上对领导者的权力与责任、权力运行与领导管理所做的制度规范，因此它既具有一般社会组织和制度所具有的共同特征，又具有公共组织的特殊性。主要体现在以下方面：

一是政治性。古德诺认为政治是国家意志的表达，行政是国家意志的执行。就行政组织作为政府的组织形式而言，它本身就是凌驾于一切利益集团和利益阶层之上的政治实体。[②] 行政领导体制作为国家政治制度的重要组成部分，属于政治上层建筑的范畴。

二是公共性。社会活动可以分为公共领域和私人领域。公共领域和私人领域中的组织在组织目标、组织职能等方面都存在差异。公共组织存在

---

① 胡治岩．行政领导学[M]．北京：国家行政学院出版社，2014：33.

② 张康之，李传军，程倩，等．公共行政学(第3版)[M]．北京：经济科学出版社，2017：40.

于公共领域内，不以营利为目标，为实现公共利益而存在，为社会提供的是公共产品或准公共产品，其职能体现在对国家和社会公共事务的管理活动中。因此，行政领导体制的根本作用就是保障公共组织公共性的实现。

三是权威性。行政领导制度的权威性体现在公共组织作为国家机器的一部分或者由国家授权参与公共管理活动都代表着国家，具有垄断性，公民不能货比三家随意挑选。同时，行政领导体制的权威性也源于国家宪法和法律的规定所带来的强制力。

四是系统性。行政领导体制是由组织机构设置、领导权限划分、领导权力运行以及行政领导管理制度组成的相互联系、相互影响的整体。高效的行政领导体系必须符合公共管理活动的客观规律，反映整体，逻辑清晰，运行有序。

五是全局性。行政领导体制对公共体系中的领导机关和领导者活动做出了规范和制约，其根本作用是保障履行政府职能。因此，行政领导体制涉及各类型、各地区、各层级、各部门公共组织的所有领导者活动及其管理，内容贯穿于政治建设、经济建设、社会建设、文化建设、生态文明建设等方方面面。

六是稳定性。行政领导体制虽然会根据环境变化、公共管理理念发展、行政领导工作需要等在实践中不断进行丰富和完善，但是行政领导体制作为领导者活动和管理所遵循的制度框架，一旦形成，会在较长时期内保持稳定。

三、行政领导体制的类型

行政领导体制按照不同标准可以划分为不同类型。主要分类方法如下：

（一）首长负责制和委员会制

按照公共组织中领导机关内最高决策人和责任人数量，领导体制可以划分为首长负责制和委员会制。

首长负责制，又称独任制，是指在一个系统或者组织的领导机关内部，法定最高决策权集中在一位行政首长身上。首长制的优点是责任明确，易于考核；权力集中，指挥灵便，分歧少，效率高。缺点在于过分依赖首长个人的素质和能力；监督困难，容易滋生一支笔、一言堂、山头主义、团团伙伙等专制、权力滥用和权力寻租等现象。

委员会制，也称会议制、合议制，是指法定最高决策权属于两位以上主要成员组成的委员会，按照少数服从多数或者协调一致的原则集体决定、共同负责。委员会制的优点是领导集体分工负责、彼此配合，有利于集思广益、博采众长，考虑周密；主要成员可以相互监督，避免专断和滥用职权。缺点在于工作程序复杂，缺乏决策效率；可能会出现议而不决、决而不行现象，贻误时机、耽误工作。

我国行政领导体制在决策上坚持民主集中制原则。“中国共产党的组织传统在制度上是民主集中制的，这种制度相对于西方的自由主义民主表现为集中，相对于中国的郡县制传统却主要表现为一种民主。由此，在共产党的组织传统下建立的人民政府与郡县制传统下的官府或者西方民主意义上的公共政府有着十分不同的运行机制，它具有更强的包容性，有助于实现民主和集中之间的中国式结合。”①

我国1982年《宪法》明确规定，我国国家行政机关实行行政首长负责制。“国务院实行总理负责制，各部、各委员会实行部长、主任负责制。地方各级人民政府实行省长、市长、县长、区长、乡长、镇长负责制。”在决策集中的同时，还要兼顾民主与“三重一大”制度，即重大事项决策、重要干部任免、重大项目投资决策、大额资金使用，必须经集体讨论后做出决定。“三重一大”制度最早是在1996年第十四届中央纪委第六次全会公报上作为对省（部）级领导干部的政治纪律提出的，是对首长负责

① 熊万胜．江山与人民：中国治理体系解析[M]．北京：中国人民大学出版社，2022：240.

制中领导机关、领导干部特别是各级领导班子的主要负责人行政权力的监督和制约。因此，我国的行政首长负责制兼具首长制和委员会制的优点，避免了制度缺点，具有民主决策、责任明确和分工合作3个突出的特点。

从更广阔的角度来看，在实际运行过程中，中国党—政二元体制发挥着更加重要的作用。与各级政府平行的还有各级党委，而且与同级政府的关系是党委领导、政府负责。具体运行是同级党委书记是一把手，政府里的行政一把手往往兼任党委副书记，在党委班子中排名第二，是党委书记的副手。在各级党委政府的重大事项中起决定性作用的是常委会，因而常委会委员的作用至关重要。

（二）集权制和分权制

按照公共组织各层级领导机关与领导者行政权力的集散程度，领导体制可以划分为集权制和分权制。

集权制，是指一切事务的法定最终决定权集中于上级行政领导机关与领导者，下级行政领导机关和领导者只有执行权，必须完全按照上级指示或决定办事。集权制的优点是政令统一，标准一致，便于指挥和贯彻命令；有利于组织从整体利益出发统筹全局，集中力量。缺点在于压抑下级的积极性和创造性，缺乏灵活应变的能力，容易导致独断专行和官僚主义。

分权制，是指下级机关与领导者在自己的职权范围内有独立自主权，上级对下级在权限范围内处理的事情不能随意干涉。分权制的优点在于能充分调动下级机关和领导者的主观能动性，因时、因事、因地制宜贯彻上级指示，充分发挥下级机关和领导者的优势与特色。缺点是权力分散，容易产生自立门户、自行其是等现象，导致政令不行，指挥失灵；产生地方主义、本位主义等现象，不利于维护国家和社会整体利益。

我国行政领导体制从中央和地方政府的权力配置角度来看，属于集权制，长期实行从中央到地方高度的中央集权。《宪法》规定：“中华人民共和国国务院，即中央人民政府，是最高国家权力机关的执行机关，是最高国家行政机关。……地方各级人民政府是地方各级国家权力机关的执行机关，是地方各级国家行政机关。……地方各级人民政府对上一级国家行政机关负责并报告工作。全国地方各级人民政府都是国务院统一领导下的国家行政机关，都服从国务院。”

（三）完整制和分离制

按照公共组织中上级机关对下级机关的指挥、控制和监督的方式与程度，领导体制可以划分为完整制和分离制。

完整制，也称一元制或统属制，是指属于同一层级的各机关或者一个机关中的各构成单位，不分工作性质异同，所接受的上级指挥、控制和监督完全集中在一位行政首长或者一个上级机关。完整制的优点在于使层级政府内权力集中，有利于从全局出发统筹规划，协调各方利益；步调一致，防止政出多门，各自为政，工作重复；责任明确，可以减少内耗，增强合作。缺点是地方政府权力高度集中，容易形成地方本位主义，不利于中央对全国的控制；一级行政首长容易独断专权，压抑下级工作的积极性、主动性和创造性，执行效率大打折扣。

分离制，又称独立制或多元统属制，是指属于同一层级的各机关或者一个机关中的各构成单位，按照各自的职责和权限，既要接受同级首脑机关的指挥、监督和控制，又要接受上级政府同类部门的指挥、监督和控制。分离制的优点在于各掌其权，各司其职，各负其责，各尽所能，有利于激发下级机关和领导者的积极性、主动性和创造性；权力分散，相互制衡，防止权力滥用和独断专行。缺点在于下级机关与领导者容易各自为政，各行其是，利益冲突，内耗严重，造成组织资源浪费、行政领导权力失控；机构重叠，政出多门，多头指挥，政令冲突，导致下级无所适从。

从行政机关上下级之间的指挥、控制和监督程度来看，我国的行政领导体制属于完整制。中央政府的行政部门都归国务院总理统一领导。行政组织体制基本上属于分离制，很多行政机关均实行“双重领导”或“双重负责”制度。在分离制下，有些部门实行以地方政府领导为主的制度，如气象局等技术性单位；有的实行以上级同类部门领导为主的制度，如纪委监委。

（四）层级制和职能制

根据行政组织系统内部各机构职责权限的性质和范围划分方向的不同，行政领导体制可以分为层级制和职能制。

层级制，又称直线制、分级制、系统制或金字塔制，是指行政组织按照纵向划分各层级的工作性质和职责权限，下级对上级负责，从高层到基层形成金字塔式的指挥系统，管辖范围则从上到下依次缩小。层级制的优点在于权力集中，指挥统一，秩序严明，便于贯彻执行上级指令；各层级行政首长都要求是具备统筹安排与综合平衡能力的行政通才，因此无论晋升还是调动，都能够很快胜任新职位。缺点在于行政首长权力集中，容易滥用权利；管辖事务过多，较难胜任，容易陷入事务堆里胡子眉毛一把抓或者事必躬亲；中间层级过多，信息传递容易失真，容易造成决策失误或者指挥力度逐层减弱。

职能制，又称分职制、功能制或机能制，是指行政组织横向平行设置若干职能部门，部门业务性质和基本职能相同，互不同属、分工合作，辅助行政领导机关实施领导。职能制的优点在于分工明确，业务专一，行政领导者各司其职，工作效率较高；职能部门业务专业性强，有利于提高行政领导者的专业化水平。缺点是分工过细，容易造成机构臃肿，人浮于事；各部门只熟悉自身业务，容易缺乏全局观和系统观；各自为政，容易滋生本位主义，排斥集中领导，跨部门沟通困难，难以形成组织合力等。

我国行政领导体制从各级政府间的节制关系上看属于层级制，从政府工作部门及内设机构的设置上看属于职能制。党章和宪法规定了我国自上而下的权力结构体系。2018 年，党中央以加强党的全面领导为统领，以推进党和国家机构职能优化协同高效为着力点，改革机构设置，优化职能配置，深化转职能、转方式、转作风，提高效率效能。此次深化党和国家机构改革的目标是构建系统完备、科学规范、运行高效的党和国家机构职能体系，形成总揽全局、协调各方的党的领导体系，职责明确、依法行政的政府治理体系，推动人大、政府、政协、监察机关、审判机关、检察机关、人民团体、企事业单位、社会组织等在党的统一领导下协调行动、增强合力，全面提高国家治理能力和治理水平。

[本章小结]

行政领导学的产生与发展是生产力发展基础上社会分工的产物。行政领导工作作为一类专门的职业活动，能够发展出系统的学科理论，主要源于社会实践的需求和科学研究的进步。

行政领导学作为领导科学的一个重要分支，是一门应用性很强的新兴交叉学科。它的主要研究对象、研究理论和研究方法来自领导学和行政学学科。总体学科门类属于管理学。马克思主义理论、党史党建等学科通过政治学、行政学的路径，间接和直接地为中国特色社会主义领导科学提供了养分。

狭义的行政领导，是指各级国家行政机关的行政首长及其领导集体，影响团队在政府自身管理和社会治理活动中实现共同目标的过程。广义的行政领导，是指包括政府在内的各类公共组织领导者影响团队在提供公共服务活动中实现共同目标的过程。

一个好的带头人是任何组织能够有所成就的必要条件。领导在组织管理诸要素中属于关键性要素。与企业领导相比，行政领导在首要属性、根本宗旨和影响范围上都存在较大差异。

行政领导的作用可以概括为：实现政治领导的重要环节；实现行政体系服务价值的重要推动力；行政体系有效运行的重要保障；激发行政人员

工作热情的重要动力。

行政领导学探讨政府部门及其他公共组织的领导者进行领导活动的规律，以便应用这些知识来提高领导能力和艺术，改善领导效能，开发领导潜能，培养强有力的公共管理部门领导者。

行政领导学属于社会科学，常用的研究方法包括调查研究法、实验研究法、文献研究法、实地研究法、比较研究法和经验总结法。

行政领导体制，狭义上是指政府行政系统中以领导权限划分为基础所形成的组织机构设置及其相互关系的制度和规范；广义上即行政组织的领导体制，是指党政国家机关、事业单位和社会组织依据领导权限划分设置组织机构，对国家和社会事务进行管理的领导制度体系。行政领导体制具体包括四方面内容：领导权限划分、组织机构设置、领导权力运行以及行政领导管理制度。

行政领导体制具有政治性、公共性、权威性、系统性、全局性和稳定性等特征。行政领导体制按照不同标准可以划分为不同类型，主要分类方法有：首长负责制和委员会制、集权制和分权制、完整制和分离制、层级制和职能制。

[关键词]

行政领导；行政领导学；公共管理；行政领导体制；首长负责制和委员会制；集权制和分权制；完整制和分离制；层级制和职能制

[思考题]

1. 简述西方行政领导学产生与发展的背景。
2. 行政领导学的基本学科定位是什么？
3. 如何理解行政领导的概念与内涵？

4. 与企业领导相比，行政领导有何特点？

5. 行政领导的基本作用是什么？

6. 行政领导学有哪些基本研究方法？

7. 行政领导体制的含义是什么？

8. 行政领导体制具有哪些特征？

9. 行政领导体制有哪些分类方法？根据这些方法判断，我国行政领导体制属于什么类型？

[参考文献]

[1]李烈满. 试论谷文昌精神的内涵及实质[J]. 福建理论学习,2014(10):38－40.

[2]邓小平文选:第二卷[M]. 北京:人民出版社,1994.

[3]风笑天. 社会学研究方法(第3版)[M]. 北京:中国人民大学出版社,2009.

[4]贺善侃. 领导科学与现代行政[M]. 上海:上海大学出版社,2011.

[5]胡万年. 从个体主义到文化主义:心理学研究范式的转向与整合[J]. 心理学探新,2006(2):18－21,91.

[6]胡冶岩. 行政领导学[M]. 北京:国家行政学院出版社,2014.

[7]李永林. 领导科学教程[M]. 太原:山西人民出版社,1992.

[8]刘圣恩. 现代社会的三大分工[J]. 决策与信息,1992(9):7－10.

[9]毛军权,等. 领导科学理论与实践[M]. 上海:复旦大学出版社,2020.

[10]夏书章. 行政学新论[M]. 广州:中山大学出版社,2017.

[11]张康之,李传军,程倩,等. 公共行政学(第3版)[M]. 北京:经济科学出版社,2017.

[12]朱立言,李国梁. 行政领导学(第3版)[M]. 北京:中国人民大学

出版社,2015.

[13]马克思恩格斯选集:第4卷[M]. 北京:人民出版社,2012.

[14]中国共产党章程[M]. 北京:人民出版社,2022.

[15]熊万胜. 江山与人民:中国治理体系解析[M]. 北京:中国人民大学出版社,2022.

[16]胡月星. 中国共产党领导力论纲[M]. 北京:中国财政经济出版社,2022.

第二章

领导与追随

[本章要点]

1. 理解定义领导的各种角度。
2. 明确领导的基本概念。
3. 正确认识领导活动的基本构成要素。
4. 深刻理解追随的内涵与领导力的关系。

[引　例]

史记故事三则

[**指鹿为马**] 秦二世时，丞相赵高野心勃勃，想谋篡皇位。他担心群臣不听自己摆布，于是想出一个办法加以试探。

一日上朝，赵高牵来一只鹿献给秦二世，说：“陛下，臣献给您一匹好马。”秦二世笑着说：“丞相错了吧？把鹿说成了马。”赵高问左右大臣它是鹿是马，大臣们有的默不作声，有的顺着赵高说是马，而那些说是鹿的大臣则被赵高暗地所害。这件事之后，大臣们都很害怕赵高。

[**鸿门宴（节选）**] 刘邦屯兵霸上，范增说服项羽要趁刘邦羽翼未丰之时杀掉他以绝后患。楚国的左尹项伯，是项羽的叔父，平时和留侯张良关系很好。张良这时跟随刘邦，于是项伯连夜骑马到刘邦军中私下会见张良，告知详情，想叫他一起离开，以避杀身之祸。原来，在秦朝时，项伯杀了人，是张良救了他，所以现在有了紧急情况，他才会前来相告。

[**飞鸟尽，良弓藏；狡兔死，走狗烹**] 越王勾践灭了吴国之后，范蠡就离开了越国。他在齐国给大夫文种写了一封信，说：“飞鸟打完了，好弓就会被收起来，兔子捉光了，猎狗就会被杀了煮肉。越王长着鸟一样的长脖子，鹰一样的嘴，这种人只可共患难不可共享乐，你最好尽快离开他。”文种读后称病不再入朝。后来有人向越王进谗言说文种要作乱，越王便送给文种一把剑，对他说：“你教给我灭吴国的 7 个方法，我只用了 3 个就战

败了吴国，还剩下4个，你替我从先王开始试下吧。”于是文种自杀。

在以上三则故事中，追随者的行为背后所体现出来的动因和所反映出来的领导者与追随者关系质量非常值得我们讨论。这些案例有助于我们正确认识领导的概念。

第一节 领导的基本概念

一、定义领导

“领导”是一个司空见惯又十分重要的概念，实践界和学术界对此做过大量研究。然而正如史托迪（Stogdill，1974）所言，几乎有多少人尝试定义它，它就有多少种定义。原因一方面是领导活动本身的复杂性让它难以捉摸，所以用权力、权威、监督、管理、行政等多种术语描述同一现象的情况比比皆是；另一方面是人们对领导现象的研究兴意盎然，人们都在寻找对实现组织效能至关重要的领导因素。总体而言，虽然领导概念存在模糊与混乱之处，但人们对其也达成了一些共识。概念的模糊既证明了它的重要性，同时也给理论和实践界带来难题。

何谓领导？可以概括为4个方面：角色（谁是领导）、能力（领导者具有怎样的能力与素质）、职能（领导是做什么的）、过程（领导活动是如何开展的）。

（一）角色观

领导，也即领导者，一般认为是具有职权、责任和义务来实现组织目标的个人。①

① 胡君辰，吴小云．组织行为学（第3版）［M］．北京：中国人民大学出版社，2021：219.

角色观强调：

第一，领导者是组织中的特定个体。例如第三次修订后的《中华人民共和国公务员法》第十八章附则明确规定："本法所称领导成员，是指机关的领导人员，不包括机关内设机构担任领导职务的人员。"这里特别指出，在行政机关内设机构担任领导职务的人员不属于行政机关的领导成员。

第二，领导者具有职权、责任和义务来实现组织目标。领导者通过组织的正式授权，根据岗位职责，具有明确的职权、责任和义务。

第三，从组织结构来看，领导者与管理者可以等同。在日常生活中，我们常讲大领导、中层领导、小领导等，与管理层次的概念相近。

（二）能力观

领导，也叫领导力，是能够促进组织目标实现的个体能力与素质，一般是指影响群体为实现目标而努力的能力和素质。[①] 豪斯（House）等认为："领导是一种影响、激励以及使他人为实现组织效能和成就而做出贡献的个人能力。"[②]

能力观强调：

第一，领导能力是指某种才能或者能力，比如个体在构建远景、决策、用人、沟通、激励等方面拥有的技巧和方法。能力后天可以培养，因而使得有效领导成为可能。

第二，这种能力一般可以用影响"群体为实现目标而努力的程度"来衡量。

目前领导理论研究中常用的衡量指标有两类：一类为绩效指标，包括客观绩效（实际的绩效数据）、主观绩效（管理人员或者其他人员的评价）等；另一类为情绪反应指标，包括员工满意度、对领导的满意度、组织承诺、组织公民行为等。

---

① 胡君辰，吴小云．组织行为学（第3版）[M]．北京：中国人民大学出版社，2021：219.

② 加里·尤克尔．组织领导学（第7版）[M]．丰俊功，译．北京：中国人民大学出版社，2015：3.

第三，领导素质，也包括领导者的性格特质，这些特质能影响他人去完成或者与之共同完成特定任务，如智力、自信、责任感等。

第四，个体的领导力往往是一种综合的能力和素质，对员工的绩效和情绪有很好的预测效果，但是却难以简单复制和模仿。

（三）职能观

罗宾斯在《管理学》中将管理划分为计划、组织、领导和控制四类职能，领导是管理的四大职能之一。领导职能体现在管理者同别人一起或者通过别人去完成组织目标的过程中，当管理者激励下属，影响工作中的个体和团队，选择最有效的沟通渠道，或者以任何方式处理雇员的行为问题时，他们就在履行领导职能。[①]

职能观强调：

第一，领导是一项管理职能，主要体现在领导和激励所有的群体和个体，以及解决冲突上。

第二，领导是管理过程中的一个环节，是为实现管理目标而理解、激励个体，通过有效的沟通，将群体转化为有效团队的过程。

第三，领导作为管理的一个环节，实现一项管理职能，因此领导包含在管理的范畴之内。

（四）过程观

尽管定义领导的方法多种多样，但下列因素被认为是领导中非常重要的：①领导是一个过程；②领导需要影响力；③领导在团队中发生；④领导需要有共同的目标。领导是指对他人施加影响，从而使他人理解需要完成的任务以及如何完成任务，并就此达成共识的过程，同时也是促使个人和集体努力实现共同目标的过程。[②] 诺斯豪斯将领导定义为：领导是个人

---

① 斯蒂芬·罗宾斯，等．管理学（第13版）[M]．刘刚，等，译．北京：中国人民大学出版社，2017：9.

② 加里·尤克尔．组织领导学（第7版）[M]．丰俊功，译．北京：中国人民大学出版社，2015：8.

影响团队成员去完成共同目标的过程。[①]

过程观强调：

第一，领导是一个过程。这意味着领导并不是领导者自身具有的特质或者性格，而是发生在领导者和追随者之间的一种交互活动。不是单向的行为，而是相互影响的。巴斯认为，一些定义把领导看作是团队发展过程的关键，领导者就是团队变化和活动的核心，体现了团队的意愿。

第二，领导需要影响力。这涉及领导者如何影响追随者，强调领导者给个体或团队带来变化的行动或行为。影响力是做领导的必要条件，没有影响力，就不存在领导。影响力是一种广义的权力，领导者拥有并能运用权力去影响个体或团队使之产生变化。例如，变革型领导理论更强调在变革过程中，领导者激发追随者高层次动机，从而将团队利益置于个人利益之上，超越领导预期更加努力地工作，最终带来额外的工作结果。

第三，领导在团队中发生。团队是领导发生的环境。团队与群体存在区别。群体，又称团体，是指为了实现某个特定目标，遵守同一规范，两个或两个以上个体相互作用、相互依赖的个体组合体。团队是指成员自觉努力，相互取长补短，整体绩效大于个体绩效之和的群体。黑社会组织严密、分工明细、成员卖命、罪行累累，他们符合团队的定义；不过，他们共同的目标是危害社会，是错误的，因此，是团伙而不能叫团队。肯·布兰查德（Ken Blanchard）说过，领导不是你为别人做事，而是你与别人一起做事。与团队一起，每个人都可以取得更大的成就。

第四，领导需要有共同的目标。上下同心，其利断金。领导者要把精力放在努力和自己一起完成共同目标的人们身上。“共同”意味着领导者和追随者都认同的目标，关注共同目标给领导增添了一层道德色彩。强调共同性减少了领导者用强迫或者不道德的方式对待追随者的可能性，同时

---

① 彼得·诺斯豪斯．领导学：理论与实践（第5版）[M]．吴爱明，陈爱明，陈晓明，译．北京：中国人民大学出版社，2012：2－3．

增加了领导者和追随者共同完成任务的可能性。

二、常见的领导误区

谈到领导，常常有以下三个误区：

一是职位高的人是领导。角色观将身处某个职位，承担组织所赋予的法定权力的个体看作领导者。然而，职位是外在表象，领导与追随者互动的本质将非正式领导也纳入其中。组织中经常能够见到虽然没有法定职务，但却极具影响力的非正式领导。

二是领导拥有所有权力。领导者与追随者共同构成领导关系，领导并不高于或者胜过追随者，他们之间是一种彼此依存的关系。《荀子·哀公》篇，荀子讲述孔子与鲁哀公的一段对话，鲁哀公居安思危，求解于孔子，孔子提出“君者，舟也；庶人者，水也。水则载舟，水则覆舟”。唐朝时期，魏征常用这个道理来进谏唐太宗李世民，被人熟知。

三是领导者是天生的。从能力观来看，个体的领导能力和素质较难简单模仿和复制，但是能力依然可以后天培养。同时，从过程观来看，团队中凡是能够影响他人为共同目标而努力的人都在发挥领导力，因此人人都有领导力。这种观念目前已经成为基本共识。

三、领导与管理

领导和管理是领导学、公共管理、工商管理学科中最基本的概念。理解和掌握这两个概念各自的内涵及相互关系，是我们讨论一系列领导问题和管理问题的出发点。目前关于领导和管理的相互关系，有4种代表性观点：[①]

第一种观点：领导和管理不分，领导就是管理，管理就是领导。因为领导者一般身处管理岗位，因此这两种概念也可以交替使用。这种观点混淆了两类活动的本质，已经很少见。

---

① 朱立言，李国梁．行政领导学（第3版）[M]．北京：中国人民大学出版社，2015：20－21.

第二种观点：管理包含领导。斯蒂芬·罗宾斯在经典管理学教材中将管理职能概括为计划、组织、领导和控制。领导是管理的重要组成部分，是管理的一项职能。这种观点比较成熟，占主导地位。

第三种观点：领导包含管理。领导是一种高度的、综合的、统率性的实践活动，管理是其中一项职责，完成领导的任务。领导学界的专家多持这种观点，许多领导科学的教科书也是这么写的。

第四种观点：领导与管理相互独立。也有观点认为领导和管理是两个相对独立的范畴，它们有各自的研究对象、概念、术语、理论体系和领域界限。代表人物包括美国著名领导学家、管理学家约翰·科特、约翰·加德纳、沃伦·本尼斯等。

本书采用第四种观点，将领导看作有别于管理的具有独特性的研究对象、概念术语、理论体系和领域界限的研究范畴。领导与管理的差异见表 2－1。

表 2－1　领导与管理的差异

评价维度	类型	
	领导	管理
职能	目标实现过程	计划、组织、领导和控制等技术与方法
功用	重人、方向、激励	重事、执行、效率
角色素质	人格化的领袖	偏重一种专门化、职业化的职务
成长途径	实践中竞争出来	培养

资料来源：主要框架根据朱立言等的《行政领导学》第 22～23 页改编而来。原文中“领导者与管理者培训的内容与方法不同”，是基于前面特征的延展而非本质差异，故而未采用。

通过对 402 份大学生调研样本所做的一项分析表明，“过往的领导经验”与“挫折/逆境中的反思”是被试者认为领导力最重要的来源，分别占总人数的 69.7% 和 56.0%。这表明领导经验是在实践中积累起来的，如果能够积极反思学生活动过程中、人际交往过程中所遭遇的挫折事件，则挫折更有助于磨砺他们优秀的领导品格与能力，也更有助于他们在领导职务上取得更大的成绩和发展。由此可见，领导者是在实践中通过综合竞争留下来的。[1]

具体而言，在职能上，领导强调目标实现的过程，管理强调借以实现计划、组织、领导和控制等活动过程的工具和技术；在功用上，领导的重点在于激励团队成员一起做正确的事，管理重点在于正确地做事，也即如何高效执行；在角色素质方面，领导者胜任领导职务需要综合素养和能力结构，管理者胜任管理职务则偏重专业化的知识和技能；从成长途径来看，管理者以良好的高等专业教育为起点，通过管理实践和在职培训可以走上管理岗位，领导者主要是在实践锻炼中通过竞争产生的。

第二节　领导的构成要素

在履行领导职能时，关于领导有两种观点。[2]

一种观点将领导看作团体内的角色分化，专业履行领导职责和职能的成员被称为领导，协助领导行使领导职能的成员被称为追随者。例如，组织内的各级委任领导，如省级政府的省委书记、副书记、省长、副省长、各职能部门的厅长、副厅长等；高校的书记、副书记、校长、副校长、各处室处长、副处长、学院书记、副书记、院长、副院长等；非营利组织中的各级管理人员等。秉持角色分化观点的研究者更关注领导的特质、行为、风格以及影响等。

另一种观点将领导看作一种自然产生的社会系统（关系模式），并向其他成员扩散的影响过程（社会过程）。社会系统中的任何成员应该随时可以承担领导职责，领导者和追随者之间没有明显差异。领导职能可以由

① 吴小云．大学生领导力研究与开发[M]．北京：中国经济出版社，2018：150.

② 加里·尤克尔．组织领导学(第7版)[M]．丰俊功，译．北京：中国人民大学出版社，2015：4.

不同个体共同承担，组织决策通过组织成员的相互影响而产生。秉持该观点的研究者更关注团队或组织成员间的复杂影响过程、决策产生的环境和条件以及团队或组织结果。决策效果的产生既与决策方法有关，又与决策领域有关。有些决策领域比较容易见效，比如户籍政策改革、提高养老金等，有些决策领域只能是慢功夫，比如教育培养、人才引进、城市更新、产业转型等，这些领域从决策到实施，再到人们接受并逐渐落实以及最终产生效果，会经历一段时间，因而无法立竿见影。①

本书采用领导的过程观定义，即将领导看作个体影响团队成员并实现共同目标的过程。过程观将领导的角色和领导的影响过程有机结合，为全面理解领导现象打下了基础。我们将领导的基本构成要素分解为领导者、追随者、领导情境和领导效能（见图 2－1）。

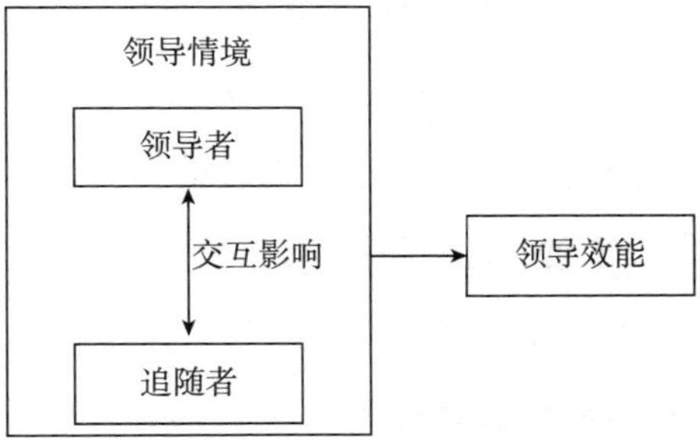

图 2－1　领导的基本构成要素

一、领导者

领导者关注组织或团队里被委派领导角色、承担领导职能的个体。领导者是决定领导有效性的关键因素。领导者是领导活动的主体，居于中心地位，在领导活动中起到主导、发动和统率作用。② 领导是带领群众开展事业的火车头。俗话说："兵熊熊一个，将熊熊一窝。"如果一个单位氛围

① 杨国庆. 领导决策[M]. 北京:研究出版社,2017:225.
② 胡冶岩. 行政领导学[M]. 北京:国家行政学院出版社,2014:12.

融洽，凝心聚力，这个单位一定有一位深受群众拥护的、德艺双馨的领导；同样，如果一个单位发展长期停滞不前，一把手可能优柔寡断、缺乏斗志、碌碌无为。

行政领导者是政府、事业单位、社会团体等公共部门组织顺利运营的重要条件。按照不同的标准，行政领导者可以划分为不同类型，按照行政隶属关系不同，可以划分为中央行政领导和地方行政领导。按照行政职能权限不同，可以划分为政务类行政领导和业务类行政领导，即一般权限的行政领导和专门权限的行政领导。

政务类行政领导是从中央到地方各级人民政府的领导，主体是各级政府及其所属部门的正职领导者，客体是行政辖区内的政务和社会事务。政务类行政领导的主要职能是依法决策、制定规划，组织用人、提供服务，全面协调、检查监督，具有全面性、综合性和政治性。

业务类行政领导是行政机关中除政务类行政领导之外的其他行政领导，主要职能是负责贯彻执行上级和政府的决议、决定和指示，负责组织、领导和管理某一方面的行政事务或者在业务上领导下属行政部门。其工作带有局部性、专门性，但对象范围广、门类多，业务性强。[①]

领导学研究中关注领导者的理论十分丰富，包括领导特质，领导技能，领导者的行为，领导风格，领导的形成，领导者的职责、权力与影响，真诚型领导，魅力型领导，服务型领导，变革型领导，战略型领导，领导道德，女性领导等。

二、追随者

追随者是团队或组织中扮演领导下属的个体。追随者的积极性、胜任力和认同感，对团队或组织绩效的实现至关重要，他们是组织战略落地的执行者，辅助领导者实现领导职能。同时，组织成功时，追随者的巨大贡

---

① 胡冶岩．行政领导学[M]．北京：国家行政学院出版社，2014：11－12.

献常因社会普遍关注领导而被忽视。

追随者关注团队和团队成员，在领导学研究中受重视程度逐渐增加，在情境领导理论中被看作领导的关键情境因素之一。近40多年，领导者与追随者之间通过交换所形成的垂直二元关系质量在解释领导有效性上表现出色。研究追随者的理论主要包括领导—成员交换关系、领导关系的形成理论、追随者的态度和行为、追随者的分类、团队领导、心理授权、归因理论、自我管理等。

三、领导情境

时势造英雄，环境影响领导者的产生、领导行为的有效性以及领导方式的选择。环境对深刻理解领导现象提供了更广阔的视角，对环境的关注加深了人们对领导有效性的认识。

领导情境关注领导活动所处的宏观和微观环境，宏观环境包括时代特征、文化、政治、经济、社会、科技、生态、法律、行业等；微观环境包括组织类型、组织文化、团队类型、团队氛围、社会压力、团队资源、任务特征等。理论研究对直接影响领导活动发生的微观情境关注较多，对间接的宏观情境研究较少。情境领导理论包括LPC权变模型、情境领导理论、路径—目标理论、领导替代理论、整合领导模型、认知—资源理论等。

四、领导效能

领导效能的评价标准选择取决于评价者的目标和价值观，是判断领导者成功与否的标准，为组织选拔、晋升和培养领导人提供了依据。领导效能的评价标准外显或内隐于领导概念中。从角色观来看，在组织中得到晋升和连任的领导者是成功的，他们能更好地达成履职目标和要求；从过程观角度来看，领导效能关注共同目标的实现过程，因此考核时既要考察计划目标的实现程度，又要综合考察领导环境和领导行为。

在团队或组织内，领导效能常用绩效指标加以衡量。绩效是成绩和成效的总称，是指一定的组织及其成员在组织活动中所获得的结果和贡献，它是组织结构及组织成员知识、能力、技能等各种因素的综合反映，是一切管理活动的出发点和归宿。①

领导绩效包括任务绩效和关系绩效。任务绩效是领导推动团队或组织实现目标程度的客观标准，例如，衡量政府绩效时所使用的政治绩效（政治民主程度及公民对政治的参与度等）、经济绩效（国民经济增长速度、人均国民收入增长速度、就业率等）、文化绩效（教育发展速度和普及率、科技发展速度和水平等）、社会绩效（社会生活的安全和稳定系数、社会保障发展水平及普及率、犯罪率降低指数等）② 等。关系绩效是指追随者的态度和行为，包括对领导的态度和行为、团队凝聚力、团队信任、组织承诺、满意度、组织公民行为、组织认同、敬业度、离职倾向、职业倦怠、反生产行为等。

领导者通过他人或者与他人一起实现团队目标，因此，良好的领导—成员关系会使团队高效工作，进而保障团队任务绩效的实现。然而，领导效能的最大化取决于关系绩效和任务绩效的平衡，领导者过于关注关系绩效或者过于关注任务绩效，都会影响领导效能的实现（见图 2 – 2）。

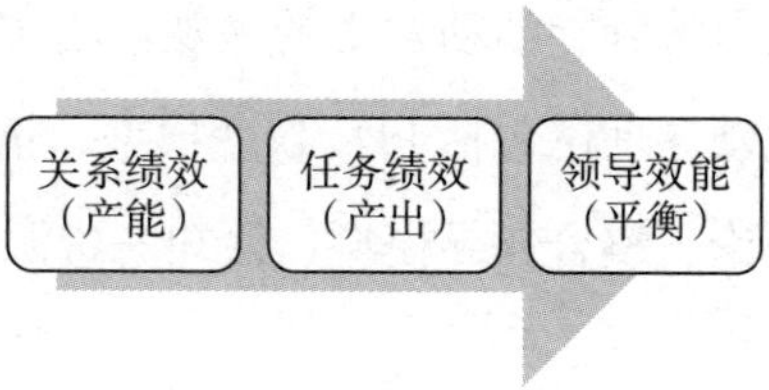

图 2 – 2　领导效能的组成和关系

公共行政领导绩效考评的主要内容包括德、能、勤、绩、廉 5 个方面。其中，德是指政治素质、道德素质、行为品质和为人处世的作风等，是个体的灵魂和本质，统率着做人的各个方面，重点考察领导者对党和政府路线、方针、政策的态度和执行情况，遵守公共道德和职业道德情况，对待

① 朱立言，李国梁．行政领导学[M]．北京：中国人民大学出版社，2015：139 – 142.

② 彭国甫，李树丞，盛明科．应用层次分析法确定政府绩效评估指标权重研究[J]．中国软科学，2004(6)：136 – 139.

工作和群众的态度等。能是指能力素质，是认识世界和改造世界的本领，重点考察领导者掌握本职工作的业务知识、政治能力、调研能力、科学决策能力、改革攻坚能力、应急处突能力、群众工作能力以及抓落实能力等。勤是指勤奋敬业的精神，主要指领导者的工作态度和责任心，具体体现在工作积极性、主动性、创造性和纪律性。绩是指领导者的实际工作成绩，包括完成工作的数量、质量、经济效益和社会效益。廉是指领导者遵纪守法、依法行政和廉洁自律等情况，主要考察领导干部是否严格遵守党纪国法，是否廉洁奉公、忠于职守，有无利用职权牟取私利等行为。

组织部门在提拔干部时会多方进行调查谈话，了解候选人在德、能、勤、绩、廉各方面的表现。通常情况下，候选人的能力和绩效是有目共睹的，然而，候选人的品德、勤勉和廉洁等方面则会因了解不深不易评价。如何评价主要取决于候选人与被访谈人之间的关系质量。如果候选人与被访谈人关系比较好，评价就会比较积极；如果交往很少，关系冷淡，则可能获得较为消极的评价。关系绩效就是领导干部在群众里的口碑。领导干部不仅要干出业绩，还要赢得口碑，方能取得事业的长足发展。

第三节　追随的意义与内涵

德鲁克提出，领导者的唯一定义就是其后面有追随者。没有追随者，就不会有领导者。发现一个领导者最有效的办法，就是看其是否有心甘情愿的追随者。

因此，领导的核心内容就是通过引导和影响而建立的追随关系。管理者必须有组织，但是领导者可以没有组织。

“追随”出自《后汉书·党锢传·夏馥》，解释为“成为某人的属下帮那人做事”，即仿效、跟随。从社会心理学角度来看，追随的本质是从众行为，是人们对社会影响的反应，可以分为3种类型：依从、认同和内化（见图2－3）。①

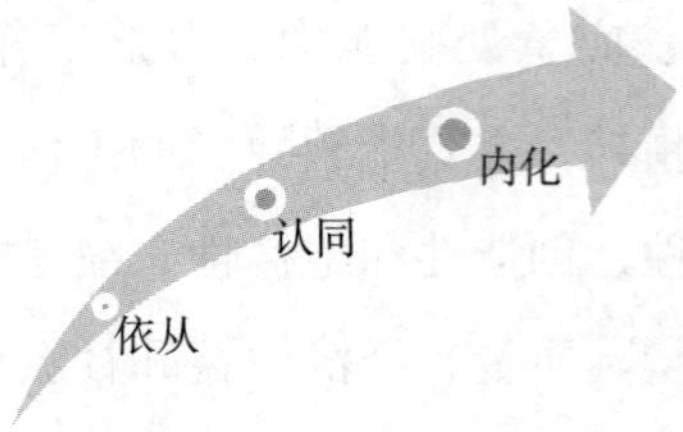

图2－3　追随的三个层次

依从，表示一个人为了获得奖励或者避免惩罚而做出某种行为。通常，一个人行为的持续时间与他所获得的奖励或者所面临的惩罚威胁的时间同样长。所谓“顺我者昌，逆我者亡”，一个残忍的独裁者可能通过威胁不顺从将遭受痛苦折磨，或者许诺顺从所能得到的荣华富贵，来获取一定比例的臣民对他的忠诚。

认同，表示个体希望与影响施加者保持一致，而对社会影响产生的某种反应。我们采取特定的行为方式，是因为这种行为方式使我们与所认同的另一个人（或一些人）建立起令人满意的关系。认同与依从的区别在于，在认同中我们的确相信自己所采取行动的理由或价值，尽管我们对这些理由和价值的相信程度并不是很深。一旦人们发现某个人或者某个群体在某些方面具有吸引力或者感染力，我们就倾向于接受来自这个人或者这个群体的影响，并采取类似的行动或具有同样的态度——这样做并不是为了获得奖励或者逃避惩罚，仅仅是为了与某个人或者某个群体相像。这种喜爱之情使我们萌生了想要将他的一切吸收到自己的生命中的倾向，而他的这个方面也就成为我们信念体系的一部分。

内化，对某种价值或者信念的内化是对社会影响最为持久，也最根深蒂固的反应。将特定信念内化的动机是希望自己正确。因此，这种信念的

① 阿伦森．社会性动物(第9版)[M]．邢占军，译．上海：华东师范大学出版社，2007：26－30.

奖赏是内在的，假如施加这种影响的人被认为值得信任而且具有很好的判断力，我们就会接受他所主张的信念，并将它融入自己的价值体系之中。一旦成为我们自身价值体系的一部分，这种信念就会与它的来源没有任何关系，并且变得非常不容易改变（见表2－2）。

表2－2　追随的3个层次

追随层次	动机	主要成分	效果	员工加班因素
依从	获得奖励、逃避惩罚	权力	持续时间短、影响小	加班费、晋升、被开除
认同	榜样模仿	吸引	持续时间长、较难改变	自己敬重的领导以事业为重，经常加班
内化	希望自己正确	可信性	最持久、自我支撑	时不我待、出人头地的奋斗精神

追随者是领导活动不可或缺的影响变量。领导者与追随者之间的关系见图2－4。

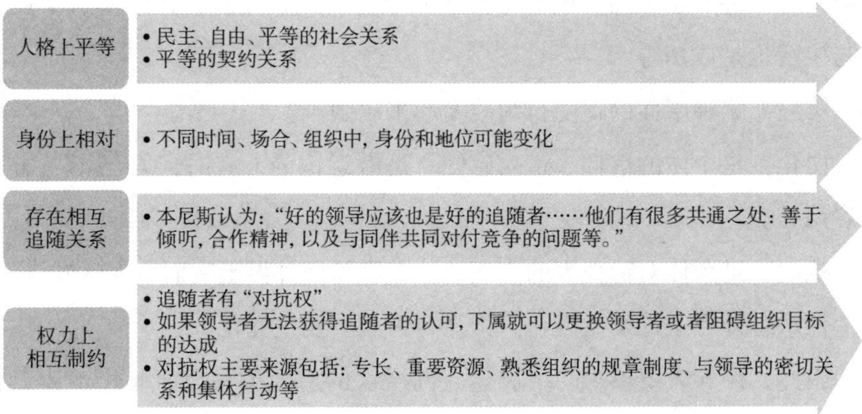

图2－4　领导者与追随者之间的关系

资料来源：根据相关内容改编。朱立言，李国梁．行政领导学（第3版）[M]．北京：中国人民大学出版社，2015：32－33.

以比较普遍的“加班”现象为例，请大家从追随层次的角度思考3个问题：

第一，员工为什么加班？

依从：加班有加班费，不加班就会丢工作。

认同：领导深得自己敬重，他工作兢兢业业，经常加班，因为喜欢领导而把加班认为是工作尽职尽责的表现。

内化：深刻认识到时不我待，热血青春就要拼搏奋斗。加班甘之如饴，马不扬鞭自奋蹄。

第二，加班行为在什么情况下会减少？

依从：没有加班费，不加班也不会带来不利后果，或者家资雄厚，不在乎这点儿奖励，不具威胁性。

认同：敬重的领导人设崩塌。原来领导天天加班是因为跟配偶关系紧张，单位有空调、电脑、工作餐，生活舒适，加班根本不是嘴上说的为了工作，本质上是逃避矛盾重重的家庭关系。只恨自己涉世不深，被蒙骗利用。

内化：认识到加班的危害，例如因为醉心事业而忽视家庭导致离异、亲子关系剑拔弩张，或者长期过度劳动身患重病、亲密的朋友因过度劳动而猝死等，突然意识到加班不是奋斗的唯一方式，提高工作效率、平衡工作与生活也是成功等。

第三，哪种层面的追随行为改变起来更困难？

内化：是个体的信仰、道德感知；是潜意识的，有时候自己不一定能够意识到。

认同：是个体对待他人的态度，比较容易因外界影响而改变认知。

依从：外界条件发生变化，依从行为就会发生变化。

因此，领导者要追求与下属建立高层次的追随关系，而非止于让下属表面服从。基层领导者用权力让追随者依从的资源十分有限，更需要通过建立感情、树立道德和业绩榜样等努力获得下属高层次的追随。

[本章小结]

领导可以从角色、能力、职能、过程等角度进行定义。

角色观认为领导是具有职权、责任和义务来实现组织目标的个人。

能力观认为领导也叫领导力，是能够促进实现组织目标的个体能力与素质，一般是指影响群体为实现目标而努力的能力和素质。

职能观认为领导职能体现在管理者同别人一起或者通过别人去完成组织目标的过程中。

过程观认为领导是个人影响团队成员去完成共同目标的过程。过程观强调：领导是一个过程；需要影响力；发生在团队中；需要关注共同目标。

领导常常有3个误区：职位高的人是领导；领导拥有所有权力；领导者是天生的。

目前关于领导和管理的相互关系，有4种代表性观点：领导和管理不分，领导就是管理，管理就是领导；领导是管理的重要组成部分，是管理的一项职能；领导包含管理；领导与管理相互独立。

领导的基本构成要素可以分解为：领导者、追随者、领导情境和领导效能。

领导者的唯一定义就是其后面有追随者。领导的核心内容就是通过引导和影响而建立的追随关系。

从社会心理学角度来看，追随的本质是从众行为，是人们对社会影响的反应，可以分为3种类型：依从、认同和内化。在3个层次的追随关系中，追随者的动机、主要成分、效果都有差异。

[关键词]

领导；领导者；追随者；领导情境；领导效能；追随；依从；认同；内化

[思考题]

1. 请从不同的角度谈谈你对领导概念的认识。
2. 结合领导实践，从过程观角度谈谈领导的主要内涵。
3. 领导和管理的差异体现在哪里？

4. 如何理解领导的构成?

5. 对于领导而言，追随的意义在哪里?

6. 不同层次追随行为产生的动机、主要成分和影响表现是什么？对领导者有何启示?

[参考文献]

[1]阿伦森. 社会性动物(第9版)[M]. 邢占军,译. 上海:华东师范大学出版社,2007.

[2]彼得·诺斯豪斯. 领导学:理论与实践(第5版)[M]. 吴爱明,陈爱明,陈晓明,译. 北京:中国人民大学出版社,2012.

[3]加里·尤克尔. 组织领导学(第7版)[M]. 丰俊功,译. 北京:中国人民大学出版社,2015.

[4]斯蒂芬·罗宾斯,等. 管理学(第13版)[M]. 刘刚,等,译. 北京:中国人民大学出版社,2017.

[5]胡君辰,吴小云. 组织行为学(第3版)[M]. 北京:中国人民大学出版社,2021.

[6]胡冶岩. 行政领导学[M]. 北京:国家行政学院出版社,2014.

[7]彭国甫,李树丞,盛明科. 应用层次分析法确定政府绩效评估指标权重研究[J]. 中国软科学,2004(6):136-139.

[8]吴小云. 大学生领导力研究与开发[M]. 北京:中国经济出版社,2018.

[9]杨国庆. 领导决策[M]. 北京:研究出版社,2017.

[10]朱立言,李国梁. 行政领导学(第3版)[M]. 北京:中国人民大学出版社,2015.

第三章

领导职责

[本章要点]

1. 明确领导职责的概念。
2. 明确领导职责的影响因素。
3. 理解领导职责的产生。
4. 领导职责的主要内容。

[引 例]

为官莫忘初心

清康熙年间，内乡知县高以永撰写了一副对联：

得一官不荣，失一官不辱，勿说一官无用，地方全靠一官；

穿百姓之衣，吃百姓之饭，莫道百姓可欺，自己也是百姓。

上联告诉人们不要过分痴迷官位本身，而应重视为官的责任；下联告诫为官者要牢记自己来自人民，应为人民执政、靠人民执政。

守初心，就是要牢记全心全意为人民服务的根本宗旨，以坚定的理想信念坚守初心，牢记人民对美好生活的向往就是我们的奋斗目标；以真挚的人民情怀滋养初心，时刻不忘我们党来自人民、根植人民，人民群众的支持和拥护是我们胜利前进的不竭力量源泉；以牢固的公仆意识践行初心，永远铭记人民是共产党人的衣食父母，共产党人是人民的勤务员，永远不能脱离群众、轻视群众、漠视群众疾苦①。

行政领导者是党和国家事业发展的“关键少数”，国家治理体系和治理能力现代化建设的中坚力量，全党全社会的风向标。我们需要明确领导者的角色、职责、权力和责任。

① 习近平．习近平谈治国理政：第三卷[M]．北京：外文出版社，2020：523.

第一节 领导职责概述

一、领导职责的概念

职责是指任职者为履行一定的组织职能或完成工作使命所负责的范围和承担的一系列工作任务，以及完成这些工作任务所需承担的相应责任。①

领导职责就是担任领导职务的个体或者集体，在履行相应的领导职位要求时所应实现的领导职能和行使权力时所应承担的责任。

二、领导职责的影响因素

领导者在组织中通过合法途径被任用，从而担任一定的领导职务、履行特定领导职能、掌握一定权力、肩负领导职责。如图3－1所示，领导者的职务、权力、责任和利益的统一，是实现有效领导的必要条件。职务是领导者身份的标志，并由此产生引导、指挥、协调、监督、教育等基本职能；权力是指领导者履行领导职能所需要的各种权力；责任是指领导者行使权力所需要承担的后果；利益是指领导者因工作优劣获得的报偿和受到的奖惩。②

领导在组织中所承担的领导职责受以下因素影响：

第一，领导职位对工作性质、特点和管理需要的规定。例如，在政府机构中，《中华人民共和国公务员法》第十六条将公务员职位类别按照公务员职位的性质、特点和管理需要，划分为综合管理类、专业技术类和行

① 申林．新时代领导干部角色意识与职责担当的内在逻辑、现实要求与实现路径［J］．治理现代化研究，2021，37（5）：37－44.

② 胡冶岩．行政领导学［M］．北京：国家行政学院出版社，2014：11.

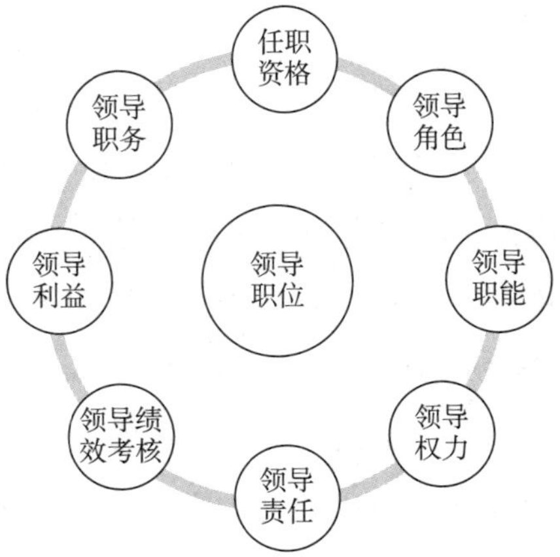

图 3－1　领导角色与职责示意图

政执法类。第十七条，明确我国实行公务员职务与职级并行制度，根据公务员职位类别和职责设置公务员领导职务、职级序列。

第二，领导职务对个体任职资格的规定。例如，《中华人民共和国公务员法》第四十五条规定，公务员晋升领导职务时，应当具备拟任职务所要求的政治素质、工作能力、文化程度和任职经历等方面的条件和资格。公务员领导职务应当逐级晋升。特别优秀的或者工作特殊需要的，可以按照规定破格或者越级晋升。目前，我国政府公务员队伍实行凡进必考，中央国家机关公务员、沿海经济发达城市公务员考试竞争异常激烈，进入门槛比较高，因此将来晋升领导岗位的人员素质和能力也会更高。事业单位、非营利组织等根据层次、地域、领导层级等的不同，对担任领导职务个体的素质和能力提出了不同的要求。

第三，领导者对领导身份和角色的认知。领导者对其所担任领导职务需要实现哪些领导职能、承担哪些领导责任的自我认识，影响个体的行为表现和领导素质提升的学习动机。例如，教育部部长怀进鹏在与教育部直属高校新任领导人员集体谈话时，勉励大家要按照社会主义政治家、教育家的标准，深刻认识自身肩负的重大责任和使命，提高政治站位，心怀

“国之大者”，忠实履职尽责。①

第四，领导职务对领导职能的界定。这是行政领导履职尽责的前提。领导职务是组织内一组责任相似或相同岗位的统称，简称头衔，如科长、处长、局长等。《中华人民共和国公务员法》第十八条规定，公务员领导职务根据宪法、有关法律和机构规格设置。领导职务层次分为：国家级正职、国家级副职、省部级正职、省部级副职、厅局级正职、厅局级副职、县处级正职、县处级副职、乡科级正职、乡科级副职。不同层级的领导者在贯彻落实权力机关和上级行政机关的决定，执行公共行政决策，主持本地区、本部门工作计划，选人用人等方面所承担的责任存在差别。

第五，领导权力对领导责任的规定。行政领导者履职尽责的必要条件是获得法律所规定的与履职尽责相应的职权，具有一定的职权就应承担国家所委托的工作任务，对国家负责。作为领导者，责任第一，权力第二，权力是尽责的手段。如果未能尽到责任，还应受到政治、法律、行政和道德等方面的惩罚。

第六，领导绩效考核对领导者的约束与激励。科学合理的绩效考核是有效杜绝领导干部不能为、不敢为、不想为、乱作为的制度措施。《中华人民共和国公务员法》第三十五条规定，公务员考核应当按照管理权限，全面考核公务员的德、能、勤、绩、廉，重点考核政治素质和工作实绩。考核指标根据不同职位类别、不同层级机关分别设置。领导成员的考核由主管机关按照有关规定办理。第三十九条，规定定期考核的结果作为调整公务员职位、职务、职级、级别、工资以及公务员奖励、培训、辞退的依据。

---

① 微言教育．教育部部长怀进鹏与直属高校新任职领导人员集体谈话：提高政治站位，心怀“国之大者”，作好五个表率[EB/OL]．(2021－09－30)[2021－10－04]．http://www.moe.gov.cn/jyb_xwfb/gzdt_gzdt/moe_1485/202109/t20210930_568603.html.

第二节　领导职责的产生

领导职责的产生取决于领导者所在组织的主客观条件。

客观上，官僚制规定了领导职责的具体内容和实现条件。德国著名的社会学家、经济学家、管理学家和古典管理理论代表人物马克斯·韦伯提出了官僚制理论，被誉为“组织理论之父”。官僚制是指通过职务或职位而非个体或者世袭地位来管理组织。官僚制存在一种正式的管辖范围，这种管辖范围一般由规则（即法律或行政法规）来确定。官僚组织包含3项要素：职责、权力和资格。职责是按行政等级而设置的目标要求以及日常活动的规章，是作为正式职责来分配的。执行职责所需要的权力是按一种稳定的方式授予的，并且由官员能控制的、宗教的或其他强制手段严格加以限制。资格明确规定了正常而持续地履行职责和行使相应权力的方法，只有符合条件的人才有资格进入政府。

行政领导者在国家行政机关、事业单位、社会团体等公共组织中占据法定的职务和职位，拥有与领导职务相应的职权，承担与职务和职权相应的职责，包括政治责任、法律责任、行政责任和道德责任。每一个行政领导者都要做到对党负责、对人民负责和对上级行政机关负责。

主观上，领导角色是职责担当的逻辑起点和实践依据。① 领导职责来源于领导者所扮演的社会角色，领导者是否能够履行好职责取决于领导的角色认知、自我定位和角色扮演。

领导干部是党的事业的骨干，是人民的公仆。1938年召开的党的六届

① 申林．新时代领导干部角色意识与职责担当的内在逻辑、现实要求与实现路径[J]．治理现代化研究，2021，37(5)：37－44.

六中全会上，毛泽东同志明确指出，“政治路线确定之后，干部就是决定的因素”。组织路线对坚持党的领导、加强党的建设、做好党的组织工作具有十分重要的意义。新时代党的组织路线就是要全面贯彻习近平新时代中国特色社会主义思想，以组织体系建设为重点，着力培养忠诚干净担当的高素质干部，着力会聚爱国奉献的各方面优秀人才，坚持德才兼备、以德为先、任人唯贤，为坚持和加强党的全面领导、坚持和发展中国特色社会主义提供坚强组织保证。①

当前，领导力开发理论强调领导身份对领导技能培养和成为有效领导者的作用。② 领导是一个动态社会过程，通过团队成员之间的相互影响，决定谁可以成为领导者。③ 身份是人们理解和与环境互动的社会“透镜”。研究者认为，身份在塑造和引导我们的选择、行为和如何与他人互动中起到关键作用。④ 例如，《资治通鉴外纪·卷二》记载，周文王有一日在郊野见有枯骨暴露，就吩咐吏人将其掩埋。吏人说：“这枯骨都是无主的。”周文王说：“天子有天下，就是天下的主；诸侯有一国，就是一国之主。我就是这枯骨的主啊。”周文王的恩泽延及枯骨，何况人呢？“为人君，止于仁”与君王的自我身份认知不可或缺。

角色是一种自我规范机制，拥有特定角色身份并且自视该身份重要的个体，更可能基于角色行动并围绕角色调节自己的行为。领导角色的重要性体现在以下方面：第一，角色作为自我认知的弹性和可塑性更强，有利于领导力的开发；第二，拥有领导角色身份是展现领导行为和开发领导技能的必要条件；第三，在组织层级中担任领导职务和将自己视为领导者之

---

① 习近平. 习近平谈治国理政：第三卷[M]. 北京：外文出版社，2020：517.

② Kwok N, Hanig S, Brown D J, et al. How leader role identity influences the process of leader emergence: A social network analysis[J]. The Leadership Quarterly, 2018, 29(6): 648 – 662.

③ Lord R G, Dinh J E.. What have we learned that is critical in understanding leadership perceptions and leader – performance relations? [J]. Industrial and Organizational Psychology: Perspectives on Science and Practice, 2014(7): 158 – 177.

④ Markus H R, Cross S E, Wurf E.. The role of self – esteem in competence[C]//R J Sternberg, Kolligian J. Competence considered. New Haven, CT: Yale University Press, 1990: 205 – 226.

间存在显著差异，拥有正式领导职位但不具备领导角色身份的人，比那些认为自己是领导者的人表现更差。[①]

第三节　领导职责的内容

一、领导角色

伯恩斯在《领袖论》中提出领导角色必须从内外两个方面进行探讨：一方面，社会形势呼唤这种角色的出现，即“外人”需要它的影响，需要它在社会和政治领域中推动或者阻滞人们的行为；另一方面，它来自一个人对自己在社会关系中地位的认识和理解，一个人所处的社会地位已不容他不去思考和扮演自己的角色，即顺应他自己的要求。例如，作为赵国国君，赵雍既有雄才又有大略，所以，他能用近30年的时间，将一个逐渐走向分裂的二流国家，变成一个政局统一的强国。可作为一个父亲，赵雍自绝恩义在前，盲目宠溺在后，不仅害了长子，还为自己、为国家带来了更大的祸患。因此，赵雍曾是一个伟大的君主，却从来不是一个合格的父亲。

领导角色由外在系统和内在系统共同决定，外在系统包括领导者所处的时代背景和社会特征、领导者所在的组织环境、领导者和追随者之间的关系，尤其是权力渊源等是角色存在的基础，决定领导者的规定性角色；内在系统包括领导者的素质、角色认知和期待，是领导者扮演角色的内在动力，在扮演没有严格确定的开放性角色时，领导者的内在自我起着决定

① Lord R G, Dinh J E. What have we learned that is critical in understanding leadership perceptions and leader - performance relations? [J]. Industrial and Organizational Psychology: Perspectives on Science and Practice, 2014(7):158 - 177.

性作用。

尽管在不同的组织和不同的文化背景下，领导者可能扮演不同的角色、发挥不同的功能，但是研究者关于领导角色与功能也有一些共识：

第一，管理角色。领导者不仅要执行计划、组织、人事、指挥、控制等基本的管理职能，还要承担大量战略性和外部性的职能。例如部门负责人不仅要计划部门事务，还要安排人员和资源来完成这些任务，监督下属绩效，进行例外管理等，与上级和其他部门沟通协调、合作行动，以及参与制定组织战略与发展规划等工作。明茨伯格曾提出10种领导者角色：首脑、领导者、联络者、监督者、传播者、发言人、企业家、排除干扰者、资源分配者和谈判者。

第二，文化创造角色。为团队与组织创造和发展一种组织文化或氛围，被认为是领导的一个主要功能。领导者特别是创始人，为组织留下不可磨灭的印记，组织事实上反映了领导者的个性特征。首先，领导者是组织成员的榜样，领导地位的象征意义在于，其行为被下属理解为是哪些行为可行、哪些行为不可接受的暗示，成为组织文化的主要物化表象。其次，领导者通过管理团队情绪塑造组织文化，这一角色让领导者在不确定和模糊情境下通过榜样示范让下属保持积极的心态。然后，选择合适的奖励制度和控制标准进行表彰。除对组织绩效的贡献大小外，员工对组织公共事务的参与也应得到回报。最后，领导者对组织架构和组织战略的决定权也是塑造组织文化的有效途径。例如，管理层次、管理跨度、报告关系以及正规化和专业化程度不同，因而产生的文化不同；扩张型战略与收缩型战略领导者对创新和冒险的鼓励程度不同。

第三，变革推动角色。组织环境正在发生前所未有的变化，组织正在经历变革，在传统的领导角色和功能之外，领导者还要承担起推动变革的角色。一些传统的管理角色可以通过授权让员工承担，领导者要提供愿景、必要的资源，指导员工从战略出发规划工作，设置目标，并对结果负责。

二、领导职能

约翰·科特认为，领导是一个目标实现的过程，即领导者主要通过非强制性的方法，鼓动一部分人（或一个集体）来实现一个或若干个既定目标的过程。围绕目标实现，他将领导职能划分为4种：

（一）引领职能：拥有愿景

引领职能是指行政领导者在带领团队过程中所承担的愿景规划与宣导方面的职责。愿景是理想的未来状态，容易与使命混淆。使命回答“组织为什么生存”。愿景描述“组织未来是什么样子”。

例如，2012年11月29日，习近平总书记率领党的十八届中央领导集体参观国家博物馆《复兴之路》展览时，向全世界宣示了中华民族伟大复兴的中国梦，并明确实现中华民族伟大复兴核心目标是“两个一百年”，也就是到2021年中国共产党成立100周年和2049年中华人民共和国成立100周年时，逐步并最终顺利实现中华民族的伟大复兴。

习近平总书记指出，“党的政治建设落实到干部队伍建设上，就要不断提高各级领导干部特别是高级干部把握方向、把握大势、把握全局的能力，辨别政治是非、保持政治定力、驾驭政治局面、防范政治风险的能力”①。

对于行政领导者而言，政治能力就是把握方向、把握大势、把握全局的能力，辨别政治是非、保持政治定力、驾驭政治局面、防范政治风险的能力。政治能力训练是一个终身课题，要苦练基本功，提高匹配度，时刻不放松。在平时训练上，应注重用好理论学习、组织生活、教育管理、风气建设等方面的机制，搞好结合融合。在检验考核上，应做到“四看”：日常工作看表现、重要关头看立场、急难任务看担当、细微之处看操守。②

---

① 习近平．习近平谈治国理政：第三卷[M]．北京：外文出版社，2020：97.

② 刘刚．提高政治能力与领导职责匹配度[N]．人民武警报，2020-03-05(3).

（二）战略职能：提出战略

战略职能，是指行政领导者在动态环境中为实现利益相关者的期望而调整资源配置以取得组织竞争优势、实现远景目标过程而提出战略。目标的实现不是自发的，尤其对于复杂的或者高层次的目标而言。战略在目标实现过程中起到重要作用。

2007 年 5 月 24 日，刚刚到上海任市委书记的习近平在上海市第九次党代会报告中首次提出“四个放在”，即“我们必须把上海未来发展放在中央对上海发展的战略定位上，放在经济全球化的大趋势下，放在全国发展的大格局中，放在国家对长江三角洲区域发展的总体部署中来思考和谋划”[①]。“四个放在”是习近平在上海工作期间提出的重要施政理念，体现了清晰的政策导向和科学的思想方法。

我国近年来倡导的国内的高压反腐、发展民生、环境治理等，国际上“一带一路”倡议、中非合作论坛、中国国际进口博览会等，都是实现中华民族伟大复兴和让人民过上美好生活的重要举措。

（三）团队职能：形成联盟

行政领导者具有作为团队领袖的身份角色以及借助或通过团队成员实现领导目标的联盟责任。

俗话说：“三个臭皮匠，顶个诸葛亮。”成大事者必须有一个成功的团队在幕后。这个团队与领导者对于领导者所描绘的梦想达成共识，并积极投身于梦想的实现中。领导者在模糊环境下，肩负着在组织内创造一个多样性、包容性、公平和公正的环境。[②]

领导者个人的能力是有限的，正如华为 CEO 任正非所说：“我转而去创建华为时，不再是自己做专家，而是做组织者。在时代面前，我越来越

---

① 本书编写组．当好改革开放的排头兵：习近平上海足迹[M]．上海：上海人民出版社，2022：44.

② Fife D, et al. Leader responsibility for diversity, equity, inclusion & justice in academic libraries: An exploratory study[J]. The Journal of Academic Librarianship, 2021, 47(4): 102361.

不懂技术、越来越不懂财务、半懂不懂管理，如果不能民主地善待团队，充分发挥各路英雄的作用，我将一事无成。”

曾国藩家族是晚清权势家族之一。曾国藩兄弟五个，两个战死沙场，两个建立赫赫战功，一个坚守后方维系家族。然而，这个力量还是单薄，曾国藩在身体虚弱、半生戎马的61年岁月里留下的作品达到1500万字，除了个人勤奋外，还有一个多达300人的幕僚团专门为曾国藩出谋划策、整理文书。由于曾国藩善于识人用人，当时很多中进士、点翰林的朝廷官员甘愿辞官到曾氏幕府发挥自己的才干。

《三国演义》中刘备能够与曹操、孙权三足鼎立、三分天下，也得益于他笼络了当时天下英雄豪杰，军师如庞统、诸葛亮；大将如关羽、张飞、赵云等。等到刘备去世、老一辈英雄落幕，好逸恶劳的阿斗带领一帮斗勇好胜的“官二代”当然敌不过司马家族的进攻。

领导干部特别是主要领导干部必须扛起抓班子、带队伍的责任，围绕素质培养、知事识人、选拔任用、从严管理、正向激励五大体系，紧扣优化领导班子功能结构、提升干部队伍整体能力素质、转变干部思想作风等重点，以身作则，言传身教，切实带出思想上清醒、政治上坚定、行动上自觉，平常时候看得出、关键时刻站得出、危急关头豁得出的领导班子和干部队伍。①

在行政实务工作中，首先，领导班子的团结至关重要。如果领导班子不团结，产生内耗，一个单位很难得到良好发展。其次，要重视中层干部队伍，形成有战斗力的中层。最后，基层干部则强调执行力，将领导的意图转化为实际工作成果。如果达不到上述条件，则需要在人事上有动作。比如，新任领导如果面对的是复杂的工作局面，就要根据工作需要，经过调研，结合实际，做出相应的人事调整，把那些不想担责、不愿干事的干部换下去，把有思想、有能力的干部，尤其是年轻干部提上来，接下来工

① 晓山．领导干部要按照职责职能做好领导工作[J]．中国党政干部论坛，2019(12)：80－83.

作才能顺利开展。

（四）激励职能：激励鼓舞

行政领导者通过激励鼓舞，与团队成员建立高质量追随关系，是追随过程中不可或缺的职责。马斯洛提出的需求层次理论认为，人的需求是分层次的，低层次需求满足之后就会产生高层次需求，未被满足的需求才能转化为动机。领导者通过满足追随者的动机激发其工作积极性和创造性。激励主要实现两方面功能：一是确保追随者接受并自觉执行组织目标；二是通过各种激励措施提高追随者对组织结果的贡献。

团队如何留住核心骨干？不外乎事业留人、感情留人和金钱留人。

事业留人就是看个人在组织内有没有发展空间，主要是职位提升。大家都挤在同一条晋升通道上，只有少数人能够达到不断晋升的目的。如果不能把空间留给团队骨干，那么他们迟早会离开。杰克·韦尔奇在其自传里写道，对于真正有野心、有才能的人而言，此处没有发展机会，他一定会另觅东家。这也是为什么美国猎头公司行业年收入40亿美元，几乎占了全球半壁江山（全球100亿美元）。在GE的继任者计划中，杰克·韦尔奇并未进入公司CEO 19人以及后来的10人名单，甚至后来未被列为5名候选人之一，他也曾被高层考虑不作为董事长的候选人。但是，韦尔奇的前任董事长知道，如果不让杰克做GE的董事长，他是不会留在这里的。

感情留人取决于员工与直接领导之间的积极情感。员工对组织的感情，在一定程度上是由对顶头上司的感情决定的。员工都是活生生的人，要求他们对虚拟的组织负责或者效忠是不切实际的。一般领导，尤其是顶头上司，是个人对组织的具体化，如果领导信任下属，放手让下属承担重要的责任，为下属提供成长的机会，那么，下属就很容易获得成就感。“我是你的人”本身就是一种很好的激励。而调查显示，离职员工各种各样的离职理由后面，一般都隐藏着不受领导器重的委屈。

金钱留人是指对收入不高的中基层员工，不讲薪酬福利只讲精神激励，这是不现实的。薪酬福利是组织提供给员工的劳动报酬，是满足员工基本生存、社会生活、人力资本投资、生活改善等方面的重要稀缺资源，因此被追随者十分看重。例如《史记·高祖本纪》中记载，汉高祖刘邦在洛阳南宫召开酒会，询问手下诸将如何看待自己取天下、项羽失天下，让他们畅所欲言。高起、王陵回答："陛下慢而侮人，项羽仁而爱人。然陛下使人攻城略地，所降下者因以予之，与天下同利也。项羽妒贤嫉能，有功者害之，贤者疑之，战胜而不予人功，得地而不予人利，此所以失天下也。"由此可见，能够与下属共享利益的领导，哪怕他为人处世粗鲁傲慢，大家也愿意追随。如果领导妒贤嫉能，有功的人遭陷害，贤良的人被怀疑，打了胜仗不论功行赏，攻占了土地不给人好处，那么最终会导致事业失败。

三、领导责任

（一）行政领导责任的概念

在汉语中，责任包含两层意思：一是个体分内应做的事，来自对他人的承诺、职业要求、道德规范和法律法规等；二是指没有做好自己的工作而应承担的不利后果或强制性义务。[①] 从概念来看，责任大体可以归为两类：一是义务责任，主要是个体应对职责范围内的事情负行为责任；二是惩罚责任，主要是指未能履行好职能或者违反规定而应受到的政治、道德、法律等的谴责和处罚。

行政领导责任是指行政领导者因担任领导职务而被赋予领导职权所应承担的义务以及未能尽到义务时所应受到的谴责和处罚。在我国，行政领导具有多重责任，包括政治、法律、道德、岗位等方面的内容。

---

① 中国社会科学院语言研究所词典编辑室．现代汉语词典(第7版)[M]．北京:商务印书馆,2018:1637.

（二）行政领导责任的内容

美国学者特里·库珀将行政领导责任划分为主观责任和客观责任。主观责任根植于个体对忠诚、良知和认同的信仰；客观责任源于法律、组织机构、社会对行政人员的角色期待。① 主观责任是领导者的内在道德操守，是一种道德上的自我约束，受个体素质和所处社会环境、公众舆论的影响，通过个人自律和社会舆论压力保障责任实现。客观责任是法定责任和义务，需要法律法规、规章制度的规范和保障，即制度性控制。

在我国社会主义制度下，行政领导者拥有法定权利，承担法定的责任和义务。行政领导责任可以分为积极责任和消极责任两种。积极责任是指行政领导者依法履行与职位相应的职责和义务，主要包括决策规划、组织建设和选才用人；消极责任是指行政领导者必须承担违反法定义务而引起的法律后果，主要包括政治责任、工作责任和法律责任等。②

2020年1月13日，习近平总书记在党的十九届中央纪委四次全会上发表重要讲话，强调既要把“严”的主基调长期坚持下去，又要善于做到“三个区分开来”。“三个区分开来”是指：要把干部在推进改革中因缺乏经验、先行先试出现的失误和错误，同明知故犯的违纪违法行为区分开来；把上级尚无明确限制的探索性试验中的失误和错误，同上级明令禁止后依然我行我素的违纪违法行为区分开来；把为推动发展的无意过失，同为牟取私利的违纪违法行为区分开来。

行政领导者的具体责任可以分为四类：

一是行政责任，是指行政领导者所应承担的与职位相应的法定责任和义务。行政领导要坚持以人民为中心的工作导向。领导干部要有干事创业敢于担当的精神，紧抓工作落实，做出工作实绩，要摒弃明哲保身、得过

---

① 特里·库珀．行政伦理学：实现行政责任的途径[M]．张秀琴，译．北京：中国人民大学出版社，2001.

② 彭忠益，王艳．公共行政中实现领导责任的制度规制探讨[J]．行政与法，2006(6)：60－62.

且过、敷衍塞责、懒政怠政等消极行为。[①] 例如，2020 年 2 月 4 日，湖北省纪委监委在网站上通报了湖北省红十字会有关领导和干部失职失责问题的调查处理意见。“经调查，湖北省红十字会有关领导和干部在疫情防控期间接收和分配捐赠款物工作中存在不担当不作为、违反‘三重一大’规定、信息公开错误等失职失责问题，依据《中国共产党问责条例》《中国共产党纪律处分条例》《行政机关公务员处分条例》等规定，经湖北省纪委监委研究并报省委批准，决定免去张某红十字会党组成员、专职副会长职务，并给予其党内严重警告、政务记大过处分；给予省红十字会党组成员陈某党内严重警告、政务记大过处分；给予省红十字会党组书记、常务副会长高某党内警告处分。省红十字会其他责任人员按照干部管理权限由有关党组织依纪依规处理。”[②]

二是政治责任，指国家行政机关的各级行政领导者代表人民掌握权力时所应承担的政治义务，以及违反政治义务时所应承担的政治处罚。例如，党的十八大以来，实践中，在党员、干部队伍中，有的不守政治纪律和政治规矩，妄议中央大政方针，当面一套、背后一套，当两面派、做两面人；有的理想信念“总开关”年久失修，对共产主义心存怀疑，不信马列信鬼神，世界观、人生观和价值观全面蜕变。[③] 违反党的政治纪律的领导干部将根据违纪行为的情节、性质和影响，依据《中国共产党纪律处分条例》的相关规定进行严肃处理。

三是法律责任，是指行政领导者应当依法行政以及其行为违反法律时应承担法律后果。依法行政是指行政管理活动要符合宪法、法律、法规等的要求。违法责任包括违宪责任、民事责任、刑事责任和行政责任。

---

① 习近平．习近平谈治国理政:第三卷[M]．北京:外文出版社,2020:525,548.

② 湖北省纪委监委．湖北省纪委监委通报湖北省红十字会有关领导和干部失职失责问题[EB/OL]．(2020 - 02 - 04)[2023 - 02 - 10]．https://www.hubei.gov.cn/hbfb/lzxx/202002/t20200204_2019112.shtml.

③ 习近平．习近平谈治国理政:第三卷[M]．北京:外文出版社,2020:515.

四是道德责任，是指行政领导者的工作和生活必须符合社会道德标准和规范，违反道德时应当受到道德谴责。领导机关是国家治理体系中的重要机关，领导干部是党和国家事业发展的“关键少数”，对全党全社会都具有风向标作用。领导机关和领导干部要起到带头作用，冲在前，干在先。“人不率则不从，身不先则不信。”在上面要求人、在后面推动人，都不如在前面带动人管用。[①] 领导干部要想行得端、走得正，就必须涵养道德操守，明礼诚信，怀德自重，保持严肃的生活作风、培养健康的生活情趣，特别是要增强自制力，做到慎独慎微。[②]

[本章小结]

领导职责，就是担任领导职务的个体或者集体在履行相应的领导职位要求时所应实现的领导职能和行使权力所应承担的责任。

领导者在组织中通过合法途径被任用而担任一定的领导职务、履行特定领导职能、掌握一定权力、肩负领导职责。领导者的职务、权力、责任和利益的统一，是实现有效领导的必要条件。

领导职位、领导职务、领导的身份和角色认知、领导权力、领导绩效考核等，都会对领导职责产生影响。

客观上，官僚制规定了领导职责的具体内容和实现条件。主观上，领导角色是职责担当的逻辑起点和实践依据。

领导职责的内容包括领导角色、领导职能和领导责任三部分。领导角色包括管理角色、文化创造角色和变革推动角色；领导职能包括引领职能、战略职能、团队职能和激励职能；领导责任包括行政责任、政治责任、法律责任和道德责任。

---

① 习近平．习近平谈治国理政:第三卷[M]．北京:外文出版社,2020:544.

② 习近平．习近平谈治国理政:第三卷[M]．北京:外文出版社,2020:521.

[关键词]

职责；领导职责；领导角色；领导职能；领导责任

[思考题]

1. 领导职责的基本概念是什么？
2. 影响领导职责的主要因素有哪些？
3. 领导职责是如何产生的？
4. 领导者扮演的主要角色有哪些？
5. 围绕目标的实现过程，领导者需要履行哪些职能？
6. 请结合案例谈谈领导者需要承担哪些具体责任。

[参考文献]

[1]特里·库珀．行政伦理学:实现行政责任的途径[M]．张秀琴,译．北京:中国人民大学出版社,2001.

[2]胡冶岩．行政领导学[M]．北京:国家行政学院出版社,2014.

[3]刘刚．提高政治能力与领导职责匹配度[N]．人民武警报,2020-03-05(3).

[4]彭忠益,王艳．公共行政中实现领导责任的制度规制探讨[J]．行政与法,2006(6):60-62.

[5]申林．新时代领导干部角色意识与职责担当的内在逻辑、现实要求与实现路径[J]．治理现代化研究,2021,37(5):37-44.

[6]习近平．习近平谈治国理政:第三卷[M]．北京:外文出版社,2020.

[7]晓山．领导干部要按照职责职能做好领导工作[J]．中国党政干部论坛,2019(12):80-83.

[8]中国社会科学院语言研究所词典编辑室. 现代汉语词典(第7版)[M]. 北京:商务印书馆,2018.

[9]Durham C C, Knight D, Locke E A. Effects of leader role, team - set goal difficulty, efficacy, and tactics on team effectiveness[J]. Organizational Behavior and Human Decision Processes 1997, 72(2): 203 - 231.

[10]Fife Dustin. et al. Leader responsibility for diversity, equity, inclusion & justice in academic libraries: An exploratory study[J]. The Journal of Academic Librarianship, 2021,47(4):102361.

[11] Markus H R, Cross S E, Wurf E.. The role of self - esteem in competence[C]//R J Sternberg, Kolligian J. Competence considered. New Haven, CT: Yale University Press, 1990: 205 - 226.

[12]Kwok N, Hanig S, Brown D J, et al. How leader role identity influences the process of leader emergence: A social network analysis[J]. The Leadership Quarterly, 2018, 29(6): 648 - 662.

[13] Lord R G, Dinh J E.. What have we learned that is critical in understanding leadership perceptions and leader - performance relations? [J]. Industrial and Organizational Psychology: Perspectives on Science and Practice, 2014(7):158 - 177.

第四章 领导权力

[本章要点]

1. 掌握权力的概念。
2. 理解权力的产生与特性。
3. 掌握领导者常用的5种权力类型。
4. 明确权威的内涵以及与权力的关系。

[引 例]

李泌戏弄唐肃宗

唐朝有个奇人叫李泌，曾经借助皇帝对自己的依赖而调戏了唐肃宗一把。李泌本是个隐士，安史之乱时，朝中无人能担当平息之责，李泌“权逾宰相”，但他不当宰相，不是不让他当，而是他不愿意当宰相。安史之乱平定之后，朝廷论功行赏，李泌第一，但他对物质奖赏与精神鼓励统统谢绝。唐肃宗心里过意不去，就说：“只要先生开口，朕将倾尽所有相予。”李泌恶作剧念头上来，要把皇帝的尊严耍一耍：“臣但求枕陛下胫腿酣眠一睡。”其实“枕腿”大概没什么成本，但九五之尊之躯“给人垫脑袋”却是拿皇室尊严做代价的。安史之乱平定不久，李泌就辞职不干了。“离职”面谈时，唐肃宗“假装不知”问为什么，他回答：“臣有五不可留。臣遇陛下太早，陛下任臣太重，宠臣太深，臣功太高，迹太奇。”所谓飞鸟尽，良弓藏，加之把皇帝当枕头，留下定会凶多吉少，于是他到南岳衡山修道去了。

后来，唐肃宗的儿子唐代宗对李泌的行为实施报复，将其拉到“体制内”，让他“食酒肉、娶妻成家、受禄位，为俗人”！结果呢，娶了老婆、戴了帽子的李泌只能任唐代宗拿捏。唐代宗先给他个宰相帽子，后将其贬为江南西道判官，不久又将其贬为荆州刺史。有家室之累、帽子之箍，哪还有“山人”的自由精神呢?[①] 这个案例引发人们思考：唐肃宗为何要给李泌当枕头？李泌为何被唐代宗连降三级？李泌之前的潇洒和后来的无奈是什么原因造成的呢？大家可以想象一下，如果李泌是唐肃宗的臣子会怎么样？恐怕干好了是应该的，干不好革职砍头，断然不会有“倾尽所有相予”这等待遇了。

领导的本质是影响，影响人们贯彻要求、支持提议和执行决策。领导者的有效性取决于对上级、对同事和对下级的影响，一方面的影响会增强其他方面的影响。“对上级有影响力，会赢得下属和同事的尊重；对同事有影响力，会便于你传达领导者的期望和下级的需求；高绩效的下级会增加你对上级和同事的影响力，因为你能履行义务和兑现承诺。”[②]

权力是重要的环境变量。权力无处不在，会对人们的生活产生重要影响。领导者能否正确、有效地运用权力，可以决定一个组织的兴衰存亡。如何正确地获得和运用权力是一个人在组织中大展宏图的关键。[③] 行政领导者善用权力能够造福社会，滥用权力则会祸国殃民。领导干部要牢记领导者是代表人民掌握和行使权力，领导权力属于人民，“权为民所用，情为民所系，利为民所谋”。

第一节　权力的本质与特性

如图 4 - 1 所示，人们常用影响力来定义权力，用心理变化来定义影响力，用行为、观点、态度、目标、需求、价值观以及包括个体的其他心理领域在内的一般性改变来定义心理变化。心理变化具有系统性，例如观点

① 刘诚龙．暗权力[M]．重庆:重庆出版社,2010.
② 加里·尤克尔．组织领导学(第 7 版)[M]．丰俊功,译．北京:中国人民大学出版社,2015:138.
③ 胡君辰,吴小云．组织行为学(第 3 版)[M]．北京:中国人民大学出版社,2021:245.

改变可能是受群体里意见领袖的影响，也可能源自个体需求。[①]

图 4－1　权力与影响力

一、权力的概念与范畴

（一）权力的概念

权力，也称影响力，是 A 对 B 实施影响的能力或潜能，能使 B 做其他情况下不会做的事情。[②] 权力是一种关系，可能存在于个体、团队、角色、公司、政府、国家以及其他人群之间。在权力关系中，A 是影响者，B 是目标对象。围绕关系，人们可以从以下四个方面来准确理解权力：

一是权力的基础，也即权力的来源。权力一般建立在 A 所拥有的资源上，资源范围广泛，就个人而言，可以是机会、信息、决策权、熟悉制度和程序、奖励、威胁、魅力等。

二是行使权力的手段。资源本身具有惰性，只有被利用起来才能让 B 产生反应。行使权力的手段和方式一般会包括威胁或承诺的成分。相比拥有很多资源的人，那些寻求影响结果的人更强有力。

三是权力的范围，包括了 A 可以影响 B 的各种方式。例如，一个大学二级学院院长可以召开领导班子会议、决定是否引进一位高层次人才、主持学院年终绩效分配方案改革等。

四是权力的大小，是指在具体的权力范围和用权手段上，A 成功让 B 产生预期反应的概率。仍以一个大学二级学院院长主持学院年终绩效分配方案改革为例，如果他让办公室主任推动，绩效分配改革方案在班子成员之间不容易达成一致，上会通过的概率几乎为零。如果他亲自积极推动，

---

① French J R, Raven B, Cartwright D. The bases of social power[J]. Classics of Organization Theory, 1959(7): 311－320.

② Dahl R A. The concept of power[J]. Behavioral Science, 1957, 2(3): 201－215.

改革方案一定会通过，那么院长在这件事情上的权力就是100%。

（二）权力的影响

权力的影响体现在信念、态度和行为的改变上。凯尔曼（Kelman，1958）提出人们面对影响时会产生3种反应，分别是依从、认同和内化。依从是个体为获得奖励或避免惩罚而按照影响者的要求来行动；认同是个体因为喜欢或者尊重影响者而采取与其相似的态度来取悦对方；内化是个体认为影响者的要求符合自己内在的价值观、信念和自我形象而表达支持和认真执行。

例如，宋仁宗时期，皇宫中的妃嫔都喜欢用珍珠做饰品，京师中珍珠价格猛涨，宋仁宗担心宫中形成奢靡之风。一日，宋仁宗在别殿与众妃嫔游玩赏景，而深得圣宠的张贵妃姗姗来迟。宋仁宗看见满首珍珠饰品的宠妃，故意用袖子遮住面庞，说道："满头插得白纷纷地，没些忌讳。"张贵妃很惭愧，赶紧退下换了别的首饰过来，宋仁宗才表现出欢喜。此后，宫中妃嫔们不再佩戴珠饰，珍珠价格大跌。

从以上例子可见，宋仁宗的影响首先体现在他的妃嫔不再佩戴珍珠首饰上，这是浅表的行为变化。原因在于她们看到佩戴珍珠首饰的宠妃张贵妃受宋仁宗批评，以为宋仁宗不喜欢珍珠，为讨好皇帝而在态度上改变了对珍珠的喜欢。但从这个例子中我们看不出来她们更深层次的信仰变化，即出于"摆脱奢靡之风人人有责"的自我认识而行事。①

行为的改变是浅层次的，态度和信念的改变是深层次的。在参与杀害犹太人的一些人中，有些是迫于纳粹的淫威而不敢反抗；有些是因为某些原因不喜欢或者憎恨犹太人；还有些是完全认同希特勒所宣扬的犹太人属于劣等民族，应该像老鼠、蟑螂一样被清除的错误思想，自认为他们在做一件正确的事情。

约瑟夫·奈提出，命令他人做出与最初偏好不同的行为是权力的重要但不是唯一维度，影响他人的偏好以便其按照影响者的意图行事而无须被

---

① 〔明〕张居正，马自强，吕调阳. 张居正帝鉴图说[M]. 北京：东方出版社，2022：150.

命令是另一个维度，正如艾森豪威尔将军所说的，“不仅是因为你要求他们去做，而是因为他们心甘情愿地想为你做”。约瑟夫·奈提出关系型权力具有3个方面：第一方面：命令改变。A运用威胁或者奖励手段改变B的行为，使其行为与最初的偏好和计划相反。B能够感受到A的做法和权力影响。第二方面：控制议程。A控制行动议程进而限制B的策略选择。B也许知道也许不知道A的做法，但能意识到A的权力。第三方面：建立偏好。A帮助B建立和塑造其基本信念、认知和偏好。B不太可能意识到A的做法与权力影响。[①]

（三）权力的结果

权力的结果是指影响者预期目标的实现情况，包括以下三个方面：

一是支持，目标对象认同并努力按照影响者的要求来做。例如刚刚参加工作的年轻人满腔热情，想要干出一番事业。当领导要求他加班完成重要项目时，他欣然同意并认为这是为梦想奋斗的机会。

二是顺从，目标对象愿意按照影响者的要求做，但是态度冷漠，努力不足。例如，某地基层政府在一网通办建设过程中，因为任务紧急、资金不足，领导要求工作人员加班加点，大家虽然也来加班，但是身心疲惫，进展缓慢。

三是反抗，目标对象不愿意按照影响者的要求做，并且想方设法逃避执行。例如，领导当着其他同事的面，指责小李出现工作延误是因为他工作态度散漫、工作能力差，要求小李表态无论如何当天完成全部工作。小李自尊心受伤害，不仅拒绝完成工作，而且愤然离职。

二、权力的产生与特性

（一）权力产生于依赖

权力是依赖程度的函数。B对A的依赖（independency）是指B感知

---

① Nye J S. The future of power[M]. New York:Public Affairs, 2011:11 - 14.

到有多少备选方案，以及由 A 控制的备选方案的重要性。如图 4－2 所示，如果 B 依赖 A 实现自己的目的，那么 A 对 B 就具有权力。权力的大小与 B 在实现目的的过程中对 A 的依赖程度有关。如果 B 对 A 是完全依赖，那么 A 的权力就很大；如果 B 有许多其他选择，那么 A 的权力就很小甚至没有。

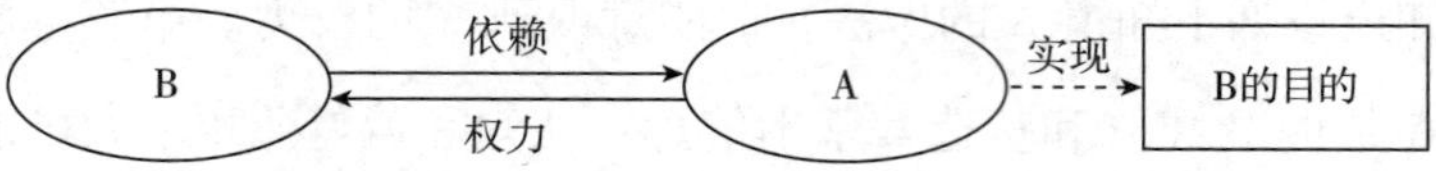

图 4－2　权力与依赖

资料来源：胡君辰，吴小云．组织行为学（第 3 版）［M］．北京：中国人民大学出版社，2021：248－249.

（二）依赖的程度

依赖的产生取决于个体或群体目标实现所需资源的供给状况。资源可以是信息、权力、物质、资金等。依赖的程度受资源的重要性、稀缺性和不可替代性的影响，资源越重要、越稀缺、越具有不可替代性，需要这种资源的人对拥有该资源的个体或群体的依赖程度就越高。

1. 重要性

重要性是指个体或群体所掌握的资源是否为别人所需要。如果别人不需要你所掌握的资源，那么，你就不可能对别人产生权力。比如，小丽形象出众，能歌善舞会主持。小李是名校中文系毕业，擅长公文写作与文案策划。某事业单位办公室如果需要借调其中一位来做文案策划，那么小李就是最佳候选人。

2. 稀缺性

稀缺性取决于个体在实现目标过程中能够获得所需资源的途径。如果某种东西很重要，但是供应非常充足，那么，个体对单个资源提供者的依赖就会减少。比如，小陈现在读大四，按照学校规定，他毕业还需要再选修一门管理学的课程。如果现在只有一门“管理学原理”可以选择，那么，小陈对该课程老师的依赖性就非常强；而如果现在有 5 门管理学的课程可供选择，那么，他对“管理学原理”课程老师的依赖性就会大大下降。

3. 不可替代性

要衡量依赖的不可替代性，就必须知道：如果没有某种资源，其他资源是否可以帮助人们实现自己的目标。比如，小王现在是财务部主管，他希望被提拔为公司财务部副经理。如果公司规定，部门副经理人选必须由部门经理提名，那么，小王对部门经理的依赖性就会很大；但是，如果公司规模不大，总经理一手掌握人事任免权，那么，小王就可以通过创造机会在总经理面前展示自己而非靠搞好与部门经理的关系来获得提拔，这时，小王对部门经理的依赖性就会大大下降。

（三）权力的特性

首先，权力是潜在的，无须通过实践来证明它的有效性。例如，当劫匪拿刀威胁路人“要钱还是要命”时，路人无须等劫匪行凶就知道他有伤害自己的能力。

其次，权力是依赖关系的函数。权力的背后一定存在依赖关系。在人际关系中，权力的拥有者和受权力影响的人往往存在相互依赖的关系，但是两者的依赖程度受资源的重要性、稀缺性和不可替代性影响不同，因此是一种不对称性依赖。例如，某高校博士生杨某因担心导师不让自己出国而溺亡，网络报出他的导师曾让他到家中打扫卫生、陪同超市购物以及洗车等。导师掌握的资源与学生能提供的资源相比，其重要性、稀缺性和不可替代性更强。

最后，假设受权力影响的人对自己的行为有一定的自主权。依赖是选择的结果，个体可以通过调整目标、减小对资源重要性的认识误区、寻求替代资源以及提高自己的影响力等改变依赖关系。例如，上述案例中杨博士可以选择国内博士毕业、寻求其他老师的出国推荐，向学院、学校投诉导师的不当行为等。多与他人沟通可以重新认识相互依赖关系中的权力和自主权。

第二节 权力的类型

弗伦奇和雷文（French and Raven，1959）从“什么决定了目标对象做出这些行为反应?”出发对权力现象进行解释，并发展出一种权力分类方法，即合法权力、强制权力、奖励权力、专家权力和参照权力（见图4－3）。不同权力的获取来源、影响机制及影响结果不同。该分类法对后续的权力分类研究产生了深刻影响。

图4－3 权力的5种类型

一、合法权力

合法权力是指个体通过组织中上级正式任命而获得的权力。所谓“在其位，谋其政”，“名正言顺”。影响者有权力提出要求，目标对象有义务服从。合法权力是组织中最基本的一种权力，与职务高低成正比。处于权力链上游的高层领导者通常比基层领导者拥有更大的权力；领导者对下级通常比对上级、同事和外部人员更有权力。在中国党政部门担任领导，职务和职级的影响是非常大的。中国自古有“官大一品压死人”之说，强调了法定权力的重要性。

在组织架构里，上级管理者可以对下属提出要求、发布命令和做出指示，下属向上级负责、汇报。组织赋予领导的主要权力包括：财务权，资金如何使用，领导签字才有效；人事权，在录用、加薪、晋升、离职等方面领导有一定程度的决定权；事权，一般决策过程领导可以征求团队意见，但最终决策由领导拍板。

合法权力的有效性，主要取决于合法性认知，如选拔的领导者符合传统和法律法规，领导者行使权力符合职务规定并与组织或社会系统的价值观、原则和传统一致，成员因认同和忠诚于组织而遵守合法性规定等。例如，在中国历史上，皇帝都称自己是真命天子，是神，其他人都是人，“普天之下，莫非王土；率土之滨，莫非王臣”，皇帝手握生杀予夺大权，即使功盖千秋的重臣被革职抄家诛灭九族，也只能听天由命。

权力的有效性也与行使权力的方式有关，如老资格下属、其他同级领导、组织外的合作者等对权力差距比较敏感的人，在权力范围内行事、礼貌地提出要求、解释要求原因比傲慢更能获得配合；在紧急情况下或者要求合理时，自信、坚定、果断的态度相比礼貌、犹豫和慌乱的态度更能让下属立即行动；除非要求无法实现，对于合理的要求，领导者要持续追踪和检查执行情况。

不管领导者有多大本事，要是想干成一件事，尤其是大事，没有上级领导的支持是很难实现的。上级并不必然比下级高明，但其职位决定了权力的大小和资源调配能力的强弱。①

二、强制权力

强制权力是建立在恐惧基础上的一种权力。是个体或群体由于拥有使他人生理或心理受到伤害的能力而获得的权力。刀枪棍棒、拳打脚踢等会让人身体受伤，威胁、散布谣言、冷落、孤立、公开训斥、人肉搜索等，会让人心理受伤害。

幽默除了带给人们欢笑，还能操控权力关系。经常开别人玩笑的群体

① 杨国庆．领导决策［M］．北京：研究出版社，2017：41．

通常具有更大的权力，权力较小的人则点头表示肯定或者无声地遭受屈辱。幽默可以带来隐形污名化，人们可能会更看不起那些经常被捉弄的人。男性用幽默和笑话来创造与延续父权制的理想、关系和结构，女性也可以利用幽默来解构父权制意识形态和性别歧视，在一定程度上试图抹杀男性的优越性、掌控力、性能力以及对女性和社会具有非凡价值的假设。①

强制权力通过展示或者暗示等可能让对方受伤害的方式来使目标对象表示服从。如果目标对象觉得威胁或者警告明确清晰、可信度高，又是自己极力想要避免的，最有可能服从。例如：司机在路上看到交警向自己挥手，示意停车，一定会配合。

强制权力通常会引起愤怒、仇恨甚至引发报复，因此，除非绝对必要，应避免使用，例如，制止危害组织的行为：违反纪律、侵害他人、违抗合法要求、违反安全规则等。在组织内，无论是对上级、同级还是下级，不恰当地使用强制权力都可能产生两败俱伤的结果。例如，某部门新任领导有些恃才傲物、刚愎自用，下属提建议常被他当众驳回。时间久了，部门氛围死气沉沉，有个性的几个骨干员工相继离职，部门工作绩效下滑明显。

运用强制权力维持纪律时，应当注重使用恰当的方式，例如，惩罚之前要充分调查事实情况；明确解释规则和要求，确保对方了解违反纪律的严重性；非严重情况或者首犯时，先给予充分的口头和书面警告；斥责或批评要私下进行，以维护被批评者尊严；处罚时避免表现憎恨、不满等个人情绪；必要的处罚要合法、及时、适量、公平等。

三、奖励权力

奖励权力是指建立在可以使人获得奖赏的基础上的权力。奖励权力取决于目标对象对影响者所掌握的资源和奖励重要性的认识、履行奖励承诺

① Case C E, Lippard C D. Humorous assaults on patriarchal ideology[J]. Sociological Inquiry, 2009, 79(2): 240-255.

的能力和意愿的可信度的认识。例如，高层领导者控制了下属想要得到的稀缺资源，领导者对下属承担某项任务做出了明确的奖励承诺，之前他的承诺都兑现了，那么下属就很可能按照领导的意图去执行某项任务。

奖励来自目标对象的需求和动机。人本主义心理学家马斯洛创立的需求层次理论为人们理解个体的需求和动机的产生提供了帮助。个体需求从低到高可以分为生理的需要、安全的需求、爱的需求、自尊的需求和自我实现的需求。低层次需要满足之后，就会产生高层次动机，未被满足的需求才能形成动机，动机具有激励作用。例如：幼儿园的小朋友回家，脸上、手背上贴的小星星、小红旗是不允许妈妈洗掉的；小朋友表现好可以自己选座位、做老师的小助手，老师通过这种方法来让孩子们感受到荣誉。

因此，奖励具有个体差异性和动态性。职场中很多管理人员反映 Z 世代员工普遍比较佛系，小额物质奖励对他们的吸引力不大，他们的进取心似乎也不大，激励的抓手不足。其实，对于家境优渥、衣食无忧的员工而言，他们的安全需求已经得到满足，他们更需要团队的归属感、被尊重以及做些有意义的工作。那么对领导而言，团队建设、谦逊和蔼的态度以及授权的方式更能够产生激励效果。而当 Z 世代员工人到中年，上有老、下有小、身上背着各种贷款的时候，物质激励的作用就会重新凸显。

随着国家生育政策逐渐放开，某单位女员工比较多，出现了扎堆生孩子的现象。保胎的保胎、待产的待产、哺乳的哺乳，一时间倍感人手不够。这时领导该怎么办？招实习生：能辅助，但不能独当一面，流动性大。招聘：时间长、成本高、老员工回来人手冗余怎么处置？单位或许有制度规定：入职时要求两年内不准怀孕生产、减少休假有奖励等，但这不符合国家法律法规。这里，西蒙电器特殊奖励的方式值得借鉴：安排特殊津贴，激励在职的员工分担其他人的责任。特殊津贴用不到招聘新人薪酬的一半，实现了三方共赢：一是激发在岗员工的潜力，让人才脱颖而出；二是帮助领导发现人才；三是保留岗位，不留人手冗余的后患。

领导者所传达的使命、愿景和价值观，要通过战略、组织和计划等层层落实，必须采用激励（钱包）做保障。即制定好规则，有差别地分配资源，比如工资、奖金、机会等。例如，杰克·韦尔奇在通用电气所提出的2/7/1法，为20%的员工提供最好的奖励、奖金、股票和机会；为70%的员工提供工资和适量奖金；最后的10%不仅没有奖金，甚至还要减工资。把员工的利益和组织的利益一致起来，员工的价值就会转化为组织的价值。

四、专家权力

专家权力是指个体由于拥有某种特殊的知识和能力而获得的权力。专家因掌握了他人希望得到的信息而获得权力。例如，每年例行体检，发现某项指标过高，虽然可从网上查找病因，但只有听了医生的建议才会放心。事业做得越大，所需要借助和依靠的人就越多。例如，政府重大公共决策出台之前，一般会找相关领域的智库进行研究咨询。

在组织中，专家权力是与完成任务或者解决问题有关的知识和技能。目标对象认为影响者所具有的知识和技能对自己完成任务或解决问题而言越重要、越具有不可替代性，影响者所提供的信息越可靠，在解决问题过程中被证明行之有效，那么，当目标对象寻求影响者的帮助时，影响者就具有了越大的权力。

《战国策·燕策》记载了伯乐相马的故事。有人在集市上卖马，连续站了三天都没人理睬，于是他找到伯乐，请伯乐到市场上绕着马转圈看，临走再回头看一眼。伯乐接受请求，照做之后，这匹马的价格立刻上涨了10倍。伯乐曾著《相马经》，在相马方面是公认的权威，享有“世有伯乐，而后有千里马”的美誉。市场上的马因受到权威专家的赏识，马价立刻高涨。

影响者可以通过以下方式提高专家权力：一是培养和维持技术专长，文凭、资格证书、奖状、专业领域的头衔、培训等，可以作为专业知识的证明；二是维护良好信誉，最令人信服的证明还是实践检验结果，事实表明，专业知识是解决重要问题、制定良好决策、完成高挑战性项目等的最佳方法；三是增强说服力，当他人求助时能够仔细倾听、认真考虑，建议自信、明确，态度亲切和蔼、平等尊重等。

例如，管理学大师诺姆·查兰撰文提出要拆分人力资源部，把薪酬福利划给财务部。由于他服务的 CEO 比较多，所以大家认为他是代表 CEO 们表达对人力资源部的不满。又如，小南国副总裁史虹权女士在 2013 年中国人力资源战略管理年会上回应拆分人力资源部呼声的根源时讲到，业务部门不满意人力资源部不熟悉业务还要参与战略管理，对选用育留等职能和服务没有意见。

五、参照权力

参照权力是指个体受到其他人的喜欢和模仿而产生的权力。目标对象对影响者有着强烈的迷恋感、崇敬感和忠诚感，希望取悦影响者。参照权力主要有情感的喜好、业绩的认同、品德的感召等。

首先，情感喜好。“饭圈文化”比较典型。一是粉丝经济，奢侈品找明星代言，标注了某明星同款的商品销量更大等。2019 年 9 月 16 日晚，周杰伦新歌《说好不哭》上线后 25 分钟内在 3 个流媒体平台上付费下载达 200 万次，用户高涨的热情一度导致服务器瘫痪，12 小时之内就成为 QQ 音乐平台销售榜的榜首。截至 9 月 24 日，《说好不哭》在腾讯音乐旗下各平台的销售量已超过 960 万次，成为当之无愧的畅销之王，仅在 QQ 音乐的评论数就突破 22 万，各种现象级效应的加成，再度证明了周杰伦在华语音乐圈不可撼动的影响力①。二是饭圈乱象，如娱乐圈发生的一些极端的、败坏社会风气的现象。粉丝为了追星，电影包场、夜半接机、集资应援、高额消费、投票打榜、互撕谩骂，甚至为了助力偶像而购买赞助商

① 王佳. 周杰伦新歌销量逼近千万，腾讯音乐见证音乐付费黄金时代的到来[EB/OL]. (2019-09-24)[2023-05-28]. http://www.guohuayule.com/zongyi/20190924/20379.html.

的奶制品，之后雇人将奶倒进下水道，只为得到瓶盖上的二维码。

其次，业绩认同。在组织里，业绩突出、能力出众、无人能敌也是影响力。广义上来讲，业绩是一种“人无我有、人有我优”的优势，能够引起人们的喜欢和追捧。所以，穿着时尚、会玩儿 iPad、牌打得好或者唱歌动听都能够让人具有影响力。英国作家毛姆在《月亮与六便士》中写道：“我说的伟大，和时来运转的政治家或平步青云的军人无关；这种人的‘伟大’源于他们的地位，而非自身的品质；形势一旦改变，这些人就微不足道了。常常，一位离职的首相不过是夸夸其谈的演说家，一个退休的将军不过是胆小软弱的市井之徒。查尔斯·斯特里克兰的伟大却名副其实。也许你不欣赏他的艺术，但无论如何，你很难抗拒这份天赋。他打动你，俘获你。他被人嘲笑的时代已经过去，捍卫他或颂扬他，不再是一个有悖常理的离奇标志。他的缺点，被当作他的优点的必要补充而被接受。”①

最后，品德感召。在参照权力中，道德的感召力是最强烈的。“其身正，不令而行；其身不正，虽令不从。”莫罕达斯·卡拉姆昌德·甘地、德兰修女、周恩来总理等，由于从事的事业或者本人品德高尚给人们的影响超越了他们所处的时代、所在的国度。

周恩来总理去世的时候，联合国特地破例降半旗致哀。这是联合国成立多年来罕见的事情。时任联合国秘书长瓦尔德海姆说：“为了悼念周恩来，联合国下半旗，这是我决定的。原因有二：一是中国是一个文明古国，她的金银财宝多得不计其数，可她的总理周恩来没有一分钱的存款！二是中国有 10 亿人口，占世界人口的 1/4，可是她的总理周恩来，没有一个孩子！你们任何国家的元首，如能做到其中一条，在他逝世之日，总部将照样为他下半旗。”②

---

① 毛姆．月亮与六便士[M]．许淳刚，译．杭州：浙江出版社联合集团，2017.

② 吴妙发．外交官亲历：周恩来逝世震惊世界，联合国破例下半旗[EB/OL]．(2002－01－04)[2021－10－27]. https://news. sina. com. cn/c/2002－01－04/435043. html.

南宋何薳在《春渚纪闻》中记录了苏东坡画扇的故事。苏东坡在杭州做官期间，有人状告别人欠钱二万未还。苏东坡询问原因，原来被告以制扇为业，恰逢父亲去世、春日多雨扇子滞销，不是故意拖欠。苏东坡端看他许久，后让他取来二十把扇子，用判笔在扇面题词作画，一会儿就完成了。这人抱着扇子感动得流下了眼泪，刚出衙门，就有人竞相以千钱购买，扇子销售一空。苏东坡作为书法家、画家才华横溢，美名远播；做人率真，豁达；为官爱护百姓，判案出奇制胜，传为美谈。

金句：

君子怜弱，不减其德；小人倚强，不增其盛。迫人匪力，悦人必曲。

——北宋薛居正《势胜学》

第三节 权力与权威

《吕氏春秋·用民》记载了一则宋人御马的故事，对领导用权颇有启发意义。宋国有个赶路人，他的马不肯前进，就把马杀死扔进河沟里。他换一匹马赶路，马也不肯前进，他又把马杀掉扔进了河沟。这样一连杀了3匹马，就是造父使用威力驯服马匹也不过如此。那个宋国人没有学到造父御马的技术和方法，却仅仅学到用威力驯马，这对驾驭马匹是没什么用处的。

宋人御马的故事告诉人们：学习不能只学形式，不学内容；只看现象，不看本质。领导者追求下属的忠诚、服从、令行禁止的效果，要知道结果产生的机理，否则很容易错把官威当权威。

一、硬权力、软权力与巧权力

软权力是约瑟夫·奈在20世纪80年代末提出的概念。他从国际政治格局的转变中发现权力的证明不在于资源，而在于改变别国行为的能力。传统的基于资源或军事的权力是一种强制的、命令式的硬权力，行使代价大，容易遭受抵制。与之相比，新的权力趋势是让目标对象想我所想，这种与文化、价值观和制度等隐性资源相关的权力更容易获得目标对象的追随和认可，可以称之为合作性权力或者软权力。[①] 为避免人们误以为仅用软权力就能产生有效的外交政策，约瑟夫·奈在2003年又提出了巧权力的概念。[②] 如果影响者有能力以相辅相成的方式将硬权力和软权力要素结合起来，从而有效推进其目标的实现，那么影响者就拥有巧权力。[③] 权力作为一种关系在国家层面与个体层面具有相通性。

在5种权力类型中，合法权力、强制权力属于典型的硬权力；专家权力和参照权力属于典型的软权力。奖励权力如果与领导职务相关，是领导在晋升、薪酬、福利、工作弹性、授权等方面做出特殊安排以影响下属行为的举措，就属于硬权力；如果与领导个人品质相关，通过赞扬、信任、鼓励等认可行为营造和谐、积极的工作/团队氛围，就属于软权力。

硬权力依靠领导者的合法性以及所控制的稀缺资源，通常采用奖励诱惑或者威胁惩罚的方式发挥作用。追随者在威逼利诱之下比较容易产生依从行为，这是一种低层次的追随关系，并非追随者心甘情愿的选择。如果领导者态度傲慢或者要求极不合理，追随者会利用自己所掌握的资源、专长等行使对抗权，出现反生产、拖延、破坏目标实现、用脚投票等行为，甚至揭竿而起，导致事与愿违。

---

① Nye J S. Soft power[J]. Foreign Policy, 1990(80): 153 - 171.

② Nye JR J S. Get smart: combining hard and soft power[J]. Foreign Affairs, 2009,88(4): 160 - 163.

③ Wilson Ⅲ E J. Hard power, soft power, smart power[J]. The Annals of the American Academy of Political and Social Science, 2008, 616(1): 110 - 124.

软权力依靠的是吸引力和正确性，无论是领导者才能出众，敏锐谦逊，对追随者表示尊重和个性化关怀，还是品德高尚，都能够获得追随者由衷的喜爱、尊重和认同，成为激励追随者的积极榜样。领导者通过软权力与追随者建立起更高层次的追随关系，可以使追随者认同和内化。领导者的软权力更能动员他人参与合作，相比狭隘短视的目标，在共同利益基础上发展起来的关系更有助于实现广泛而长远的目标。

巧权力是一种情境智力①。情境智力是人们灵活运用所学知识和经验解决实际问题的能力，表现为有目的地适应环境、塑造环境和选择新环境的能力。② 领导者在明晰影响目标的情况下，可以因时、因地、因人、因势灵活使用各种权力实现预期目标。例如，某单位员工家人生病需要紧急送医，他因未能请假而面临旷工处罚。领导者想要维持制度的严肃性就必须依规处罚，但是合理不合情，容易被理解为领导无情无义。因而领导在处罚前可以先跟员工谈心谈话，让他了解处罚的原因和意义；如果情况允许，可以去医院探望他的家人；同时将生病、因公请假等特殊情况在未来的制度修订中加以补充完善。领导恩威并施才能让员工服从考核纪律。

二、权威与官威

权威是与权力相似但却不同的概念。明确权威的内涵、影响、与权力的关系，有助于领导者树立正确的用权观念。

权威，是指他人对某一个体的由衷的积极评价，表现为赞扬、尊敬、信任和服从。权威的作用是积极的。软权力是领导权威的重要来源。例如，对于周恩来的人格魅力，尼克松在《领袖们》这本回忆录中写道，周

---

① 斯滕伯格(Stemberg,1985,1988)扩展了传统智力理论,强调认知过程在解决问题中的作用。他将智力分为成分智力、经验智力和情境智力三部分,将智力、经验和灵活性结合起来,有助于人们全面判断个体解决实际问题的能力。

② 迈克尔·加扎尼加．认知心理学[M]．北京:北京联合出版公司,2016.

恩来的才智和吸引人的魅力，使许多人为之倾倒。……记者傅雷德·厄特利说，周恩来是一位“难以抗拒的……机智的、有魅力的、讲究策略的人”。西奥多·怀特承认，他“对周恩来的品德几乎没有任何怀疑，对周的判断也没有任何疑问”。一位在日本的中国记者说：“应该说，他是我见过的给人印象最深刻的人物。”①

官威，是指摆出做官的威势和派头。官威主要通过硬权力来彰显自己的优势地位，迫使他人屈从。因此，官威主要来自硬权力。封建时代，官员出行，鸣锣开道，随从举着回避、肃静、官衔牌等各色仪仗，威风凛凛；衙门审案，左右衙役杀威棒击地，拖长音喊“威——武——”，官老爷惊堂木一拍，以示官威。② 周恩来总理在《反对官僚主义》一文中将“耍官威”列为20种典型官僚主义之一：“官气熏天，不可向迩；唯我独尊，使人望而生畏；颐指气使，不以平等待人；作风粗暴，动辄破口骂人。这是老爷式的官僚主义。”③

有权威自然有权力，而有权力不一定有权威。领导者容易因官威产生假性权威感——自认为有权威，或者当面时显示出的权威。例如，引例中赵高指鹿为马，逼迫官员沉默或者顺从。领导的官威与权威见图4－4。

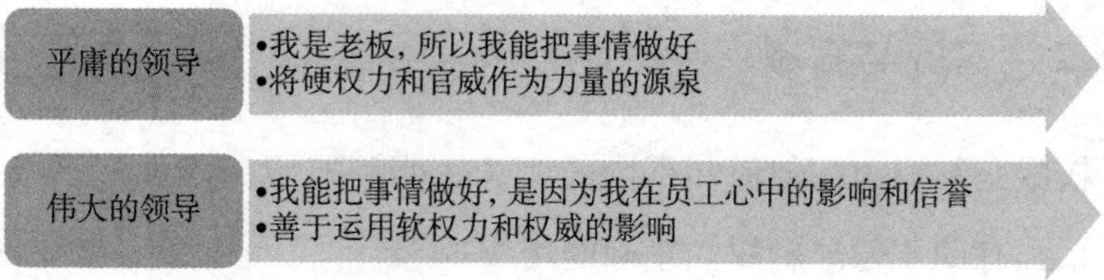

图4－4　领导的官威与权威

资料来源：根据相关内容改编。史蒂芬·柯维，富兰克林柯维公司培训团队．高效能人士的7个习惯：25年企业培训精华录：领导力精要［M］．安俊，译．北京：中国青年出版社，2014：13.

① 尼克松．领袖们[M]．刘湖，等，译．北京：知识出版社，1985：307.

② 张勇．漫话“官威”[EB/OL]．(2020－04－08)[2021－10－29]．http://bjrb.com.cn/html/2020－03/31/content_12454023.htm.

③ 周恩来．反对官僚主义[EB/OL]．(1963－05－29)[2021－10－29]．http://www.people.com.cn/item/zel/newfiles/xia/A141.html.

[本章小结]

权力，也称影响力，是A对B实施影响的能力或潜能，能使B做其他情况下不会做的事情。

权力是一种关系。权力的影响体现在信念、态度和行为的改变上。权力的结果是指影响者预期目标的实现情况，包括支持、顺从和反抗三类。

权力是依赖程度的函数。依赖的产生取决于个体或群体目标实现所需资源的供给状况，包括重要性、稀缺性和不可替代性。

权力具有如下特性：权力是潜在的，无须通过实践来证明它的有效性；权力是依赖关系的函数；假设受权力影响的人对自己的行为有一定的自主权。

常用的5种权力类型是合法权力、强制权力、奖励权力、专家权力和参照权力，不同权力的获取来源、影响机制及影响结果不同。

硬权力依靠领导者的合法性以及所控制的稀缺资源，通常采用奖励诱惑或者威胁惩罚的方式发挥作用。软权力依靠的是吸引力和正确性，领导者能够获得追随者由衷的喜爱、尊重和认同，成为激励追随者的积极榜样。巧权力是领导者灵活使用各种权力实现预期目标的能力。

权威，是指他人对某一个体的由衷的积极评价，表现为赞扬、尊敬、信任和服从。权威的作用是积极的。软权力是领导权威的重要来源。官威，是指摆出做官的威势和派头。官威主要通过硬权力来彰显自己的优势地位，迫使他人屈从。因此，官威主要来自硬权力。权威与权力的关系：有权威自然有权力，而有权力不一定有权威。

[关键词]

权力；依赖；影响力；依从；认同；内化；合法权力；强制权力；奖励权力；专家权力；参照权力；硬权力；软权力；巧权力；权威；官威

[思考题]

1. 请问案例中李泌的洒脱和无奈是如何产生的?
2. 权力的概念是什么?权力的影响体现在哪里?权力的结果有哪些?
3. 权力是如何产生的?
4. 结合案例,谈谈权力的五种常见类型。
5. 如何理解软权力、硬权力和巧权力?
6. 权威和官威有何不同?

[参考文献]

[1]加里·尤克尔. 组织领导学(第7版)[M]. 丰俊功,译. 北京:中国人民大学出版社,2015.

[2]迈克尔·加扎尼加. 认知心理学[M]. 北京:北京联合出版公司,2016.

[3]尼克松. 领袖们[M]. 刘湖,等,译. 北京:知识出版社,1985.

[4]史蒂芬·柯维,富兰克林柯维公司培训团队. 高效能人士的7个习惯:25年企业培训精华录:领导力精要[M]. 安俊,译. 北京:中国青年出版社,2014.

[5]毛姆. 月亮与六便士[M]. 许淳刚,译. 杭州:浙江出版联合集团,2017.

[6]胡君辰,吴小云. 组织行为学(第3版)[M]. 北京:中国人民大学出版社,2021.

[7]刘诚龙. 暗权力[M]. 重庆:重庆出版社,2010.

[8]Case C E, Lippard C D. Humorous assaults on patriarchal ideology [J]. Sociological Inquiry, 2009, 79(2): 240 – 255.

[9]Dahl R A. The concept of power[J]. Behavioral Science, 1957, 2

(3): 201 -215.

[10]French J R, Raven B, Cartwright D. The bases of social power[J]. Classics of Organization Theory, 1959(7): 311 -320.

[11]Nye J S. Soft power[J]. Foreign Policy, 1990(80): 153 -171.

[12]Nye J S. The future of power[M]. New York:Public Affairs, 2011.

[13]Nye J S. Get smart: Combining hard and soft power[J]. Foreign Affairs, 2009,88(4): 160 -163.

[14]Wilson Ⅲ E J. Hard power, soft power, smart power[J]. The Annals of the American Academy of Political and Social Science, 2008, 616(1): 110 -124.

第五章

领导特质

[本章要点]

1. 领导者的生理品质。
2. 领导者的心理品质。
3. 领导者的五种重要特质。

[引　例]

华盛顿的礼遇

约瑟夫·埃利斯在《华盛顿传》中讲到华盛顿在1775年5月大陆会议上被一致推举为北美军总司令，为什么选举结果毫无悬念呢？一个简短的答案是，任命弗吉尼亚人从政治上看是十分必要的，它可以保证人口最多、经济最富有的殖民地终于独立革命，而华盛顿毫无疑问是最符合条件、最有资格的一位。另一个简短的答案是后来亚当斯通过一个笑话道出的：无论出于什么目的，人们经过深思熟虑后总会选择华盛顿，因为他一直是屋子里个子最高的那一位。这虽然是一个笑话，却道出了当时很多人，尤其是初次见到华盛顿的人都会赞同的关键一点——他的身材十分魁梧。正如费城的医生、坚定的革命家本杰明·拉什所说："他的举手投足中透露着一种军人的威严，即使在千千万万个人中间，你都能认出他是一个战士。"外貌或第一印象往往误导人，但就华盛顿而言，它们却给人提供了有利的初始背景，帮助人们做出其他的判断。在大陆会议那争论不断的环境中，激动不已的代表们——他们在各自的殖民地中都是最为杰出的人物——往往说得太多，而华盛顿身材高大，却又寡言少语、习惯沉默，于是就变成了力量和智慧的象征。

在1775年5月的大陆会议中，华盛顿是唯一一位穿着军装与会的代表，人们因此请他担任有关军事动员的4个委员会的主席（在第一届大陆会议中，他没有担任任何委员会的领导职务）。5月初，当他驾着自己定制的四轮礼车接近费城时，一支由500人组成的骑兵队护送他进城，这种礼遇是其他任何代表都没有享受过的。6月，面对英军的威胁，13个殖民地的反应各不相同，有的绝望，有的甚至陷入混乱，人们越来越需要一个偶像将所有的殖民地统一起来，而华盛顿无论从外貌上还是政治上，都比任何人更满足这一要求。①

特质理论是领导力研究中最受尊敬的知识传统，在早期研究中占据突出地位，但又很快在领导力学者中失宠。② 它代表着人们理解领导过程最早的理论探索，包括伟人论和特质论两个阶段。③

20世纪初，人们开始研究领导特质以确定是什么造就了伟大的领导者，即伟人论阶段。最著名的伟人论是托马斯·卡莱尔（Thomas Carlye）提出的，该理论认为“宇宙历史，人类在这个世界上取得成就的历史，归根结底是伟人工作的历史”。这些理论重点在于识别历史上伟大的社会领袖、政治领袖和军事领袖所具有的性格和行为，这些特质让他们显著区别于追随者，并且建议人们模仿这些品质以成为强大的领导者。

20世纪中期，领导特质的普适性受到质疑，伟人论受到挑战。没有这样的特质能够在各种情境下区分领导者与非领导者。领导活动不仅受个人因素的影响，更受到情境因素的制约。

在随后的特质理论阶段，研究者试图寻找一些通用品质，这些品质有助于提升领导绩效，让领导者取得更出色的成绩。有效领导者与无效领导者的主要差别，在于前者拥有一定的品质。特质论主要是确定高效领导者所具有的各种品质，研究人员检测了个性、能力以及与社会和工作相关的性格特点等。

---

① 约瑟夫·埃利斯．华盛顿传[M]．陈继静，译．北京：中信出版社，2017：80－81.

② Judge T A, Piccol O R F, Kosalka T. The bright and dark sides of leader traits: A review and theoretical extension of the leader trait paradigm[J]. The Leadership Quarterly, 2009, 20(6): 855－875.

③ Van Seters D A, Field R H G. The evolution of leadership theory[J]. Journal of Organizational Change Management, 1990, 3(3): 29－45.

第一节　特　质

特质（traits）是指具有相对稳定性的各种个体特征，可以分为生理特质和心理特质。生理特质包括身材、相貌、健康状况等；心理特质包括智力、人格、性格、需求、动机、价值观、情商等。

心理特质受遗传和环境的双重影响。托马斯·布察德和同事们通过对100多组出生后被分开抚养的同卵双胞胎或者三胞胎进行研究后认为，70%的智商差异可以用基因差异解释。在性格、脾气、职业和休闲兴趣、社会态度等方面，分开抚养和一起长大的同卵双胞胎非常相似。这让我们认识到大部分心理特质受遗传因素的显著影响，但是同时，我们也不能贬低养育、教育和其他基本干预的作用。①

人格是能够将个体区分开来的相对持久的思想、情感和行为模型，具有较强的稳定性，但也会发生变化。②

人格具有独特性、统合性、功能性、稳定性和可塑性。独特性体现在遗传、环境和教育因素共同作用下所形成的对个体心理特征的区分性上，即所谓的“千人千面”。统合性体现在个体内在的一致性和受自我意识的调控方面，内在和谐，人格健康，反之，人格失调。功能性体现在个体适应环境过程中反应方式的系统与独特性方面，例如，都市白领在写字楼里工作时与回到老家面对父老乡亲时的表现是迥然不同的。稳定性体现在个体思维模式和行事风格的明确倾向上，所谓“江山易改，本性难移”。可

---

① Bouchard J T J, Lykken D T, Mcgue M, et al. Sources of human psychological differences: The minnesota study of twins reared apart[J]. Science, 1990, 250(4978): 223 -228.

② Roberts B W, Wood D,Caspi A. The development of personality traits in adulthood[C]// In O. P. John, R. W. Robins,L. A. Pervin (Eds.),Handbook of personality: Theory and research. New York:The Guilford Press, 2008: 375 -398.

塑性体现在人格随着个体生理成熟和环境变化而产生的或多或少的变化上，如“浪子回头金不换”。

人格差异的核心是性格差异。性格，即性情与品格，是个体在所秉持的态度和行为方式上表现出来的心理特征。态度由认知、情感和行为倾向3个因素构成。性格受遗传的影响，但主要是后天习得的。态度决定行为方式，稳定的态度养成某种行为习惯。

需求或动机是对特定类型激励或者经验的渴望。心理学家通常将其区分为生理需求和社会动机，未被满足的需求会产生欲望和动机。欲望和动机至关重要，因为它们能够影响人们对信息和事件的注意力，并产生指导、激励和维持行为。

价值观是人们对是非对错、善恶美丑的内在态度，例如自由、平等、公平、正义、诚实、善良、忠诚等，社会主义核心价值观中的爱国、敬业、诚信、友善就是公民个体层面的价值准则。价值观的重要性体现在影响个体的偏好、对问题的理解和行为选择方面。

第二节　领导的生理素质

自19世纪初现代人类遗传学形成以来，从生物学层面对领导力的探索一直是遗传学研究中一个重要且具有代表性的主题。自20世纪80年代末以来的双胞胎研究显示，人们是否担任领导角色的差异，大约30%取决于基因构成的差异。[①] 早期的领导学研究主要集中在生理差异方面，研究在身材、相貌、健康等生理差异方面取得的成果及对领导者的启示。

---

① Song Z, Li W D, Jin X, et al. Genetics, leadership position, and well - being: An investigation with a large - scale GWAS[J]. Proceedings of the National Academy of Sciences, 2022, 119(12): e2114271119.

一、身材差异

一些研究认为，身材高大的人更容易获得领导职务，例如，身材较高的候选人更有可能在美国总统选举中获得更高比例的普通选票，候选人的身高差异预测了1824—1992年获得的总统选票差异。① 美国总统的身高显著高于美国男性的平均身高。② 一份基于瑞典男人的样本数据研究显示，高个子男人更有可能获得管理职位，身高增加10厘米，提拔概率增加2.2%，而选入管理职位可以解释约15%的无条件工资溢价。心理学提供了一些证据，身材高的人被看作更有说服力、更积极、更有能力。几项研究表明，身高和智力也有正向关系。③ 但后来的许多研究都否定了这种观点。现实中，身矮者中不乏杰出领导人，例如拿破仑、列宁和邓小平等。

二、相貌差异

研究表明，相貌影响领导选择。认知心理学家指出，当信息超载的时候，大脑倾向于通过简单的规则或线索启示来简化决策过程。快速扫一眼候选人的面部长相，人们就会对政治候选人的人格特征做出判断。④ 看一张脸形成印象，短短34毫秒就够了，最多不超过200毫秒。通过面部所做的判断，与感知有关，而不是与理性思考有关。⑤

面部伸长比（面部的全长除以宽度）会影响人们对身高的感知，进而

---

① Stulp G, Abraham P B, VerhulST S, Pollet T V. Tall claims? Sense and nonsense about the importance of height of US presidents [J]. Leadership Quarterly,2013(24): 159 – 171.

② Persico N, Postlewaite A, Silverman D. The effect of adolescent experience on labor market outcomes: The case of height [J]. Journal of Political Economy,2004, 112 (10): 1019 – 1053.

③ Lindqvist E. Height and leadership[R]. Stockholm: Research Institute of Industrial Economics (IFN),2010.

④ Olivola C Y, Todorov A. Elected in 100 milliseconds: Appearance – based trait inferences and voting [J]. Nonverbal Behav ,2010(34): 83 – 110.

⑤ Kahnemans D. A perspective on judgment and choice: Mapping bounded rationality [J]. Am. Psychol,2003(58):697 – 720.

间接影响人们对领导能力的判断。看似高个子的人更可能被评为好的领导者，但实际上是不是高个子与领导力评级没有关系。[①] 面部的宽高比（上唇和上眼睑之间的最大垂直距离除以最大宽度）预测管理复杂度低的企业的领导成功[②]，并预测美国总统的成就大小。面部宽高比对支配地位的感知以及攻击性和不可信的行为有关[③]，高宽高比的人支配性、攻击性和不可信行为的发生感知更强，这些特征可能使战争等群体冲突情境下的领导成功（见图5-1）。[④]

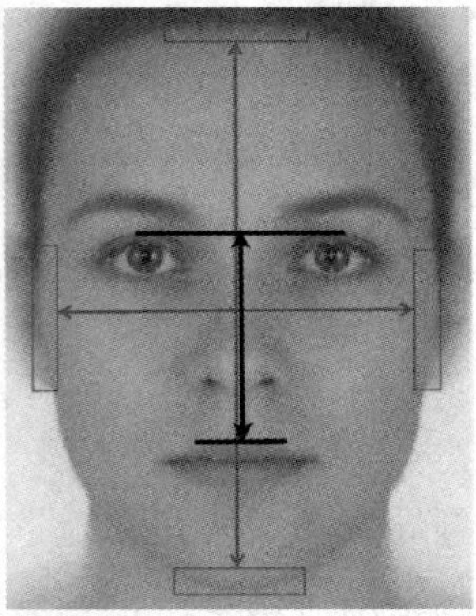

图5-1 面部宽高比（粗线）与面部伸长比（细线）的计算方法

资料来源：Re D E, Hunter D W, Coetzee V, et al. Looking like a leader - facial shape predicts perceived height and leadership ability [J] . PloS One, 2013, 8 (12): e80957.

---

① Re D E, Hunter D W, Coetzee V, et al. Looking like a leader - facial shape predicts perceived height and leadership ability[J]. PloS One, 2013, 8(12): e80957.

② Alarjih S, Ward J. Increased facial width-to-height ratio and perceived dominance in the faces of the UK's leading business leaders[J]. British Journal of Psychology, 2014, 105(2): 153-161. 英国领先企业的首席执行官的面部宽高比被认为在支配地位或成功方面更高，而支配地位或成功的评级本身与面部宽高比相关。研究发现，面部宽高比与可信度、吸引力或者攻击性之间没有关联，而过去的研究表明面部宽高比与攻击性评级之间存在关系。

③ Carre J M, Mccormick C M, Mondloch C J. Facial structure is a reliable cue of aggressive behavior [J]. Psychological Science, 2009, 20(10): 1194-1198.

④ Re D E, Hunter D W, Coetzee V, et al. Looking like a leader - facial shape predicts perceived height and leadership ability[J]. PloS One, 2013, 8(12): e80957.

这种区分方式存在的问题是凭借第一印象“以貌取人”往往不准确。[①]人们可以通过化妆改变面部感知，不同角度拍摄的图片也会让人做出不同的判断。现实接触中，衣着打扮、气质谈吐、态度表情往往会混淆相貌。一些长相一般甚至丑陋但极具魅力的领导人也大有人在。

例如，英国的西蒙·兰卡斯特在《感召力》这本书中提出，领导形象，可以给追随者做出安全和回报的承诺，深深吸引我们的本能脑向他们靠近。好的领导必须显得强劲、真诚和性感。

新衣服不仅能让您更有气质，也是社会地位的象征，还会加速我们血清素的释放，血清素水平高低与领导能力有关，是一种能产生自豪、尊敬和自信情感的化学物质。

撒切尔被称为“铁娘子”，说话气息沉稳、嗓音低沉、加上宽宽的垫肩和高跟鞋，还有俄国人给她创造出的“铁娘子”的隐语意象，给人一种力量感。低沉的嗓音是力量的象征，这是有研究支持的，美国一项研究指出，1960—2000 年 8 次总统选举中，赢得民众选票的候选人声音都比较低沉。[②]

三、健康差异

一些研究者认为，组织领导者的健康不仅对领导者，而且对组织自身和成员都有重要意义。身体健康是有效领导者的一个标志，其主要特征是，没有明显的疾病，工作起来可以通宵达旦，朝气蓬勃。香港中文大学商学院一项新研究《遗传学、领袖地位及身心健康：一个大型全基因组关联分析（GWAS）调查》，揭示了领导力与身心健康指标之间的独特的基因联系。同时，与领导地位相关的基因也许会危害身心健康。在调整了收入和教育的影响后，担任领导职务很高的人的身体质量指数（Body Mass In-

① Todorov A, Olivola C Y, Dotsch R, et al. Social attributions from faces: Determinants, consequences, accuracy, and functional significance[J]. Annual Review of Psychology, 2015, 66(1): 519-545.

② 西蒙·兰卡斯特. 感召力[M]. 田金美,洪云,译. 北京:北京联合出版公司,2016:72.

dex，BMI）、增加的心血管疾病风险和减少寿命有显著的基因上的关联。本次研究发现的与领导能力最密切相关的基因，同时也是与导致双相情感障碍（躁郁症）和精神分裂风险增加相关的遗传基因变体。①

领导者的健康会影响他们的行为，继而影响追随者、团队和组织的绩效和心理健康。领导者身体健康，可以做好工作并给追随者树立积极的榜样，反之，缺席、离开组织则会降低组织效能，还会让追随者焦虑恐慌。一些研究认为，在早期以体力活动为主的一些群体中，身体健康者可能成为有效领导者。而随着科学技术的发展，领导者以智力活动为主，这使得身体健康与领导思维、才能相比重要性大大降低。身体健康无法成为有效领导者的标志，许多杰出的领导者甚至长期疾病在身。

健康研究大部分聚焦在健康的影响因素上，探索不同的工作压力源和要求如何威胁健康，结果发现不同个体面对压力和要求的反应可能截然相反。消极心理反应者视其为威胁或者伤害进而产生负面压力，反之，如果个体认为要求是积极的和保持幸福感的，则产生良性压力。良性压力用希望、意义和卷入等积极心理状态以及原谅行为表示，负面压力可以用疏远、愤怒、焦虑、倦怠等消极心理状态以及报复行为表示。前者有益健康，后者有损健康。与身体健康相比，领导者的心理健康更有益于组织。②

中国党政部门各级领导者都肩负重任，工作量往往很大，若没有较好的身体状况，长此以往会吃不消。尤其是主要领导，更是责任重大，需要身体健康，精力充沛。中共中央印发的《党政领导干部选拔任用工作条例》将领导干部身体健康放在任职资格需求中。

领导者要多参加体育活动，经常锻炼，会给人留下深刻的印象。锻炼

---

① Song Z，Li W D，Jin X，et al. Genetics，leadership position，and well – being：An investigation with a large – scale GWAS［J］. Proceedings of the National Academy of Sciences，2022，119（12）：e2114271119.

② Little L M，Simmons B L，Nelson D L. Health among leaders：Positive and negative affect，engagement and burnout，forgiveness and revenge［J］. Journal of Management Studies，2007，44（2）：243 –260.

会产生内啡肽，使我们感觉强大。领导者需要证明能照顾自己，能照顾自己才能照顾下属，不能照顾自己，领导力也会受到质疑。①

四、生理特质理论评价

生理特质试图预知个体是否能够获得领导职位以及是否适合这些职位的工作。不同的研究得出的结论差异较大，生理特质对组织结果的解释力度较小，并且受到情境因素的影响，例如，身材高大在一些以体力活动为主的群体中或许比较适合，面部宽高比大所指向的高侵略性和支配性对需要面对高人际冲突的组织有效性更高等。

生理特质相对比较容易测量，人们容易通过简单的观察或者询问快速形成自己的判断。这种社会判断是一种认知捷径，容易产生偏见和偏差，准确性不足，不能直接用于领导人才的选拔工作。当然，选拔领导干部有身体健康的要求是必要的，要具有履职所需的基本身体条件。

第三节　领导的心理特质

特质研究主要关注一是能够决定个体成为领导者（即领导者涌现）的特质；二是能够决定领导者晋升的特质；三是能够带来当前管理者有效绩效的特质。例如，具有显著外向型人格的个体更容易成为领导者；权力动机强烈和善于印象管理的领导者晋升更快；具有内控型倾向的领导者部门绩效更出众。不过领导学理论研究者通常不太重视领导者涌现的特质解释。②

---

① 西蒙·兰卡斯特．感召力[M]．田金美，洪云，译．北京：北京联合出版公司，2016：79.

② Zaccaro, S J, Foti R J, Kenny, D A. Self – monitoring and trait – based variance in leadership: An investigation of leader flexibility across multiple group situations [J]. Journal of Applied Psychology, 1991(76): 308 – 315.

一、早期的特质研究

1948 年，史托迪考察了 1904—1948 年所做的 124 项特质研究，提出领导者是通过展示自己帮助团队实现目标的能力而获得地位的人。相关特质包括：智力、警觉性（对他人需求的敏锐性）、洞察力（对任务的理解）、主动性和毅力（处理问题的积极性和持久性）、自信、责任心和社交能力（期望接受责任和担任具有支配性和控制性的职位）。他指出没有统一的特质组合能够在多情境下区分领导者和非领导者，确保个体成为领导者。领导者的个人特质很重要，但是个体成为领导者不仅仅是因为他身上所具有的某些特质，这些特质必须与追随者的特质、活动和目标等领导情境要求有关。①

1974 年，史托迪考察了 1948—1970 年所做的 163 项特质研究，发现领导者的特质确实是领导活动的一部分，特质和情境都会决定领导成败，一些领导特质可以增加个体成为有效领导者的可能性，但仍然不存在普遍性的领导特质。不同特质的领导者可能在同一情境下取得成功，在一种情境下成功的领导特质不能保证在另一种情境下同样有效。对比两次研究，史托迪除了发现与领导效能相关的相同特质外，还发现了其他特质与技能，如情境适应性、成就导向、合作、值得信赖、承受压力等特质和有概念技能、有创造性、有劝服能力、讲话流利、老练机智、熟悉工作、做事有条理、有社会交往能力等。②

2002 年，贾奇等对特质理论的发展进行了总结概括，从这些代表性研究中可以看到，自信、正直、情绪成熟度等特质在多项研究中出现，而男性气概、稳健性等特质在多项研究间的一致性较低。值得注意的是，在史

① Stogdill R M. Personal factors associated with leadership: A survey of the literature[J]. The Journal of Psychology, 1948, 25(1): 35 - 71.

② 加里·尤克尔. 组织领导学(第 7 版)[M]. 丰俊功,译. 北京:中国人民大学出版社,2015: 177 - 178.

托迪（Stogdill）、曼（Mann）、柯克帕特里克和洛克（Kirkpatrick and Locke）、诺斯豪斯等的研究中所提出的智力或认知能力，由于贾奇等的研究聚焦在人格特质上，所以表5－1并未将研究者们所概括的智力特质展现出来。

表5－1　与领导涌现或有效性相关的特质研究

Stogdill（1948）	Mann（1959）	Bass（1990）	Kirkpatrick 和 Locke（1991）	Yukl 和 Van Fleet（1992）
可靠性 社交能力 主动性 毅力 自信 警觉性 合作性 灵活性	适应性 外向性 支配性 男子气概 稳健性	适应性 灵活性 进取心 警觉性 优势、支配地位 情绪平衡，自制 独立，不随声附和 原创性，创造性 正直 自信	动机（成就、野心、精力、坚韧、主动） 诚实/正直 自信（情绪稳定）	情绪成熟度 正直 自信 高能级 承压能力
聪明伶俐 亲和性 责任心 情绪稳定性	自信 决心 正直 社交能力	成就动机 亲社会影响动机 适应性 自信	能级和承压能力 自信 自控倾向 情绪成熟度 正直 社会权力动机 成就导向 低亲和需求	警觉性 原创性 创造性 正直 自信

资料来源：Judge T A, Bono J E, Ilies R, et al. Personality and leadership: A qualitative and quantitative review [J]. Journal of Applied Psychology, 2002, 87 (4): 765.

早期特质理论研究中定性研究居多，定量研究不足。尽管有多项研究使用相近的词语概括特质，但是这些词语的内涵和所贴的标签也往往不同。例如，灵活性和自信是情绪稳定性的指标，毅力和决心被认为是责任感的指标，它们都是被分开研究的。标签造成的混乱让特质和领导力之间的关系难以找到一致性。[1]

二、管理动机

麦克利兰及其同事利用“主题统觉测试”技术（即在实验室里，由被测试者在一组模糊情境下的图片中选择一张图片并据此编一个故事，故事揭示了个人的梦想和抱负。实验者对故事进行编码），从而获得对权力、成就和亲和动机的度量标准。

具有高成就动机的人可以从完成艰巨任务的成功、达到优秀标准、找到做事的最佳方式或被称为完成艰巨任务第一人等方面获得成就感。比起团队工作，他们更喜欢靠自己的努力和能力取得成功的任务、能够发挥个人创造力的工作以及希望获得频繁而具体的工作反馈。

具有高亲和动机的人非常关心是否受欢迎和被接纳，对他人暗示的拒绝和敌意非常敏感。他们喜欢社会交往，喜欢与他人友好相处并合作共事的团队。

具有高权力动机的人能够从对他人的态度、情感和行为施加影响的过程中获得很大的满足感。他们自信而果断，对自己的观点深信不疑，喜欢辩论、击败对手以及指挥团队活动。具有社会权力导向的人有很强的自我控制力，并以社会可接受的方式积极满足权力需求。相比而言，具有个人权力导向的人自私自利，通过控制他人和运用权力来满足享乐欲望。

研究表明，强烈的社会权力导向、适度的高成就需求以及相对较低的亲和需求是取得管理效能的最佳需求模式。管理动机与晋升的关系并不明确，或许因为这一关系受组织类型和管理职位的影响。麦克利兰和博亚特兹 1982 年在美国电话和电报公司的一项研究表明，技术性管理者

---

① Judge T A, Bono J E, Ilise R, et al. Personality and leadership: A qualitative and quantitative review[J]. Journal of Applied Psychology, 2002, 87(4):765.

的晋升更多地取决于技术技能和语言表达能力，非技术管理者在低管理层级上的晋升与高成就动机有关，而在高管理层级上的晋升则与高权力动机相关。①

迈纳提出的管理角色动机理论，利用一项被称为“迈纳句子完成量表”的投射测试衡量管理动机，提供总体分值和6个子维度分值。迈纳在管理动机与晋升关系的研究中发现，大型官僚组织中管理者管理动机的总体分值以及子维度中的行使权力的期望、与同级竞争的期望和对权威人物的积极态度与晋升高度相关，子维度中从团队中脱颖而出的期望、履行日常行政责任的期望以及行事果断的期望对晋升没有显著影响。在小型组织以及官僚气息少的组织中，管理动机与晋升关系不显著。②

三、大五人格

古德伯格（1992）称人格五因素模型（也称大五人格模型）的确立是人格心理学中的一场革命，它可以用来描述人格最突出的方面。该模型是西方心理学界公认的人格特质模型，被称为“人格心理学里通用的货币”，是20世纪90年代以来最活跃的人格研究课题，是目前对人的基本特质最理想的描述之一。③ 诺曼（1963）、塔佩斯和克里斯特（1961）是大五人格模型的奠基者。大五人格在众多研究方法中以及跨文化研究下都有很好的一致性，相关证据也表明大五人格具有遗传性和稳定性。

大五人格（OCEAN）包括开放性（openness）、尽责性（conscientiousness）、外向性（extraversion）、宜人性（agreeableness）和神经质（neuroticism）等5个相对独立的人格维度，为研究个体差异提供了有意义的分类。

---

① Mcclelland D C, Boyatzis R E. Leadership motive pattern and long - term success in management [J]. Journal of Applied Psychology, 1982, 67(6): 737.

② Miner J B, Rizzo J R, Harlow D N, et al. Role motivation theory of managerial effectiveness in simulated organizations of varying degrees of structure [J]. Journal of Applied Psychology, 1974, 59(1): 31 - 37.

③ 彭聃龄. 普通心理学[M]. 北京:北京师范大学出版社,2012.

开放性倾向于富有想象力、不墨守成规、不保守和自主性。尽责任包括成就和可靠性两个相关方面。外向性表现出善于社交、自信、积极和体验积极的影响，如精力和热情。宜人性是一种信任、顺从、关心和温柔的倾向。神经质表现出情绪调节不良和体验消极影响的倾向，如焦虑、不安全感和敌意（见表 5－2）。

表 5－2　大五人格因素、表现与对应品质

大五人格因素	表现	对应品质
开放性	乐于倾听、创造性、洞察力和好奇心	勤学好问 思想开朗 学习型导向
尽责性	认真仔细、组织、控制、可靠和坚决果断的倾向	可靠性 人品正直 成就需求
外向性	社交、自信的倾向和积极性	性格外向 能级/活力 权力需求（自信果断）
宜人性	和善友好、协作、值得依赖	开朗乐观 善于关怀 亲和需求
神经质	沮丧、焦虑、缺乏安全感、易受伤、敌对的倾向	情绪稳定 自尊 自我控制

资料来源：根据诺斯豪斯（2012）和尤克尔（2015）的研究结论整合而成。

在引用最多的巴瑞克和蒙特（1991）的一篇大五人格与工作绩效的元分析文献中，作者探索 5 个人格因素对工作绩效（包括工作熟练度、培训熟练度和人事数据）的影响，研究发现尽责任与职业的所有绩效标准都有显著关系。外向性是管理人员和销售这两类社交比较多的职业的有效预测因素。

贾奇等（2002）对大五人格和领导力所做的综述和元分析表明，大五人格是领导力富有成效的预测因子，这 5 个因素多数与领导的成长、行为和效能有关。

具体而言，开放性是大五人格因素中存在争议较多但了解最少的因素。除创造力、社会政治态度等之外，开放性与很多检验标准都没有显著关系。然而，在商业环境中，开放性与外向性都是领导力最强的性格预测因素。

尽责性是领导力最强和最一致的预测因子，对领导者涌现的预测比领导有效性的预测表现更强。毕竟组织中责任心强的个体往往最快被提拔为领导。

外向性与领导力涌现关系最一致，外向性是领导者和领导有效性最重要的特质，外向性在预测领导者涌现方面比预测领导有效性方面表现更强。的确，善于社交和主导的人在群体中更自在。

宜人性意味着服从和被动，它与领导者涌现关系不显著，但是与学生领导者的有效性有关。一位做了 20 多年领导的企业高管指出："描述领导最糟糕的一个词是良性，早期管理工作试图去做一个好人，做过头人们会觉得你软弱。最好的做法是坚持某些事。领导们吃惊地发现，他们最佩服的人往往是那些能够合理且明智地表达愤怒的人。还有一个事实是有些人不喜欢你，而且永远也不会喜欢你，对此你毫无办法。你可能让对方想起了自己不喜欢的某个人，或者做了让他不喜欢的某些事，而他们也不打算忘掉这些事情。"①

神经质无法预测领导者涌现和领导有效性，但是与两者都呈负相关关系。

四、情商

情商又称情绪智力。对有效领导而言，情绪智力是一种至关重要的品质。一家全球执行力研究公司的研究主管指出：首席执行官受聘是因为智

① 领导者最容易犯的三大错误[EB/OL].[2000-09-19]. http://www.chinahrd.net/article/2013/07-15/92242-1.html.

力和商业才能，解聘是因为缺乏情商，比如傲慢、不愿与他人合作、不愿或者不能适应未来的变化以及过度依赖智力、疏远为他们工作的员工等。领导者的情绪劳动作为独立于体力劳动和智力劳动之外的工作，具有重要价值。

情绪是需要关注以及可能对认知过程和行为产生影响的强烈感情，最基本的情绪包括喜、怒、哀、惧。喜和怒与个体目标有关。目标实现后心情喜悦，目标受到阻碍无法实现会产生愤怒，其中人为因素越大，愤怒情绪越大。悲伤是失去喜爱的人或物的时候产生的情绪。恐惧则是处于未知且不可控的情境时产生的体验。

20 世纪 90 年代，研究者开始研究与情商相关的领导特质。斯皮尔伯格（Spielberger，2004）在《应用心理学百科》中将情商研究分为 3 种主要模式：

一是巴昂模式（1997）。鲁文·巴昂（Reuven Bar – on）供职于得克萨斯州立大学休斯敦医学院，编辑了《情商手册》，在情商研究发展中起到了关键作用。他将情商描述为相互关联的情感和社交能力、技能与影响智力行为的调节者，并开发出基于自评或者多元评价的情商量表。[①]

二是格尔曼模式（1998）。格尔曼将情商定义为基于工作表现习得的能力，对管理绩效有独特影响，由多元评价测量。[②] 格尔曼既是心理学家，又是《纽约时报》从业十几年的资深记者，他的研究深入浅出、生动有趣，让情商成为街头巷尾人尽皆知的流行语。格尔曼的研究融合了情商理论和近几十年来个体竞争力的模型研究。相对于智商或者技术能力，情商往往是一种鉴别性的竞争力，它能很好地预测在一群非常聪明的人当中，谁最有领导能力。对于低端工作，智商和专业技术的指标性会更加明显；

① Bar – On R. BarOn emotional quotient inventory[M]. Washington: Multi – health systems, 1997.

② Boyatzis R E, Goleman D, Rhee K. Clustering competence in emotional intelligence: Insights from the Emotional Competence Inventory (ECI)[J]. Handbook of Emotional Intelligence, 2000, 99(6): 343 – 362.

职位越高，智商和专业技术能力指标的重要性就越低。

三是梅耶和萨洛维模式（1997）。[①] 1990 年，梅耶（Mayer）和萨洛维（Salovey）的论文第一次提出情绪智力的概念。情商的学术发展归功于梅耶和萨洛维以及他们的研究伙伴、企业咨询顾问戴维·卡鲁索，他们创立了情商理论，提出了精确的测量标准，为情商研究确立了学术标准。他们受传统智力研究范式的影响，属于传统的智力研究，一般也称社会智力。

情商属于组合技能，主要包括以下 5 个方面：

一是自我意识。自我意识即感受发生时能够识别到感受的发生并能够运用它们以便做出更好的决定的能力，是情绪智力的基石。时刻监控情绪的能力是心理领悟及自我理解的关键。如果无法注意到自身的真实感受，我们就只能听命于感受的操控。对自身情绪更加确定的人对生活有更强的掌控能力，他们更加清楚自己对和谁结婚或者从事什么样的工作等个人决定的真实感受。

二是自我调节。自我调节即为了实现我们的目标而具有的良知和延迟满足的能力，能够从失落的情绪中恢复并控制自身情绪的能力。为实现目标进行情绪控制，是集中精神、自我激励和控制以及发挥创造力的关键。自我控制情绪即延迟满足和抑制冲动，这是成功的基础。个人如果能够进入全神贯注的涌流境界，就会有出色的表现。拥有这种技能的人不管从事什么工作，都会更加高产和高效。

自律的人善于自我调节。目标定向、延迟满足、情绪管理等恰当处理情绪的能力是一种建立在自我意识基础上的能力，是一种自我减压，摆脱过度焦虑、阴郁或易怒情绪的能力。情绪调节能力差的人，常常受到痛苦情绪的困扰，而那些情绪调节能力强的人则可以更快地从生活的挫折和烦

---

① Mayer J D, Diaolo M, Salovey P. Perceiving affective content in ambiguous visual stimuli: a component of emotional intelligence[J]. Journal of Personality Assessment, 1990, 54(3/4): 772 – 781.

恼中恢复。

三是自我激励（动机）。用发展的眼光看待成就或者目标取向，将可能遇到的挫折和沮丧都考虑进去，具有如主动性和坚持不懈的品质。具有成长型思维模式的人会将挫折看作挑战而兴奋，固定型思维模式的人则将挫折看成证明自己失败的风险而加以回避。

四是同理性。同理心是基本的“人事技能”，同样建立在自我意识的基础上。能够识别、考虑他人的感受和想法，反过来具有影响到更大范围群体的能力。微妙的社会信号显示了他人的需要或者欲望，有同理心的人对这些社会信号的协调性更强。他们擅长从事护理、教书、销售和管理等职业。同理心与高超的社交技能紧密联系，如擅于专注倾听、有效沟通、及时表达欣赏和积极关注等。

寓言故事：田子方赎老马

《淮南子·人间训》里记载田子方赎老马的故事，对领导赢得人心具有启发意义。

田子方见老马于道，喟然有志焉。以问其御曰：“此何马也?”

其御曰：“此故公家畜也。老罢而不为用，出而鬻之。”

田子方曰：“少而贪其力，老而弃其身，仁者弗为也。”束帛以赎之。

罢武闻之，知所归心矣。

故事里田子方看到路边被卖的老马，尚且于心不忍花钱赎买，想必对待跟随他的人更会恩遇有加，这也是魏国老臣罢武明确归心于他的原因。“卸磨杀驴”的做法令人寒心，“少者怀之，老者安之”才是常情常理。

五是社交技能。这是一种能够很好地处理亲密的个人关系，同时也会意识到社会关系网及政治因素的影响，能够与人很好地交流并且具有与人合作得出成果的能力。处理人际关系的艺术属于管理他人情绪的一部分。

社交竞争力可以提高个体受欢迎的程度、领导力和人际交往的有效性。善于处理人际关系在任何需要良好人际互动的领域都会有出色的表现，他们是社交明星。社会智力是影响领导有效性的关键特质。

研究表明，情商对整体绩效、对上级的领导力评价，以及3种领导风格（目标导向、参与和卷入）都有显著影响。[①] 情绪智力能够让领导者具有深刻的社会洞察力并保持行为的灵活性，帮助领导者解决复杂的问题、制定更好的决策、有效地利用时间、更好地适应情境和处理危机，在目标实现遇到挫折或障碍时保持乐观的心态和变革热情，在人际交往中通过移情、减少偏见、有效回应他人的诉求从而获得合作机会。

五、心理差异特质理论评价

心理特质是目前选拔和晋升管理者的各种测试手段的理论基础；用于自我认识和发展，可以正确地了解一个人的心理特质，进而预测其领导效率；不同组织的领导者所需的心理特质是不一样的，因此，一个组织的成功领导者到另一个组织中可能会变成无效领导者；强调智商和情商的作用，情商对领导者来说往往比智商更重要。

特质理论具有4项不可替代的优势：①直觉上的吸引力，符合我们对英雄的想法，领导者是社会中与众不同并起领导作用的人；②任何理论都无法在广度和宽度上与之媲美；③关注领导本质，强调领导者的作用；④为我们努力成为领导者提供了一些基本标准。

特质理论的不足主要是：①没有给领导特质划一个界限；②较少考虑情境因素；③主观性较强，特质对领导结果的作用机制讨论较少；④特质在很大程度上是稳定的生理和心理结构，限制了它在培训和发展上的作用。

---

① Dulewicz C, Young M, Dulewicz V. The relevance of emotional intelligence for leadership performance[J]. Journal of General Management, 2005, 30(3): 71-86.

第四节　重要领导特质

诺斯豪斯在领导特质研究基础上，提出了影响未来领导有效性的5种重要特质，即智力、自信、决心、诚实正直、社交能力；中共中央党校（国家行政学院）刘峰提出了中国本土化的领导特质理论，用中国语境下的“智”“仁”“勇”来概括成功领导者的共同特质，简称“三德”理论。[①] 下面分别进行简要介绍。

一、五种特质理论

（一）智力

智商（IQ），一般是指个体进行深入思考、解决问题和做出决策的认知能力。智不足多虑，威不足多怒。智力影响领导的判断力和格局。例如，习近平总书记指出“领导干部想问题、作决策，一定要对国之大者心中有数，多打大算盘、算大账，少打小算盘、算小账，善于把地区和部门工作融入党和国家事业大棋局，做到既为一域争光、更为全局添彩”。[②]

智力被认为是最重要的心理特质，也是社会和应用心理学中最成功的特质。智力已被确定为领导力的最伟大特质之一，也是所有领导者必须拥有的最关键特质之一。聪明的领导者能够解决广泛的组织职能中的重要问题，在关键决策中仔细整合重要信息，并创造性地为复杂问题提供解决方案。[③]

---

① 刘峰．领导科学与领导艺术[M]．北京：北京大学出版社，2014：18－22.

② 习近平．习近平谈治国理政：第四卷[M]．北京：外文出版社，2022：40.

③ Judge T A, Piccolo R F, Kosalka T. The bright and dark sides of leader traits: A review and theoretical extension of the leader trait paradigm[J]. The Leadership Quarterly, 2009, 20(6): 855－875.

一般来说，智商较高者较适宜担任领导者，拥有优秀的语言表达能力、洞察力和思考能力能让领导者更出色；但领导者与追随者之间的智商差距不能太大，否则会出现沟通困难、追随者领悟不到位、执行不力，以及领导自恋、傲慢、刚愎自用的现象，从而影响领导效果。

智力被认为是帮助获得复杂问题的解决技巧和社会判断技巧的一种特质，对个人的领导效力有积极作用。主要领导干部在领导班子中起着关键作用，负有特别的责任，工作千头万绪，必须分清轻重缓急，把主要精力放在抓大事谋全局上，紧紧抓住对全局起决定作用的主要矛盾、大项工作，善于在大局下思考问题、全面统筹。①

（二）自信

自信是对自己能力和技巧的肯定，包括自尊、自我认同以及相信自己与众不同。富兰克林认为：一个人失败的最大原因，就是对自己的能力永远不敢充分信任，甚至自己认为必将失败无疑。

马斯洛在《人类动机理论》中提出自尊需求：除少数病态的人之外，社会上所有的人都有一种获得对自己的稳定的、牢固不变的、通常较高的评价的需求或欲望，即一种对自尊、自重和来自他人的尊重的需求或欲望。这种需求可以分为两类：第一，对实力、成就、权能、优势、胜任以及面对世界的自信、独立和自由等的欲望；第二，对名誉或威信（来自他人对自己的尊敬或尊重）的欲望，对地位、声望、荣誉、支配、公认、注意、重要性、高贵或赞赏等的欲望。

自尊需要的满足导致自信，使人觉得自己在这个世界上有价值、有力量、有能力、有位置、有用处和必不可少。最稳定和最健康的自尊是建立在当之无愧的来自他人的尊敬之上的，而不是建立在外在的名声、声望以

---

① 陈小明．想干事能干事干成事：提高党员干部解决实际问题能力[M]．北京：人民日报出版社，2021：149.

及无根据的奉承之上。[①] 所谓名副其实，实至名归。

纳撒尼尔·布兰登在《自尊心理学》中提出："对于一个人来说，没有任何东西比他传递给自己的信念更加重要。幸福或愉悦都是从一个人具有成就感的价值观中所产生的情感状态。而苦难是从一个人消极或挫折的价值观中产生出来的。自尊的瓦解并不是一天、一周或一个月的事，而是长期一连串失败、逃避和非理性思考的结果，这一系列的失败导致精神不能处于正常状态。当我们选择根据理性和我们自己的原则来生活时，自尊就会自然而然地产生了。"[②]

（三）决心

决心是指完成工作的欲望，包括主动性、毅力、控制力和驱动力等性格特征。在苦难面前坚持不懈，也包括在追随者需要被引导的情况下表现出支配能力。决心需要勇气。勇气可嘉，使命必达。弗朗西斯·培根在《培根论人生》中说，如果问在人生中最重要的才能是什么？那么答案则是：第一，无所畏惧；第二，无所畏惧；第三，还是无所畏惧。可能与不可能之间的差异在于一个人的决心。各级领导干部是我们党治国理政的骨干力量，制度要落地生根发挥实效，变成普遍实践，关键在于各级领导干部的认识和行动。[③]

（四）诚实正直

正直，是一种值得信赖的品质。忠诚可靠，言行一致，坚持原则和敢于为自己的行动承担责任的人，表现出诚实正直的一面。

孔子：巧言令色，鲜矣仁。花言巧语，装出和颜悦色的样子，这种人很少是仁义的。仁者爱人，而花言巧语、表里不一、阿谀奉承、矫揉造作，嘴上一套、心里一套的人，很难获得他人的信任。

---

① 亚伯拉罕·马斯洛．动机与人格[M]．许金声，等，译．北京：中国人民大学出版社，2007：28.

② 汤姆·巴特勒－鲍登．心理们：50 位大师的 50 本书[M]．陈佳宁，麻宁，译．北京：中国青年出版社，2011：41.

③ 洪向华．领导干部治理能力十讲[M]．北京：人民出版社，2020：25.

《三国演义》中曾经追随曹操后侍奉吕布的谋士陈宫，因吕布兵败被捉，押到曹操面前，曹操问：“公台别来无恙?”陈宫说：“汝心术不正，吾故弃汝。”曹操说：“吾心术不正，公又奈何独事吕布?”陈宫说：“布虽无谋，不似你诡诈奸险。”由此可见，言行一致、忠诚可靠让一个领导值得信赖，能激发他人的信心。

诚实正直的人常常也是有责任感的人。巴菲特说：“责任是比聪明更重要的品质。”与不负责任的人交往，是对生命的极大浪费。责任感表现在一些细节上，如收到信息及时回复、不占小便宜、守时、守信、情绪稳定、有底线等。

（五）社交能力

社交能力是寻求良好社会关系的倾向。善察人需，寻求合作。善察人需，表达关怀，友好、开朗、礼貌、言行得体、善于交涉等能与他人相互合作，建立有效的人际关系。

值得注意的是，社交能力首先能够很好地处理亲密的个人关系。例如与配偶、父母、子女的关系，这是更广泛社会关系的缩影，与配偶交往学会尊重和协商合作，与父母交往学会主动关怀与人际界线，与子女交往学会谦虚、耐心、抑制冲动等。组织中很多工作都是协作完成的。社交能力强的人人际关系更好，工作起来便于协作，完成任务的成效更好。

二、“三德”理论

这里的“德”不是狭义上的道德，而是广义上的领导能力和素质。

（一）智德

领导者的智德居“三德”之首，主要包括四个方面，体现在创新思维、战略眼光、机遇意识和决策水平上。

智德的基础是精通业务和提高绩效。领导者的两件大事“决策”和

“用人”，都需要领导者精通业务。精通业务才能围绕组织目标的实现而自己出主意或者断主意，才能识别、使用相关人员。

智德的特征是创新思维和辩证思维，理性思维能力能够帮助领导者运用逻辑判断和推理升华领导经验、分析形势、把握趋势、预测前景。同时，领导者在长期的知识积累、实践历练基础上必然形成一定的直觉、想象、灵感等非逻辑思维能力，往往能帮助领导者在重要关头、危急时刻，思维灵光乍现，纠结茅塞顿开，问题迎刃而解。

智德的重点是机遇意识和决策水平。即在遵循客观规律的基础上，对客观事实和环境条件发展变化的趋势进行综合分析判断，有清晰的问题意识和敏锐的机遇意识，及时决策，抓住机遇。比如，元宇宙思维对领导学有独特而重要的启发。领导者应牢牢掌握“增强现实”工具使用的主动权和使用时机，理解沉浸、运用沉浸、适度沉浸、超越沉浸，正确理解叠加思维，提升分身思维能力，使感觉思维在理性思维占主导的传统领导实践中发挥效用。[①]

（二）仁德

领导者的仁德比情商概念更大，重点是作风建设和道德修养，是进取意识和影响力。主要包括四个方面内容：

领导者要有自知之明和使命感。“吾日三省吾身”修炼的是自我意识，明白自己的职责和使命；明白自己的优势和局限。

领导者要积极进取并自我管理。领导者要管住自己的心态、情绪和行为，才能领导他人。领导者要有昂扬向上的进取精神和自信，要有稳定的情绪和自制力，要有符合领导情境和领导角色的言行，方可赢得信任。

领导者要善于识人，能够辨别人的能力大小、分出品德高下、识得人心远近。

领导者重在用人，不仅要用比自己地位低的人，还要用与自己地位相

---

① 祝杨军．元宇宙思维的领导学价值[J]．领导科学，2023(1)：54－58.

当的人，甚至用比自己地位高的人。对上级重认同，对同级重协作，对下属重激励。

（三）勇德

领导者的勇德主要体现在责任意识和敢于担当、对外部情势的抗逆和果断方面。领导者的勇德重点在于胆略、果断、坚毅、抗逆和担当。

有胆略，才能果断决策。

有坚忍不拔的毅力，才能认准目标，坚定方向，坚守信念，意志坚强地面对困难和挫折。

有抗逆能力，即面对逆境和压力时的自我恢复力，领导者内心才会强大，群众低头时领导者要昂头，群众退缩时领导者要前进，下属和群众才会更加信服。

有责任意识和担当精神，领导者才能不怕危险，勇于克难，贵在化险。

[本章小结]

特质理论代表着人们理解领导过程中最早的理论探索，包括伟人论和特质论两个阶段。

特质（traits）是指具有相对稳定性的各种个体特征，可以分为生理特质和心理特质。生理特质包括身材、相貌、健康状况等；心理特质包括智力、人格、性格、需求、动机、价值观等。

领导的生理特质理论试图通过身材、相貌、健康等生理差异，预知个体是否能够获得领导职位以及是否适合这些职位的工作。生理特质相对比较容易测量，但这种认知捷径容易产生偏见和偏差，不能直接用于领导人才选拔工作。

特质研究主要关注，一是能够决定个体成为领导者的特质；二是能够决定领导者晋升的特质；三是能够带来当前管理者有效绩效的特质。本章概括了早期特质研究、管理动机、大五人格、情商等心理特质对领导力的影响。特质研究具有不可替代的优势，但是也存在可靠性和可开发性方面的质疑。

诺斯豪斯提出了影响未来领导有效性的5种重要特质，即智力、自信、决心、诚实正直、社交能力；刘峰提出了中国本土化的领导特质理论，用中国语境下的“智”“仁”“勇”来概括成功领导者的共同特质，简称“三德”理论。

[关键词]

特质理论；特质；生理特质；心理特质；人格；性格；动机；价值观；身材差异；相貌差异；健康差异；管理动机；大五人格；情商；智力；自信；决心；诚实正直；社交能力；三德；智德；仁德；勇德

[思考题]

1. 请从特质角度分析一下，引例中华盛顿为何能在大陆会议上受到礼遇？
2. 特质理论研究的主要关注点在哪里？
3. 简述生理特质理论的主要内容与评价。
4. 简述早期心理特质理论的主要内容。
5. 管理动机的主要构成是什么？如何影响领导有效性？
6. 大五人格的主要构成是什么？如何影响领导有效性？
7. 情商的主要构成是什么？如何影响领导有效性？
8. “三德”理论的主要观点是什么？
9. 如何评价特质理论？

[参考文献]

[1][美]加里·尤克尔. 组织领导学(第7版)[M]. 丰俊功,译. 北京:中国人民大学出版社,2015.

[2][美]汤姆·巴特勒-鲍登. 心理们:50位大师的50本书[M]. 陈佳宁,麻宁,译. 北京:中国青年出版社,2011.

[3][美]亚伯拉罕·马斯洛. 动机与人格[M]. 许金声,等,译. 北京:中国人民大学出版社,2007.

[4][美]约瑟夫·埃利斯. 华盛顿传[M]. 陈继静,译. 北京:中信出版社,2017.

[5][英]西蒙·兰卡斯特. 感召力[M]. 田金美,洪云,译. 北京:北京联合出版公司,2016.

[6]陈小明. 想干事能干事干成事:提高党员干部解决实际问题能力[M]. 北京:人民日报出版社,2021.

[7]洪向华. 领导干部治理能力十讲[M]. 北京:人民出版社,2020.

[8]刘峰. 领导科学与领导艺术[M]. 北京:北京大学出版社,2014.

[9]彭聃龄. 普通心理学[M]. 北京:北京师范大学出版社,2012.

[10]习近平. 习近平谈治国理政:第四卷[M]. 北京:外文出版社,2022.

[11]祝杨军. 元宇宙思维的领导学价值[J]. 领导科学,2023(1):54-58.

[12]Alrajih S, Ward J. Increased facial width - to - height ratio and perceived dominance in the faces of the UK's leading business leaders[J]. British Journal of Psychology, 2014, 105(2): 153-161.

[13]Bar-On R. BarOn emotional quotient inventory[M]. Washington: Multi-Health Systems, 1997.

[14]Bouchard Jr T J, Lykken D T, McGue M, et al. Sources of human psychological differences: The Minnesota study of twins reared apart[J]. Sci-

ence, 1990, 250(4978): 223 -228.

[15]Boyatzis R E, Goleman D, Rhee K. Clustering competence in emotional intelligence: Insights from the Emotional Competence Inventory (ECI) [J]. Handbook of Emotional Intelligence, 2000, 99(6): 343 -362.

[16]Carré J M, McCormick C M, Mondloch C J. Facial structure is a reliable cue of aggressive behavior[J]. Psychological Science, 2009, 20(10): 1194 -1198.

[17]Dulewicz C, Young M, Dulewicz V. The relevance of emotional intelligence for leadership performance[J]. Journal of General Management, 2005, 30 (3): 71 -86.

[18]Judge T A, Bono J E, Ilies R, et al. Personality and leadership: A qualitative and quantitative review[J]. Journal of Applied Psychology, 2002, 87 (4): 765.

[19]Kahnemans D. A perspective on judgment and choice: Mapping bounded rationality[J]. Am. Psychol,2003(58):697 -720.

[20]Lindqvist E. Height and leadership[J]. Review of Economics and statistics, 2012, 94(4): 1191 -1196.

[21]Little L M, Simmons B L, Nelson D L. Health among leaders: Positive and negative affect, engagement and burnout, forgiveness and revenge[J]. Journal of Management Studies, 2007, 44(2): 243 -260.

[22]Mayer J D, DiPaolo M, Salovey P. Perceiving affective content in ambiguous visual stimuli: A component of emotional intelligence[J]. Journal of Personality Assessment, 1990, 54(3 -4): 772 -781.

[23]McClelland D C, Boyatzis R E. Leadership motive pattern and long -term success in management[J]. Journal of Applied Psychology, 1982, 67(6): 737.

[24]Miner J B, Rizzo J R, Harlow D N, et al. Role motivation theory of

managerial effectiveness in simulated organizations of varying degrees of structure [J]. Journal of Applied Psychology,1974,59(1):31 –37.

[25]Olivola C Y, Todorov A. Elected in 100 milliseconds: Appearance – based trait inferences and voting[J]. J Nonverbal Behav,2010(34):83 –110.

[26]Persico N, Postlewaite A,Silverman D. The effect of adolescent experience on labor market outcomes: The case of height[J]. Journal of Political Economy,2004,112(10): 1019 –1053.

[27]Re D E, Hunter D W, Coetzee V, et al. Looking like a leader – facial shape predicts perceived height and leadership ability[J]. PloS one, 2013, 8 (12): e80957.

[28] Roberts B W, Wood D, Caspi A. The development of personality traits in adulthood [C]// In O. P. John, R. W. Robins, L. A. Pervin (Eds.),Handbook of personality: Theory and research. New York:The Guilford Press, 2008: 375 –398.

[29]Song Z, Li W D, Jin X, et al. Genetics, leadership position, and well – being: An investigation with a large – scale GWAS[J]. Proceedings of the National Academy of Sciences, 2022, 119(12): e2114271119.

[30]Stogdill R M. Personal factors associated with leadership: A survey of the literature[J]. The Journal of Psychology, 1948, 25(1): 35 –71.

[31]Stulp G, Abraham P B, Verhulst S,et al. Tall claims? Sense and nonsense about the importance of height of US presidents[J]. Leadership Quarterly, 2013(24): 159 –171.

[32]Todorov A, Olivola C Y, Dotsch R, et al. Social attributions from faces: Determinants, consequences, accuracy, and functional significance[J]. Annual Review of Psychology, 2015, 66(1): 519 –545.

[33]Van Seters D A, Field R H G. The evolution of leadership theory[J]. Journal of Organizational Change Management, 1990,3(3):29 –45.

[34]Zaccaro S J, Foti R J, Kenny D A. Self - monitoring and trait - based variance in leadership: An investigation of leader flexibility across multiple group situations[J]. Journal of Applied Psychology,1991(76):308 -315.

第六章

领导技能

［本章要点］

1. 卡兹的3种技能模型。
2. 曼福特的领导技能模型。
3. 其他影响领导有效性的领导能力。

［引　例］

赫鲁晓夫评画①

有一次，赫鲁晓夫去参观一个抽象派画展，看着看着，他斥责道：“这叫什么画，一头驴用尾巴就可以画得比这更好。”当时画家正好在场，直言相问说：“你不是艺术家也不是评论家，有什么根据说这样的话？”

赫鲁晓夫听了说：“我当矿工那会儿不懂；我当基层干部时也不懂；在我逐级升迁的台阶上我都不懂。可我现在是党的领袖，难道我还不懂吗？”

抛开政治不谈，在赫鲁晓夫看来，职务足够高，艺术欣赏能力不就自然具备了吗？同样，职位高了，领导能力是不是自然就具备了呢？答案是否定的，职位越高，领导挑战越大，越需要提升领导能力。

本章介绍了经典领导技能模型（卡兹的3种技能模型、曼福特的领导技能模型）以及对行政领导能力建设的启示。领导的有效性取决于领导者解决复杂组织问题的能力，在此基础上形成了综合的、以技能为基础的领导模型。领导技能理论与特质理论一样，都是试图通过关注领导者个体来理解复杂的领导现象。技能模型主要用在从领导力开发到描述工作要求等领域，影响领导有效性的知识和技能检测理论对设计新的领导力评估和开发工具贡献较大。

---

① 资料来源：赫鲁晓夫斥抽象画“海淫”不如毛驴用尾巴画[EB/OL].(2009-12-15)[2023-7-29].https://news.ifeng.com/history/shijieshi/200912/1215_7182_1475076.shtml.

第一节　3种基本技能

1955年，罗伯特·卡兹在《哈佛商业评论》上发表《有效管理者的技能》，根据其对工作场所执行官们的观察得到的一手资料，提出有效管理依赖3种基本的个人技能：技术技能、人际技能和概念技能（见图6-1）。技能（skills）不同于特质（traits），领导者们可以通过学习和培训提高这些技能。技能主要是描述性的，它没有规定什么是成功的领导，而是为理解有效领导的本质提供了一个框架。

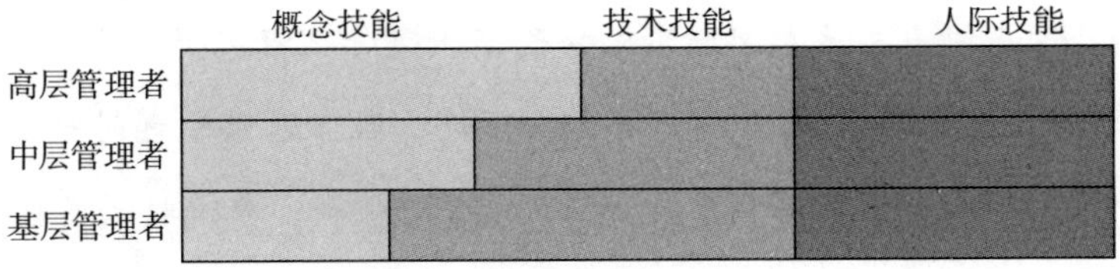

图6-1　卡兹的技能模型

一、技术技能

技术技能是指某一特定类型的工作或者活动所应具备的知识和能力，包括特殊领域的能力、分析能力以及运用合适的工具和技巧的能力。技术技能对于基层和中层管理者比较重要，高层管理者可以依靠有技能的下属去处理组织运营中的技术问题，因而技术技能不是最重要的。

不同类型的工作岗位、工作性质和责任要求有所不同，技术能力也有所侧重。技术技能直接影响工作效率和执行力。对于行政工作而言，技术技能体现在熟悉岗位特点、工作内容、工作对象以及工作规律，熟练掌握和应用与工作相关的政策、规章制度、办事程序和所需要的技术等方面。

例如，宋徽宗赵佶，自幼养尊处优，逐渐养成了轻佻浪荡的性格。宋徽宗自幼爱好笔墨、丹青、骑马、射箭、蹴鞠，对奇花异石、飞禽走兽有着浓厚的兴趣，尤其在书法绘画方面，更是表现出非凡的天赋。他喜欢研究书画诗词，在这方面成就很高。他花巨资搜集各种奇珍异玩、古书字画，乐此不疲。然而，他对国家治理却一窍不通，谁巴结他就重用谁。他喜欢蹴鞠，发现高俅蹴鞠玩得好，就把高俅留在身边重用。此类事情，举不胜举，以致奸臣当道、政治黑暗、民不聊生，内忧外患。虽然他在危急关头，把皇位传给了自己的儿子，但不得不说，北宋的灭亡，他是脱不了责任的。他是一个出类拔萃的艺术家，却不是一个合格的皇帝。

在中国式现代化进程中，领导的技术技能就是干部队伍的专业能力。党的二十大报告提出，坚持党管干部原则，坚持德才兼备、以德为先、五湖四海、任人唯贤，把新时代好干部标准落到实处。树立选人用人正确导向，选拔忠诚干净担当的高素质专业化干部。[①] 干部队伍的专业能力是提高治理效能的实现需要。面对国家治理过程中出现的多样、复杂和持续变化的问题，干部可能会出现“本领恐慌”。专业能力是解决“想作为但不会为”现象的有效途径。专业能力可以通过加强实践锻炼、补足专业训练来提升。[②]

二、人际技能

人际技能是指与人打交道的知识和能力，帮助领导者与下属、同级和上级有效合作完成组织目标的能力。人际技能是领导者处理工作时与他人友好相处的能力。人际技能包括以下三个要素：

一是合作。人际技能让领导者帮助小组成员合作完成共同目标。对于卡兹来说，人际技能意味着在某些问题上能意识到自己的想法，同时也能意识到他人的想法，并能让自己的想法去适应他人的想法，做决策时能够综合考虑自己的想法和他人的需要并致力于共赢。

---

① 习近平．高举中国特色社会主义伟大旗帜　为全面建设社会主义现代化国家而团结奋斗：在中国共产党第二十次全国代表大会上的报告［M］．北京：人民出版社，2022：66.

② 梁璐慧．党员干部政治能力、专业能力“双提升”的路径探析［J］．理论观察，2022（4）：42－46.

二是信任。领导者会创造一种信任的氛围，让员工感觉舒服和安全，鼓励员工参与计划对员工自身有影响的事项。

三是敏锐。具有人际技能的领导，对他人的需求和动机具有敏感性，能够从他人的言谈举止中理解他人的情感、态度和动机，从而清晰有效地进行沟通。他们熟谙交往规则，善于倾听，讲话流利、口才好。

案例：郑处长的烦恼

一个多月前，出于工作需要，年轻的副处长小郑从行政处室被调至某业务处室担任处长。郑处长以前从来没有接触过这种业务，一切都要从头学起。由于该处的专业性非常强，到任一段时间之后，郑处长感到对该部门的业务工作明显力不从心，让他烦心的不仅是业务工作，更主要的是人际关系。

郑处长所在处室有近十名员工，一半是在本领域工作多年的老员工，另一半是近几年新进的年轻人。年轻人还算配合他的工作，但是个别老资格下属不时会在工作中运用专业能力来挑战他的领导权威，让他处境尴尬，也有老员工私底下对他的专业水平表示不满。

郑处长比较信得过小方，私下找他了解部门情况。据小方反映，部门以前就是这样。副处长老钱业务能力非常强，前任正职在业务上只能完全依靠他，但老钱有些傲气，此前认为自己在这个处功劳赫赫，理应被提拔为处长，因此他对新处长表面打哈哈，实则不太服气。老钱一贯我行我素，他弟弟在市里当领导，他依仗这层特殊关系，对哪位领导都不买账，以前的领导对他也毫无办法。其他几个业务骨干也都各有个性。前任领导工作起来不顺心，因此才想方设法调走了。送走小方之后，郑处长陷入沉思，面对小方反映的这些难题，他感到自己需要改变现状，但又一时想不出从何处下手。

请问：郑处长如何才能尽快树立自己在部门里的威信？

作为专业性很强的部门新任领导，郑处长可以从以下4个方面考虑：首先，要应对来自下属专业人员的挑战，确立自己的领导权威。其次，作为年轻领导，在充分尊重老资格下属的同时，也要正确、科学地行使领导职能，使得单位工作有序开展。再次，在用人方面，应充分发挥每位下属的优势，调动下属工作积极性，同时采取措施克服其缺点，进行有效的团队建设。最后，为树立领导权威，必要时可借助上级领导的力量，请领导前来助阵，帮助自己立威。

对于行政领导者而言，人际技能除了要有与上级、同事和下级处理好关系的能力之外，还要有群众工作能力。2020年10月10日，习近平总书记在秋季学期中央党校（国家行政学院）中青年干部培训班讲话中勉励青年干部提高7种能力，勇于直面问题，想干事、能干事、干成事，不断解决问题、破解难题。其中群众工作能力需要干部怀着强烈的爱民、忧民、为民、惠民之心，心里要始终装着父老乡亲，想问题、作决策、办事情都要想一想是不是站在人民的立场上，是不是有助于解决群众的难题，是不是有利于增进人民福祉，不断增强人民群众的获得感、幸福感、安全感。

三、概念技能

概念技能是指一般的分析能力、逻辑思维能力、熟练的概念形成能力和复杂模糊关系的概念化能力，产生构思和解决问题中的创造性，分析事件、洞察趋势、预见变化以及识别机会和潜在问题的能力。①

概念技能是指与想法和概念有关的能力，善于用语言让他人清楚组织的使命、愿景、战略、价值观等。具有概念能力的领导者很容易应付抽象的和假设性的概念。概念技能对高层管理者十分重要，没有很强的概念技能，组织就会失去方向，组织成员就会无所适从。中层领导可以让员工认识到工作对部门的意义，部门工作对组织发展的意义。基层领导的概念技

① 加里·尤克尔. 组织领导学(第7版)[M]. 丰俊功,译. 北京:中国人民大学出版社,2015:176.

能相对于技术技能和人际技能比重较小，但是优秀的基层领导依然可以通过对员工工作的持续反馈和认可，让基层员工从简单、重复或者繁重的日常事务中获得成就感和幸福感。

例如，英国首相丘吉尔“是一位了不起的知名演说家，他能使大厅里数千名听众或使数百万名广播听众为之入迷。他把娴熟的英语和十足像是天生的表演技能结合在一起。但是，更重要的是，他之所以能鼓舞人心，是因为他本人为他所奋斗的理想所激励”。正如澳大利亚前总理罗伯特·孟席斯阁下所说，丘吉尔战时的演讲之所以那样具有煽动性，是因为他“学到了这么一条伟大的真理，要感动别人，演说家、领袖自己首先要受感动；在他的头脑里，一切都应当是活生生的”①。

价值观不仅要在纸上写出来，嘴上说出来，而且客户和员工最终还要看组织领导人的行为所传递出来的信息。

例如，阿里巴巴信奉“客户第一，员工第二，股东第三”的价值理念。2014 年 9 月 19 日，阿里巴巴美国上市的关键时刻，马云做了两件事深刻传达了这种理念：第一，他和阿里巴巴首席执行官及淘宝网总经理兆禧、阿里巴巴董事局执行副主席蔡崇信不参与敲钟，而是选择 8 位客户来敲钟，在他看来阿里巴巴努力 15 年就是为了让这样的人过得更好。第二，马云在纽约证券交易所例行的上市敲钟仪式前，通过视频连线的方式与阿里杭州总部的员工共庆上市仪式。他说阿里融到的不是钱，而是信任！员工的信任，投资人的信任，用户的信任。阿里巴巴上市后市场总值 2314 亿美元，是百度和腾讯的市值总和，全球仅次于苹果、谷歌和微软，甚至超过了波音和迪士尼等老牌企业。由于 1 万多名阿里员工持有股票，此次上市造就了 1 万多名千万富翁。此前上市的百度只有 50 名千万富翁，240 名百万富翁，因此阿里巴巴创造了国内 IT 企业的造富神话。

在中国式现代化进程中，中国的行政领导者“必须坚持解放思想、实

---

① 尼克松．领袖们[M]．刘湖，等，译．北京：知识出版社，1985：27.

事求是、与时俱进、求真务实，一切从实际出发，着眼解决新时代改革开放和社会主义现代化建设的实际问题，不断回答中国之问、世界之问、人民之问、时代之问，做出符合中国实际和时代要求的正确回答，得出符合客观规律的科学认识，形成与时俱进的理论成果，更好指导中国实践”①。

对于行政领导而言，政治能力在领导干部的概念能力中是第一位的。政治能力是把稳治理方向的关键所在。② 担任领导职务，负责一方面工作，必须做到：观察分析形势要把握政治因素，筹划推动工作要落实政治要求，处理解决问题要防范政治风险。高素质专业化干部队伍建设突出政治标准，这是由政党的政治属性决定的，是保障政党团结统一、实现政治主张和政治目标的必然要求。中国共产党作为有着崇高政治理想、鲜明政治立场的马克思主义政党，讲政治是其本质特征和根本要求。毛泽东指出，政治是主要的，是第一位的，干部要又红又专。习近平新时代好干部标准和要求，归结起来就是首先要在政治上达标，选人用人首先要看政治素质，强调干部的政治忠诚、政治定力、政治担当、政治能力和政治自律。③

第二节　领导技能模型

自 20 世纪 90 年代开始，在美国国防部支持下，曼福特和同事们基于对 1800 多名军官的抽样所做的多项研究，提出了以技能为基础的领导绩效模型，该模型为理解组织环境中领导者绩效提供了一个能力视角，关注技

① 习近平．高举中国特色社会主义伟大旗帜　为全面建设社会主义现代化国家而团结奋斗：在中国共产党第二十次全国代表大会上的报告[M]．北京：人民出版社，2022：17－18.

② 梁璐慧．党员干部政治能力、专业能力“双提升”的路径探析[J]．理论观察，2022(4)：42－46.

③ 王懂棋．建设适应时代发展要求的高素质专业化干部队伍[J]．中国党政干部论坛，2018(8)：36－39.

能、知识及其在领导者职业生涯中的发展和表现。模型包括能力、个人特质、领导绩效、职业经验和环境影响5个构成要素。他们试图从回答“个体必须具备哪些能力才能有效地履行组织领导角色”这个问题中，得出领导力取决于复杂技能的互动组合的结论。①

一、领导绩效模型概述

在曼福特等提出的领导者绩效模型中，技能被看作个人特质和职业经验互动产生的一项持续发展的能力（见图6-2）。这些发展能力（知识和技能）对领导绩效的影响与特质相比更加直接。模型中的领导力是基于个人解决在承担组织领导角色中遇到的复杂、新颖和模糊问题的能力。领导者绩效基于3种关键技能：复杂问题的解决技能、解决方案构建技能和社会判断技能。可行的解决方案是在组织环境中有效的解决方案，领导者要评估解决方案在组织环境中的影响。技能和知识结构不是在真空中产生的，它们的发展取决于一套复杂的能力、动机和人格特征。

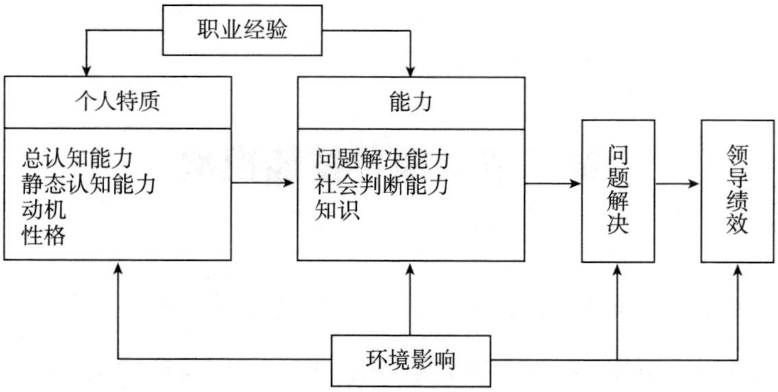

图6-2　领导特征对领导者绩效的影响

资料来源：Mumford M D, Zaccaro S J, Harding F D, et al. Leadership skills for a changing world: Solving complex social problems [J]. The Leadership Quarterly, 2000, 11 (1): 11-35.

① Mumford M D, Zaccaro S J, Connelly M S, et al. Leadership skills: Conclusions and future directions[J]. The Leadership Quarterly, 2000, 11(1): 155-170.

影响领导技能的个人特质有4种：

一是一般认知能力，即智力，与遗传有关。

二是静态认知能力，即通过实践学习获得的智能。正常的成年人的这种认知能力会不断增长，一般不会在成年期衰退。例如，理解复杂信息、学习新技能和知识的能力以及与他人进行交流的能力，曼福特等主要测量了口头推理、发散思维、写作和创意写作等4个方面。

三是动机，领导成长要愿意去领导、愿意展现出控制力和愿意为组织的利益做出贡献等，曼福特等主要测量了成就动机、权力动机和责任性等3个方面。

四是性格，任何能帮助人们应对复杂环境的个性都与领导者的表现有关。技能可以帮助个体被提拔到领导岗位，但性格是扮演好领导角色、发挥领导作用、获得职务晋升的关键。良好的品格能让个体有足够长的时间来发挥技能。曼福特等采用外向/内向、理性/直觉、思考/感觉、认知/判断、开放性、自我弹性等6个维度来测量性格。

领导力一法则就是：看不见的东西比看得见的重要！

1912年4月14日，那艘号称永不沉没的巨型豪华游轮曾5次收到冰山警报，次日凌晨，第6次警报再次发出："注意，有冰山！"可电报员却回话："闭嘴，我正忙着呢！"仅仅30分钟后，巨轮开始下沉，数千名乘客与船员葬身冰冷的大西洋底。

为什么泰坦尼克号会沉没？因为人们忘记了冰山所揭示的原理。他们看到的冰山水面以上的那部分是不会让巨轮沉没的，但不幸的是，冰山的大部分隐藏在水面以下。冰山代表领导者的领导力，那么水上的10%代表你的能力，水下的90%代表你的性格。真正把船弄沉的，正是水下的那部分。

环境通常是不受领导者控制的，技能模型没有给出具体列表，但是承认环境的存在确实会影响领导者的表现。

领导者在职业生涯中获得的经验，影响他们解决复杂问题的知识和技能。领导者可以通过分配有挑战性的工作、师徒制度、适当的培训以及在解决新的、罕见问题的实践经验中得到帮助。职业经验还能影响领导者个性。随着晋升到更高层级，领导者在组织里解决越来越复杂的问题，所以他们的技能和知识是通过对其职业经验总结而得来的。

领导绩效可以两个密切关联的方式进行评价：一是解决问题的质量；二是领导者所取得的职业成就。有效问题解决的标准是由解决模糊问题的创新性以及问题解决方案的质量决定的。领导者所取得的职业成就由上级评价和自我报告评估，职业成就需要客观的、有据可查的参考依据，如获得晋升、加薪或者表彰等。①

考　察

乌落县的县委书记因为突发疾病去世了。县委书记一职是由县长秦微彦还是由县委副书记王远建担任呢？市委书记张细卓决定借考察经济运行情况为名到该县对这两人再了解一番。

张细卓到乌落县的第一天，让县长秦微彦陪同考察。县长秦微彦陪同张细卓刚出县政府大门，不知道从哪里冒出来一个12岁左右的孩子，缠住了县长秦微彦："秦县长，给我个钱。"

"你怎么知道我是县长？"

"别人跟我说的。我一天都没吃饭了。"

① Zaccaro S J, Mumford M D, Connelly M S, et al. Assessment of leader problem - solving capabilities[J]. The Leadership Quarterly, 2000, 11(1): 37 - 64.

“呵呵，给你，谁叫我是县长呢?”秦徽彦从兜里掏出了10元钱递给这个孩子。

“我看见你不是有100元嘛，我回家还得给我奶奶买东西吃哩。”

“呵，你还真能找理由!”市委书记在跟前，秦徽彦好不尴尬，又从兜里掏出100元才算打发这个孩子去了。

第二天，张细卓让县委副书记王远建陪同考察。颇具戏剧性的是，昨天纠缠秦徽彦的那个孩子在县政府门口又缠住了王远建：“王书记，给我个钱。”

“你知道我是书记?”

“别人跟我说的。我一天都没吃饭了。”

“呵呵，会给你的。刘秘书，你过来。”

王远建对刘秘书私语了一会儿，让他带着这个孩子走了。

张细卓很好奇王远建对刘秘书说了些什么，就问王远建。

王远建说，他对刘秘书交代了四点：第一，领着这个孩子吃点饭，问一下他家是哪里的；第二，送这个孩子回家，并了解一下这个孩子和他家的实际情况；第三，督促这个孩子的家长及时送他到学校上学；第四，如果这个孩子上学确实有困难，可让有关部门帮助解决。

张细卓心里有了底。①

二、领导技能模型主要内容

领导意味着需要解决复杂的社会问题。领导问题与常规问题不同：一是定义不清晰，组织充满复杂、冲突和变化，领导者面临的问题没有简单的解决方法，甚至时间紧迫、信息不足，很难弄清组织面临的问题到底是什么，该如何设立目标；二是新颖，面对新的、不断变化的情况，保持灵

① 张英超．考察[J]．领导科学，2020，1(上)：122.

活性对领导者而言非常重要。现实世界里，领导者面对复杂、新颖、信息不充分、时间紧迫、要求众多的问题，很难按部就班地分析研判，他们经常利用一些捷径、模型来解决问题（见图6－3）。

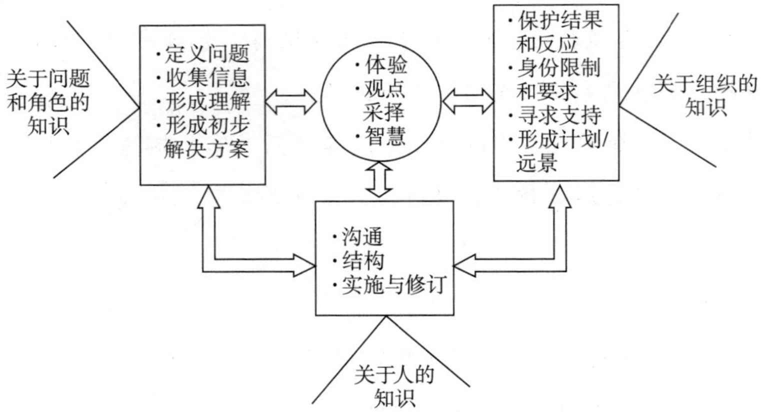

图6－3　领导解决问题过程中所需要的能力和知识

资料来源：Mumford M D, Zaccaro S J, Harding F D, et al. Leadership skills for a changing world: Solving complex social problems [J]. The Leadership Quarterly, 2000, 11 (1): 11－35.

领导的能力体现在解决复杂社会问题的效果上。问题解决能力、社会判断能力和知识等处于技能模型的中心位置，是解释有效领导的关键因素。

（一）问题解决能力

问题解决能力指领导者创造性地解决新的、不同寻常的和不明确的组织问题的能力。这些能力包括能确立重大问题、收集问题信息、重新理解问题并为解决问题提出最初计划。为此，领导要善于到基层开展调查研究，要有“躬身入小局，俯身跑一线”的基本功。

例如：汉初的开明专制。威风八面、显赫一时的大秦王朝在历史上只存在了15年，秦为什么失败？汉如何才能成功？

确立重大问题

西汉初年的统治者一定想过这个问题，结论是“仁义不施”。几乎所有人都认为秦实行的是暴政。

收集问题信息

所谓暴，包括横征暴敛、焚书坑儒、滥杀无辜、苛法酷刑。秦代执法既严，行刑亦酷，而且名目繁多。比如律当族灭者，要先黥（又叫墨刑，即在犯人脸上刺字涂墨）、劓（割掉鼻子）、刖（斩去脚趾），然后活活打死，再砍下脑袋，最后在刑场上当众剁成肉泥，简直惨无人道。

重新理解问题

秦是从武力社会向权力社会的过渡，还没学会如何正确和娴熟地使用权力，这种非典型暴力，不需要动用武力就可以达到自己的目的，甚至达到暴力所无法达到的目的。善用权力者不轻露杀机，上层统治者学习使用权力，下层老百姓需要学习适应权力。暴秦的统治让人们无不怀有切肤之痛，心有余悸，记忆犹新，汉初的开明专制也是别无他法。一个替代他人行使绝对权力的集团，如果不给人民一点实实在在的好处，恐怕自己也说不过去。正如黄仁宇先生在《赫逊河畔谈中国历史》一书中所说，他们执掌的皇权，除了“奉天承运”和“为民服务”之外，找不到一个能够更好支持其存在和作为的逻辑。一个王朝无论最后是否走向专制，其开国之初，也总是会有一段时间相对节俭和宽松的。

为解决问题提出计划

于是高明的汉高祖刘邦，就做出了两个聪明的决定：一是约法三章，将秦代名目繁多的刑律简约到“杀人者死，伤人及盗抵罪”这么一句话；二是最大限度减轻人民的负担，与民休息。那时连皇帝都配不齐由4匹纯色骏马驾驶的专车，文武百官甚至只能坐牛车，艰苦朴素，以身作则，克己奉公。汉初地税不过十五分之一，景帝时又减到三十分之一，不满千钱的贫困户还能得到国家救济。文帝刘恒和景帝刘启，轻刑减税，求贤臣，恭俭无为，不事更张，创造了安定繁荣的局面，史称“文景之治”。

（二）社会判断能力

社会判断能力指理解人和社会制度的能力，这种能力帮助领导者和其他人一起解决问题，以及为组织内实施变革寻求支持。领导所提出的解决方案必须在特定的社会背景下实施，因此方案要在组织环境下不断修订以确保其可操作性，这就让理解和监控社会动态成为一项关键的领导技能。社会判断能力包括以下 4 个方面：

第一，观点采择（perspective - taking），对他人观点和目标的敏感，这是一种智慧，包括自我客观性、自我反思、系统感知、解决方案匹配意识、不确定性条件下的判断以及系统承诺。例如，一只鼬鼠要与一只狮子决战，狮子果断地拒绝了。鼬鼠说："你害怕了吗?" 狮子说："如果答应你，你就可以得到曾与狮子比武的殊荣；而我呢，以后所有的动物都会耻笑我竟和鼬鼠打架。" 对他人的观点和目标敏感，领导者才能不被不重要的人和事过多打搅，抓住主要目标，不把时间浪费在无谓的琐事上。

第二，社会洞察力（social perceptiveness），能够洞察需求、目标、要求和不同组织群体问题的复杂技能。社会洞察力帮助领导者识别出现的问题、他人对问题解决方案的潜在影响和组织群体的要求。如一位富豪选妻，有 3 个人选，富豪给了 3 位女子各 1000 元，请她们把房间装满。第一个买了很多棉花，装满了房间的 1/2；第二个买了很多气球，装满了房间的3/4；第三个买了蜡烛，让光充满房间。你们觉得富豪会选谁? 最终，富豪选了长得最漂亮的那个。这个故事告诉我们了解人的真实需求很重要。世事洞明皆学问，人情练达即文章，非阅历与阅读不能及也。

第三，行为的灵活性（behavioral flexibility），领导者在理解他人的基础上还要调整自己的行为来适应他们感知到的他人的要求。例如，一个人去超市买薯片，一罐 8. 8 元，口味各不相同，但是一组 3 罐只要 17. 8 元，包含 3 种口味。这个人大概率会买什么呢? 大概率会选择买一组。这就是商家了解客户追求物美价廉需求而设计的销售策略，既满足了顾客的需求，也卖出了更多的货物。

第四，社会表现（social performance），包括说服、交流、协商和冲突管理及教练技能。领导者能够赢取团队共识，让追随者接受远景或者提出的问题解决方案。例如，夫妻逛商场，妻子看中一套高档餐具，坚持要买，丈夫嫌贵，不肯掏钱。导购一看，悄悄对丈夫说了一句话，他一听马上就掏钱。是什么让他立马转变态度呢？导购对丈夫说："这么贵的餐具，你太太是不舍得让你洗碗的。"人的观念没有什么不可改变，关键是角度，要善于揣摩人的心理。

（三）知识

领导者在能够多大程度上应用技能依赖于他们在问题领域所拥有的专业知识和相关知识，包括工作、组织、商业和人等各个方面，如判断事情的轻重缓急、识人用人、时间管理、资源分配、善于学习并保持在领域前沿等。领导者借助知识构建问题的关键部分、识别关键信息源、提出并评估解决方案、识别关键实施方案时，必须考虑相关限制和约束等。

知识是指积累信息和用来组织这些信息的智力结构，是对复杂的、用于学习和组织数据的模型进行分类的结果。知识在于分类，一个人的信息分类体系越科学，他的知识积累就会越有效。知识影响领导者确定复杂的组织问题和解决这些问题的能力，知识丰富的人会比知识贫乏的人拥有更复杂的组织结构，某领域知识渊博的人被称为专家。

知识会对领导如何解决问题产生积极的影响，正是知识和专长让人们有可能去考虑复杂的制度问题，并为合适的变化确定可行的战略。领导者解决问题需要储备与手头任务、组织和与之共事的人相关的知识。对事物的认识发生变化会重塑我们的思维，让我们重新审视自身以及我们所从事的工作。

2022 年 12 月 21 日，杭州市新冠疫情防控工作第五十九次新闻发布会上，杭州市文化广电旅游局钱副局长提到，市和区县防控部门储备建设了一批"健康之家"，没有居家隔离条件的感染者可以申请使用。

据发布会上介绍，杭州已经储备建设了75个点，共16030间隔离用房，市民如果发现自己是无症状感染者或轻型病例，可以向所在社区（村）进行申请，由属地防控办进行综合研判评估以后，明确具体的“健康之家”的点位，并由所在乡镇街道和社区通知申请人。住宿费不高于正常经营市场价，餐费以不高于每人每天100元标准来执行。[①]

疫情防控措施放开之后，全国各地纷纷出现医疗资源挤兑现象，杭州市的做法无疑一举多得：一是满足居民需求，为不具备居家隔离条件的患者提供了隔离地点，减少家庭成员之间的相互感染风险；二是避免医疗资源挤兑，无症、轻症患者可以在这里得到少量药物以及医疗照顾；三是缓解财政压力，“健康之家”由原来的隔离点转化而来，有酒店、健康驿站、人才公寓等，按照不高于正常经营市场价提供给居民减轻了财政集中隔离管控的负担。

三、模型评价

技能模型通过描述领导者行为的五大要素来分析领导的能力，技能模型的核心是3种能力：问题解决能力、社会判断能力和知识。在有效解决问题和行为上，尽管个人特质、职业经验和环境影响对领导者的能力都有影响，但是这3种能力起着主要作用。

技能模型没有笼统地解释领导行为，而是用复杂的模型和要素来定义领导。该模型强调发展特殊领导技能的重要性，直觉上能引起人的共鸣，人们学习或者发展能力都能成为领导者。传统的领导教育项目教授的创造性解决问题、冲突管理、倾听和团队工作等反映了技能模型的诸多要素，为领导力开发项目提供了一个参考模板。

领导绩效模型也存在一些问题：首先，涉及的变量和假设比较多，然

① 黄伟芬．杭州推出“健康之家”无居家隔离条件的感染者可申请使用[EB/OL]．(2022－12－23)[2023－7－29]．https://zjnews.zjol.com.cn/zjnews/hznews/202212/t20221223_25219904.shtml.

而，没有一组研究可以检验解决领导成功这个复杂现象的所有能力。例如，领导者的信念和价值观，可以影响领导者如何解释所遇到的组织问题、它在组织系统中的影响以及其他人可能的反应。其次，模型假设领导者拥有必要的知识和技能并知道何时、何地以及如何将其应用于影响周围人和组织利益最大化，这些假设成立也需要前提条件。最后，技能的可推广和可转移性存在挑战。如问题解决能力、社会判断能力等从一个组织环境转移到另一个组织环境的可行性有多大；不同层级的领导者扮演的不同领导角色对技能的要求有何差别。

第三节　其他领导能力

领导者的能力是个体所拥有的技能、特质、动机、价值观和知识等与组织、组织目标、人和其他利益相关者的相关程度。①

一、抗压能力

从事管理工作必然要面对来自个人和组织的多重压力。组织方面：绩效目标、上级无休止的要求、长期加班、人际冲突、千头万绪的工作安排等都会带来直接压力；个人方面：晋升期望、工作—家庭平衡、情绪调节等也会增加领导者的压力感受。

领导者承担着响应和协调各利益相关方需求的责任，在制定重要决策时缺乏充分信息和不确定结果会让他们承受很大的压力。有效解决问题需要保持冷静和对其持续关注，而不是惊慌失措、否认问题或者试图将责任

① Richard E Boyatxis. Beyond competence：The choice to be a leader[J]. Human Resource Management Review，1993，3(1)：1－14.

推给他人。抗压能力能够帮助领导者应对这些管理困境，让他们从容自若地制定最佳决策，在不确定性、复杂和动态的环境中为下属提供自信果断的引领。

二、学习能力

来自历史学、社会学、社会心理学等一致的研究结论是，领导需要根据特定的情境保持灵活性。作为组织蓝图的绘制者、组织文化的创建者、文化的维持者和变革的发动者，领导者承担着来自未来组织创新、构建、保持和变革的挑战。① 正如习近平总书记指出的："领导干部学习不学习不仅仅是自己的事情，本领大小也不仅仅是自己的事情，而是关乎党和国家事业发展的大事情。"② 因此，"学者非必为仕，而仕者必为学"。

领导者通过学习可以增强工作的科学性、预见性和主动性，在动荡的环境下灵活应变，从实践中学习、从错误中学习、改变思维预设以及优化自身的心智模式。学习能力不仅包括反省自我认知过程并寻找改进方式的能力，还包括自我意识，即对自身在技能和情绪方面存在的优势和劣势的认知能力。自我意识能够帮助领导者解决复杂问题、制定更好的决策、适应环境以及处置危机。能够很好地认识自己的情绪和动机，可以帮助领导者在压力环境下处理信息和制定决策，在面对挫折和阻碍时保持乐观。认识自己的行为及其对他人产生的影响。更容易吸取经验教训和做出客观的自我评价，并在此基础上发挥自身优势、取得管理绩效。

学习能力强的领导者思想开明，好奇心强，善于提问，勤于思考，爱钻研，自信，敢于积极寻求对自身优势和劣势的反馈。

---

① Edgar H Schein. The leader of the future[R]. Working paper prepared for the Drucker Foundation Volume on Leadership,1995,4.

② 2013 年 3 月 1 日，习近平在中央党校建校 80 周年庆祝大会暨 2013 年春季学期开学典礼上的讲话。

三、性格—能力纠缠

领导者的性格与能力之间存在动态的相互关系，性格—能力纠缠可以用来描述这种随着时间发展加强或者削弱的关系。根据性格、能力的高低，这种纠缠关系有 3 种典型情况。①

第一种，没有纠缠关系：高度发展的能力与低度发展的性格。一些行政领导者工作能力突出，但个人品行不端，贪污腐败、生活奢靡，最终违法违纪。例如，云南省教育厅原厅长罗某退休后因严重违纪被开除党籍，降低退休待遇，但仍无悔过之心。作为网络大 V 公开发表有严重政治问题的言论，违规参与营利性活动，生活腐化堕落等，被依规取消退休待遇并将其以涉嫌犯罪问题移送监察机关依法审查起诉。

第二种，低度纠缠关系：性格与能力并存，但未彼此绑定，性格和能力在决策时独立起作用。在一些时间和场合，领导者倾向于从性格角度考虑决策，如思考该决策与“我想成为什么样的人”是否一致；在另一些时间和场合，领导者倾向于从能力角度考虑决策，如问自己决策是否能够实现工作目标并且令群众满意。据不完全统计，截至 2022 年 6 月底，活跃在互联网上的新疆文旅局长有 25 人，他们以自己的热情和创意从旅游、人文、美食等角度全面展示新疆的美丽与魅力。

第三种，高度纠缠关系：性格和能力深度互联、相互加强。在高纠缠情况下，领导者性格和领导者能力高度发展，不仅共存，而且存在深刻而持久的相互关联与相辅相成的关系。在任何时候、任何情况下，领导者都可以利用性格和能力，领导性格也会在日常工作和生活中得以磨炼。例如，以谦逊的方式领导、以富有同情心的方式裁员等。性格与能力的紧密联系最终会带来非凡的绩效。

---

① Rachel E S, Dusya V, Mary C. The entanglement of leader character and leader competence and its impact on performance[J]. The Leadership Quarterly, 2017, 28(3): 349 - 366.

每个领导者都可以在日常生活和工作中有意识地培养自己的性格和能力，利用自然产生的学习机会来塑造自己的性格，从而结合自身能力以便取得长期成功。

[本章小结]

领导的有效性取决于领导者解决复杂组织问题的能力，在此基础上研究形成了综合的、以技能为基础的领导模型。

罗伯特·卡兹提出有效管理依赖3种基本的个人技能：技术技能、人际技能和概念技能。领导者可以通过学习和培训提高这些技能。

曼福特和同事们提出了以技能为基础的领导绩效模型，该模型为理解组织环境中领导者绩效提供了一个能力视角，关注技能、知识及其在领导者职业生涯中的发展和表现。模型包括能力、个人特质、领导绩效、职业经验和环境影响5个构成要素。

领导的能力体现在解决复杂社会问题的效果上。问题解决能力、社会判断能力和知识等处于技能模型的中心位置，是解释有效领导的关键因素。

问题解决能力指领导者创造性地解决新的、不同寻常的和不明确的组织问题的能力。这些能力包括能确立重大问题、收集问题信息、重新理解问题并为解决问题提出最初计划。

社会判断能力指理解人和社会制度的能力，这种能力帮助领导者和其他人一起解决问题，以及为组织内实施变革寻求支持，包括观点采择、社会洞察力、行为的灵活性和社会表现等4个方面。

知识是指积累信息和用来组织这些信息的智力结构，是对复杂的、用于学习和组织数据的模型进行分类的结果。

其他能力包括抗压能力、学习能力和性格—能力纠缠等。

[关键词]

概念技能；人际技能；技术技能；3 种技能模型；领导技能模型；问题解决能力；社会判断能力；知识；抗压能力；学习能力；性格—能力纠缠

[思考题]

1. 简述卡兹的 3 种技能模型及其评价。
2. 人际技能的要素是什么？
3. 概念技能的主要内容和意义是什么？
4. 简述领导技能模型的主要内容及其评价。
5. 领导者的问题解决能力体现在哪些方面？
6. 简述领导者的社会判断能力的意义和内容。
7. 其他影响领导有效性的能力有哪些？

[参考文献]

[1][美]加里·尤克尔．组织领导学(第 7 版)[M]．丰俊功，译．北京：中国人民大学出版社，2015.

[2][美]尼克松．领袖们[M]．刘湖，等，译．北京：知识出版社，1985.

[3]梁璐慧．党员干部政治能力、专业能力“双提升”的路径探析[J]．理论观察，2022(4)：42－46.

[4]林峰．李彦宏，能否担得起“夸夸之歌”[J]．环球人物，2019(11)：10.

[5]王懂棋．建设适应时代发展要求的高素质专业化干部队伍[J]．中国党政干部论坛，2018(8)：36－39.

[6]习近平．高举中国特色社会主义伟大旗帜　为全面建设社会主义现代化国家而团结奋斗——在中国共产党第二十次全国代表大会上的报告[M]．北京:人民出版社,2022.

[7]Edgar H. Schein. The leader of the future[R]. Working Paper Prepared for the Drucker Foundation Volume on Leadership, 1995,4.

[8]Mumford M D, Zaccaro S J, Connelly M S, et al. Leadership skills: Conclusions and future directions[J]. The Leadership Quarterly, 2000, 11(1): 155-170.

[9]Rachel E. Sturm, Dusya Vera, Mary Crossan. The entanglement of leader character and leader competence and its impact on performance[J]. The Leadership Quarterly,2017,28(3):349-366.

[10]Richard E, Boyatzis. Beyond competence: The choice to be a leader [J]. Human Resource Management Review,1993,3(1):1-14.

[11]Zaccaro S J, Mumford M D, Connelly M S, et al. Assessment of leader problem-solving capabilities[J]. The Leadership Quarterly, 2000, 11(1): 37-64.

第七章

领导行为

[本章要点]

1. 领导行为的分类。
2. 密歇根大学的研究。
3. 俄亥俄州立大学的研究。
4. 布莱克和穆顿的管理方格。
5. 具体的关系行为与任务行为。

[引　例]

提升部门凝聚力

张绯是一所双一流大学的学生处处长。部门有 10 多个人，3 位副处长向她直接汇报工作。她是在这所学校逐步成长起来的，在接替退休的老处长走上正职岗位之前，在副处长的位置上工作了 5 年时间。

张绯第一年花了很多时间提升部门凝聚力，相比之前处长将大把时间花在传统项目和监督财务目标上，她更关注部门的情绪、氛围和理念。她制订了新的部门会议计划，目的是让每个人都能分享自己的想法和意见。重要事项她会虚心跟其他两位同事商量，充分尊重他们的资历和资格。她经常组织团建活动，培养部门的团队精神。她利用自己掌握的信息，让部门的副职和年轻人有更多机会外出参加培训和交流。每周，她还会非正式地与 3 位副处长交流他们的工作情况、开展工作的经验，以及需要她提供哪些帮助。

部门大多数员工对张绯第一年的领导工作给予了积极评价。她爱笑、有活力，工作有闯劲，待人和善。几年前形成的懒散、守旧的气氛逐渐开始转变，部门有了生机和活力。他们发现彼此间交流增多了，抱怨减少了。

20 世纪 40 年代是领导学研究领域非常重要的时期。对领导特质理论研究的不满，让俄亥俄州立大学以史托迪（Stogdill）、夏托（Shartle）和海姆菲尔（Hemphill）领导的一群研究者开始揭示有效领导的行为指标。[①]俄亥俄州立大学、密歇根大学的研究团队以及布莱克和穆顿分别开展研究，探讨领导如何发挥作用。他们的研究是风格研究思想的典型代表，通过他们的研究我们可以清晰地理解领导风格的基础和内涵。领导风格强调领导者的行为，只关注领导者做了什么，是怎么做的，包括在不同情境中领导者对待下属的行为。

第一节　领导行为的分类

不同研究者在确认哪些行为与领导有效性相关时，提出了各种与领导相关的行为概念和分类方法，于是出现了同一种行为用不同的术语表示；一位学者用一种类别表示，另一位则可能分为两三种不同的类别；一种分类中被视为关键行为，另一种分类中却没有出现同等情况。在这些分类中，比较有代表性的有弗莱希曼提出的四维模型、约克尔的三维模型以及俄亥俄州立大学和密歇根大学提出的经典的双因素二分法。前两种在这里做简要介绍，后一种在接下来的章节里着重介绍。

一、分类多样性来源

分类的多样性出现的主要原因在于：一是研究者在对现实世界进行抽象并使之产生意义时的出发点不同，有些旨在推动管理效能研究而进

① Judge T A, Piccolo R F, Ilies R. The forgotten ones? the validity of consideration and initiating structure in leadership research[J]. Journal of Applied Psychology, 2004, 89(1): 36.

行分类，有些则旨在描述观察到的管理活动的类别。二是研究者将观察到的事件概括成行为类别时，抽象层次有宽有窄，如表 7－1 所示。三是研究者所采用的研究方法不同，大部分研究采用的是因素分析法，还有少量采用理论推导法、基于观察材料而采用分类判断法或者混合方法。总之，行为分类的行为数量、概念和范畴在抽象之后呈现出五花八门的状况。

表 7－1　不同抽象层次的行为实例

宽泛、抽象的类别	任务导向的行为	
中档	明晰角色	监督
具体、狭义	设定目标	查看设施
观察的事件	管理者确定目标，在 3 月 1 日前销售收入增长 10%	管理者走进新商店，看是否已经为开业做好准备

资料来源：加里·尤克尔．组织领导学（第 5 版）［M］．丰俊功，译．北京：中国人民大学出版社，2015：62.

二、四维模型

如图 7－1 所示，弗莱希曼等（Fleishman et al.，1991）列举了 1940—1986 年 65 种他人对领导行为的分类方法，然后在“领导行为是成功解决社会问题以实现组织目标”的定义之下，将领导行为分为了 4 种：搜寻和组织信息行为、使用信息解决问题行为、人事管理行为和物资管理行为。① 因为人员使用和物资分配的决定取决于组织目标、环境和变革过程的条件，因此信息的获取和组织为问题解决方案和可行影响方式的生成提供了依据。图 7－1 表明了领导行为各子维度之间的相互依赖性，也表明领导行为是一种综合的、复杂的，具有组织适用的绩效导向特征。任何一环无法取得令人满意的表现都将使领导者的影响力减弱。

① Fleishman E A, Mumford M D, Zaccaro S J, et al. Taxonomic efforts in the description of leader behavior: A synthesis and functional interpretation[J]. The Leadership Quarterly, 1991, 2(4): 245－287.

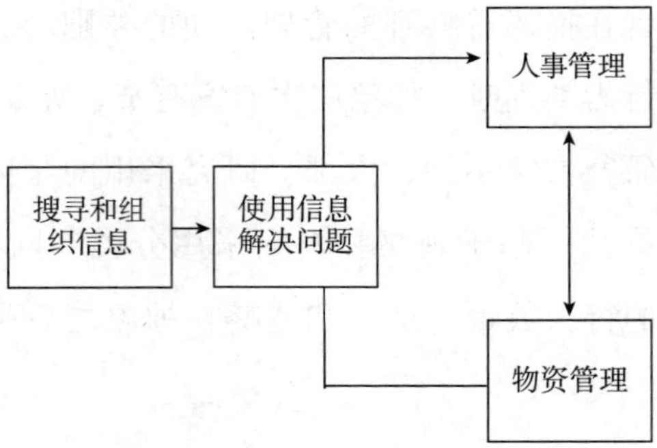

图 7 - 1　领导行为 4 个维度的内在联系

资料来源：Fleishman 等（1991）。

三、三维模型

在领导行为双因素二分法的基础上，20 世纪 80 年代，人们发现了变革导向的行为，但变革导向行为并未被明确地看作一种独立维度，后来瑞典（Ekvall and Arvonen，1991）和美国（Yukl，1997，1999a）学者在 20 世纪 90 年代各自独立地发现了变革导向行为，这一元范畴的确认扩展了早期的领导行为研究，也为理解有效领导提供了重要见解。

任务导向的行为主要涉及以高效和可靠的方式完成任务。关系导向的行为主要涉及增加相互信任和合作、提高工作满意度和增加对组织的认同。变革导向的行为主要涉及认清组织环境、为适应环境找到创新方式以及在战略、产品或者过程方面实现重大变革（见表 7 - 2）。任何具体行为都可以在三维空间中找到，能够在一定程度上反映其与任务效率、人际关系和适应性变革的相关性。

表 7－2　任务导向、关系导向和变革导向行为实例

<table>
<tr><th>任务导向行为</th><th>变革导向行为</th></tr>
<tr><td>组织工作活动以提高效率
规划短期活动
为团体或个人指派工作
阐明期望的任务结果
为任务绩效设定具体的目标和标准
解释操作程序的规则、政策和标准
指导和协调工作活动
监督业务和绩效
解决干扰工作的即时性问题</td><td rowspan="3">监控外部环境，发现危险和寻找机会
对事件做出说明、解释变化的迫切需要
对竞争者和外部人员进行研究，获取改进想法
为组织设想新的发展潜力
鼓励员工以不同的方式看待问题或机会
制定与核心竞争力相关的创新战略
鼓励和促进组织的创新与创业精神
在团队或组织中鼓励和促进集体学习
为实现目标尝试新方法
实施与新愿景或新战略相一致的象征性变革
鼓励和促进执行重大变革
宣告和庆祝执行变革的进步
影响外部人员，使之支持变革，与他们协调并达成一致意见</td></tr>
<tr><th>关系导向行为</th></tr>
<tr><td>为承担艰巨任务的人提供支持和鼓励
表示对一个人或团体能够完成艰巨任务充满信心
与他人交往以建立人际关系
承认贡献和成就
在需要时与下属正式谈话并提供指导
在做出影响他人的决策时咨询他们
允许他人决定工作的最佳方式
使他人知晓影响他们的行动
以建设性方式帮助解决冲突
通过运用标志、典礼、仪式和故事构建团队认同感
为团队或组织录用有能力的新成员</td></tr>
</table>

资料来源：加里·尤克尔．组织领导学（第 5 版）［M］．丰俊功，译．北京：中国人民大学出版社，2015：64－65.

第二节　密歇根大学的研究

密歇根大学调查研究中心的研究者在开展团队中的人际关系项目时，试图通过实地研究来探索影响工人生产力和士气的条件与诱因。通过对工作企业、军事机构、政府机构等的多次研究，研究者发现领导行为对团队的影响：那些在领导角色上投入时间更多的领班手下工作的人不仅生产记录更高，而且对公司的满意度更高。无论士气高昂与否，员工都会报告管理者加强制度和关注生产，但是，士气高昂的员工还会报告他们的管理者做出诸如在岗培训、推荐晋升或者转岗、沟通与工作和公司相关的信息等行为。

主管发挥不同作用的能力、授权程度或者监督的密切程度、支持性或员工导向的质量以及团队凝聚力的大小这4个变量，始终与团队的生产力和团队成员的心理感受相关。其中，主管通过两种途径影响员工生产：一是生产导向，关注如何完成工作任务的计划或者技巧，直接影响产出；二是员工导向，对待下属时非常重视与下属的关系，从人性的角度去关怀员工，尊重员工的个性，特别关注他们的个体需要（见图7－2）。主管通过人际关系技能可以提高或者降低员工的生产动机，间接影响生产。[①]

员工喜欢在工作中拥有权力和职责，愿意接受上级的一般监督而非密切监督。管理者如果想要提高生产力，最好花更多时间进行一般监督而非密切监督，要以员工为导向而不是以生产为导向。[②]

密歇根大学的研究者在最初的研究中把员工导向行为和关系导向行为看作一个连续体的两端，但是随着更多研究的完成，研究者开始认为员工导向行为和生产导向行为是两种独立的领导倾向，领导者会同时具有员工导向行为和生产导向行为。

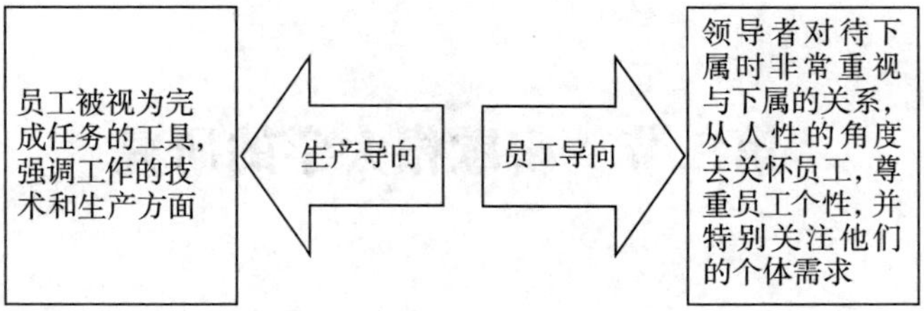

图7－2　生产导向与员工导向

① Kahn R L, Katz D. Leadership practices in relation to productivity and morale[M]. Ann Arbor, MI: Institute for Social Research, University of Michigan, 1952.

② Katz D, Maccoby N, Morse N C. Productivity, supervision, and morale in an office situation: Part I [M]. New York: Institute for Social Research, University of Michigan, 1950.

第三节　俄亥俄州立大学的研究

美国俄亥俄州立大学工商研究所的一组研究人员在领导特质研究没有取得有用结果的情况下，决定去分析个人在领导团队或者组织的时候是如何表现的。他们的研究分为两个阶段：第一阶段是开发可靠的研究工具以测量领导行为、态度和期望，如领导行为描述问卷（supervisory behavior description questionnaire）[①] 和领导意见问卷（leadership opinion questionnaire）；第二阶段运用这些工具调查一些具体的行业领导问题。[②]

俄亥俄州立大学的研究者为管理学和组织行为学领域，特别是领导力研究领域做出了贡献。他们开发了领导行为描述问卷、领导意见问卷等研究工具，使用跨学科方法来研究领导现象，始终如一地进行高质量研究，帮助领导领域研究重点从通用特质理论转移到更具情境性的行为理论。[③]

一、定规行为与关怀行为

弗莱希曼等（1953，1962）通过领导行为描述问卷发现两类基本领导行为类型：关怀行为（initiating structure）[④] 和定规行为（consideration）。[⑤]

---

① supervisory behavior description questionnaire，缩写为 SBDQ，是 Fleishman 于 1953 年开发的，1963 年 Stogdill 修订后的 Leader Behavior Description Questionnaire（LBDQ – Form Ⅻ）在领导行为调查中使用最为广泛。

② Fleishman E A. Leadership climate, human relations training, and supervisory behavior[J]. Personnel Psychology, 1953, 6(2): 205 – 222.

③ Schricsheim C A, Bird B J. Contributions of the Ohio state studies to the field of leadership[J]. Journal of Management, 1979, 5(2): 135 – 145.

④ Fleishman E A. The description of supervisory behavior [J]. Journal of Applied Psychology, 1953, 37(1):1 – 6.

⑤ Fleishman E A, Harris E F. Patterns of leadership behavior related to employee grievances and turnover [J]. Personnel Psychology, 1962(15):43 – 56.

关怀行为，也叫关系行为，反映了领导关怀下属感受的程度，是以人际关系为中心，重视建立领导与团队之间相互信任、尊重和融洽的气氛。这不是一种肤浅的“拍拍背”“直呼其名”的人际关系，而是强调对团队成员需求的更深层次关注，包括允许下属更多参与决策和鼓励更多双向沟通等行为。关怀行为帮助下属对自我、他人以及对自己所处的环境感到舒适自在。领导传达一种“我信任、尊重、关心你”的信息，例如，在涉及下属的决策过程制定中征询其意见、说明决策意图等而非随意调整、告知。

定规行为，也叫任务行为，反映了领导定义或者帮助团队朝着目标实现而努力的程度，包括领导组织和定义团队活动及其与团队关系的行为。领导者定义了他期待每个成员承担的角色，分配任务，提前计划，确定完成工作的方法，并推动生产。定规行为以工作为中心，重视实现组织目标，领导者既确定了自己的任务，也规定了下级的任务，其中包括进行组织设计、确立工作目标、制订计划和工作程序、明确职责和关系、建立信息沟通渠道、批评、出主意、制定规章制度等。定规行为有助于目标的完成，它能帮助群体成员实现他们的目标。领导体现出的是一种实干精神，以结果、绩效为导向，用各种措施落实工作任务，能够干成事。

二、领导行为四分图

两种行为类型代表了领导行为的核心，也是领导风格的核心。在变革型领导理论提出之前，关系行为和任务行为被证明是最稳健的领导理念之一。研究者认为这两种行为是显著的、独立的，它们不是一个独立连续体的两点，而是两个不同的连续体。[①] 领导者运用某一种行为的程度与其运用另一种行为的程度没有关系。确定领导者如何更好地把任务行为和关系行为结合起来是风格理论研究者的中心任务。

---

① Fleishman E A. Leadership climate, human relations training, and supervisory behavior[J]. Personnel Psychology, 1953, 6(2): 205 - 222.

领导行为四分图是一种经典的领导行为理论，是其他理论的重要基础。根据领导者运用定规行为和关怀行为的高低，形成了四分图（见图 7－3）。

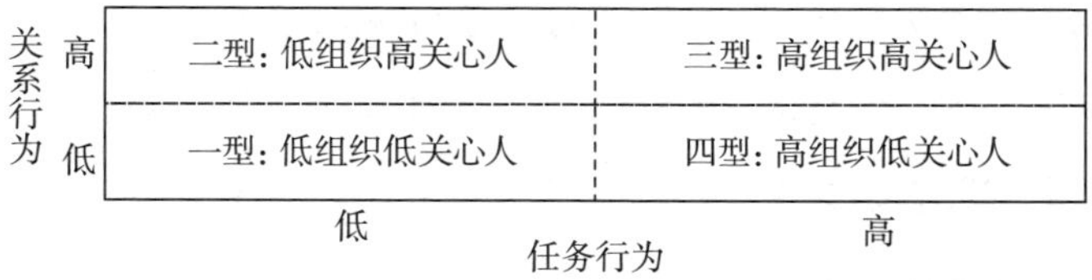

图 7－3　领导行为的四分图

一般认为：三型最有效，一型最无效，根据情境选择二型或四型。

多项研究表明，任务行为对下属的生产率、生产质量、满意度等没有明显的效果，但关系行为往往会带来更高的下属满意度和生产率。增加对管理者关系导向行为（如主动倾听、运用赞赏等）的训练之后，下属对这些主管的绩效评价明显提高了，员工的生产率、部门效率都得到了提高。①

关系导向的领导行为产生较高的工作满意度、团队协作和组织认同感；任务行为则可以更好地理解角色要求，更好地协调下属以及更有效地运用资源和人力。这两种行为对工作单位的整体绩效都至关重要，对一位有效的领导者而言，也都是必要的。然而，研究对“双高型领导更有效”这一假设的支持十分有限，日本研究提供了双高模式具有累加效应更为一致的支持，但倍增效应并未得到验证。②

数以百计的调查研究采用了俄亥俄州立大学的领导行为调查问卷及其修订版本，以此来研究领导行为与下属满意度或绩效之间的关系，学者们运用元分析检验这些研究结果，唯一明确一致的结论是关系行为与下属满意度之间呈正相关关系。任务行为和关系行为与领导结果之间存在中等强度关系，关系行为与追随者的满意度、动机和领导者有效性关系更强，任

① 加里·尤克尔．组织领导学（第 5 版）[M]．丰俊功，译．北京：中国人民大学出版社，2015：53.

② 加里·尤克尔．组织领导学（第 5 版）[M]．丰俊功，译．北京：中国人民大学出版社，2015：59－60.

务行为与领导工作绩效和小组组织绩效的关系略强。[1]

三、四分图的运用

1. 在下列情境中运用高关系的领导方式较有效

（1）当任务是例行的，任务本身对员工不能起到很好的激励作用时；

（2）当下级必须学习一些新鲜事物时；

（3）当下级希望参与决策时；

（4）当上级与下级的地位很接近时；

（5）当下级认为参与决策是受鼓励的，而且会影响自己的工作绩效时。

2. 在下列情境中运用高任务的领导方式比较有效

（1）工作任务本身具有激励作用；

（2）任务是新的；

（3）领导者手下的人超过 12 人时，即管理跨度较大时；

（4）由于领导者以外的原因，对工作要求有很大压力时；

（5）需要迅速做出决策时。

第四节　管理方格图

20 世纪 60 年代，布莱克和穆顿（1964）以四分图为基础，提出管理方格图。这是最著名的管理行为模型，经过他们多次改进和修订，这一模型已被广泛地应用于组织培训和发展中。

管理方格（managerial grid）理论被广泛地用来解释领导有效性，也被

① Judge T A, Piccolo R F, Illies R. The forgotten ones? the validity of consideration and initiating structure in leadership research[J]. Journal of Applied Psychology, 2004, 89(1): 36.

几个主要的工业组织用来开发人际能力和领导力。管理方格理论深受俄亥俄州立大学所提出的定规行为和关怀行为的影响，提出领导的有效性建立在两个方面：关心生产（concern for production）和关心人（concern for people）。根据这一理论，有效的管理者对任何生产都很关心。在日本，一项类似的行为研究项目构建了一个相似的双因素模型，被称为PM领导理论（Misumi and Peterson，1985）。

布莱克和穆顿的管理方格与弗莱希曼的四分图十分相似，被认为是相同或者至少是基本相同的模型变体，一些研究者认为前者源于后者，甚至两种模型可以互换使用。布莱克和穆顿辩称弗莱希曼的“高—高领导风格”很容易因概念原因被降低到狭隘的家长式领导风格，而不是两种领导方式的协同，而管理方格则使用态度维度代替行为维度，克服了这个问题。①

一、管理方格图的内容

领导者的行为可以分别从对人的关心程度和对生产的关心程度两个方面进行衡量。如图7-4所示，根据关系行为和任务行为两个维度可以画出一个9×9的方格图。

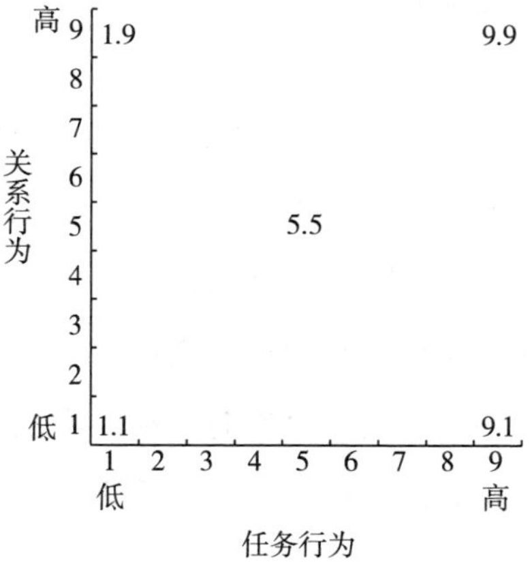

图7-4 管理方格图

① Molloy P L. A review of the managerial grid model of leadership and its role as a model of leadership culture[J]. Aquarius Consulting,1998,31:2-31.

其中，横坐标表示领导者对生产的关心程度，纵坐标表示领导者对人的关心程度。每条坐标轴划分为9等份，整个坐标系被平均划分为81个小方格。

任务行为是指领导者如何关心完成组织任务。它涉及广泛的活动，包括关心政策计划的制订、新产品开发、生产过程的问题、工作负担以及销售数量等。

关系行为是指领导者如何关心组织中正在努力完成目标的人，包括建立组织的内部责任感和信任、提高员工的自身价值、提供良好工作条件、维持公平的薪资结构以及促进良好的人际关系等。

二、五种典型的管理行为

根据管理方格图，有5种典型的管理行为：

（一）1.1型，又称贫乏型

管理者对员工和生产都几乎不关心，他只以最小的努力来完成必须做的事情。尽管担任领导职务，但领导者却很少作为，与追随者接触很少，常常被描述为冷漠、不负责任、听之任之或者无动于衷。当群体成员的素质都很高，都很自觉地为组织目标努力工作时，这种管理行为是有效的，否则，很容易导致失败。

常见类型有：一是缺乏领导意识，没有把自己当领导来看；二是无为而治的领导理念，如《道德经》中所写："太上，不知有之；其次，亲而誉之；其次，畏之；其次，侮之"。最好的统治者，人们不知道他的存在；其次的统治者，人民亲近他并且称赞他；再次的统治者，人民畏惧他；更次的统治者，人民轻蔑他。领导无为而治能够给高素质的员工足够的自主性、影响力和控制感，让他们体会到成功的自豪和喜悦，"功成事遂，百姓皆曰我自然"。

（二）9.1型，又称权威—顺从型

管理者集中全部力量关心是否完成了工作任务，工作绩效提高多少，

把人视作完成任务的工具，完全不关心员工的心理需求。此类型领导行为通常是控制、命令、强硬和压制甚至独裁。在短时间内，这种管理行为可能取得一定的效果，但时间一长，由于没有员工的支持，工作效率会一落千丈。

常见类型：一是青年领导追求事业，急于求成。国内某“211”高校中层干部主要用年龄较大、行政经历丰富的人，原因在于他们几乎没有晋升校级领导的希望了，做事会比较务实、避免冒进；同时一步一步走过来能够体谅广大行政人员的辛苦，不会瞎折腾。二是错误的领导观念，认为领导要有架子才有权威和神秘感，最好造个高台与下属保持距离。三是缺乏同理心，情商比较低，心里只有如何把事情做好，不考虑他人的感受。例如，某科研单位领导经常说，“我以做国家课题的态度来认真对待部门工作。很不理解部门有些同志事情还没做呢，怎么那么多牢骚”。四是自私，利用他人。

（三）1.9 型，又称俱乐部型

管理者把主要精力放在满足员工的需求方面，提高员工的福利待遇，或开展各种活动以得到员工的支持和拥护，极少注意健全规章制度、实行监督与控制。他们试图通过令人愉快的行为、乐于帮助、抚慰和不引起争论来创造一种积极的氛围。这类管理者往往深受员工的欢迎，但不受上级的支持，往往由于绩效上不去而不能持久。在员工素质较高的企业中可以局部运用。

常见类型：一是老好人型领导，怕得罪人，总想讨好员工，回避冲突。二是缺乏管人派活儿的技能，刚走上领导岗位，缺乏识人用人、分配资源和安排任务的技能与经验。三是能根据高水平团队选择服务与支持行为的领导，团队成员工作能力出色，能够独当一面，领导在任务完成方面给予充分的信任，将主要精力放在提升团队士气和凝聚力方面。例如，某高校计算机系的老师们很“佛系”，部门领导从外面拿到很多资源，想方设法给老师们提高待遇，也不反对他们在外兼职挣钱。领导对他们科研没什么要求，同事们在一起很开心，没有人为评职称烦恼，晋升不也是为了更好地生活吗？

（四）9.9 型，又称团队型

管理者对员工和生产都极为关心。他们对组织的目标和员工个人的目标都相当重视，既重视企业的规章制度、反馈系统、绩效评估，又重视企业文化、员工需求、协调人际关系。因此，他们往往有很高昂的团队精神，工作任务完成得很好，员工士气也很旺盛，企业有很高的凝聚力。这些词可以用来描述此类领导：激发员工的参与意识、行为坚决、让问题公开化、工作重点清晰、前后一致、行为开发、喜欢工作等。

团队型领导高度自律、高情商，有工作激情。例如，某高校财务处工作人员张莉在跟朋友一起出游时还在不断回复各种财务报销咨询问题，朋友问她非工作时间做这些事情不烦吗？她说："我们老大人好，我们也是各有分工，她跟我们说财务就是给各位老师做好服务，什么时候有需求就要什么时候及时帮助解决。她自己也带头干，遇到事情会为我们出头，遇到忙的时候大家都相互帮助，我们就是一个团队。所以也不觉得累。"

（五）5.5 型，又称中庸型管理

管理者对员工的关心和对生产的关心都处在中间状态。一方面管理者注重计划、指挥、控制，另一方面管理者注重引导、激励、鼓舞。两者之间保持平衡，有相当的工作效率和一定程度的士气。这种风格既不能促进工作，也不能真正关心员工的需求，为了达到平衡，他们回避冲突，强调适度的生产水平和人际关系。在许多企业中，这种类型的管理相当常见，绩效可能过得去，但缺乏创新精神。应该向 9.9 型转化，这样可以产生更有效的领导。

常见类型：一是个人追求比较低；二是新任领导缺乏经验；三是得过且过的老领导，船到码头车到站，有偷懒情绪。例如，某部门领导的一句口头禅是："差不多就行了。"上级部门派下的任务也会按时完成，但是没有更高的追求。

三、双高型领导有效性研究

双高型领导是否更有效？任务行为和关系行为是累加效应还是倍增效应？西方国家做了多项研究，最后显示累加效应的结果一致性不强。在日本，调查和准实验研究更为支持累加效应，倍增模式并未得到验证。

调查研究为"双高型领导更有效"这一命题仅仅提供了有限支持。与之相比，基于关键事件和面试的研究明确指出，有效领导者在指导和推动任务实现的同时，也维系了团队合作关系。

很少有研究直接调查两种类型的领导行为是否是相互促进的关系。布莱克和穆顿（1982）指出，有效的领导者并非那些混合运用任务行为和关系行为的人，而是那些选择能反映对工作和人同时关心的特定行事方式的人。同时，他还意识到领导者需要选择与特定时间或情境相关的合适的领导行为。然而，问卷调查具有局限性，很难反映行为的情境。其他诸如实验法、从日记或者面试中获得行为描述的方法，更适合验证双高型领导是否有效这一命题。例如，一项研究（Amabile，Schatzel，Moneta and Kramer，2004）通过日记内容编码的方法发现了具体的任务行为和关系行为如何以复杂的方式交织在一起。有效的领导者不仅会运用较多的关系导向的行为，如提供心理支持、咨询团队成员和给予赞赏，而且会运用较多的任务导向的行为，如阐明角色和目标、监控进程和解决与工作相关的问题。通过对积极事件和消极事件的分析表明，什么时候做和如何做通常要比做什么更加重要。

布莱克和穆顿的管理方格是一种普适性模型，即主张特定的领导特质适用于所有情境，虽然他们也发现有效的领导行为需要灵活适应情境，可惜他们并没有对不同情境下如何使用合适的领导行为提出建议。

第五节　关系行为与任务行为

尤克尔（2012）总结了关系行为和任务行为的具体类型，这些行为与有效领导密切相关。①

一、具体的任务行为

具体的任务行为包括：规划工作活动、阐明角色和目标以及监督业务和绩效。

（一）规划工作活动

规划工作活动是指决定做什么、如何做、谁来做以及何时做，目的在于确保工作单位的有效组织、活动的协调以及资源的有效利用。规划包括制定有关目标、优先次序、战略、组织工作、分配责任、安排活动以及根据不同活动的相对重要性分配资源的决策行为，包括较长时期内的业务规划、行动计划、权变计划和时间管理等。

行动计划可以这样来做：确定必要的行动步骤；确定行动步骤的最佳顺序；估算执行每一个行动步骤所需的时间；决定每一个行动步骤的起始时间和最后期限；估算每一个行动步骤的成本；确定每一个行动步骤的负责人；制定监督过程的程序。

（二）阐明角色和目标

阐明角色和目标是指对计划、政策和角色期望的沟通，旨在指导和协调工作，确保人们知道做什么以及如何做。工作越复杂，层次越多，涉及

---

① Yukl, Gary. Effective leadership behavior: What we know and what questions need more attention [J]. Academy of Management Perspectives, 2012, 26(4): 66 – 85.

的人员越多，阐明工作对提高管理效率而言就越必要。主要包括：

（1）明确工作职责和要求，即解释重要的工作职责；阐明个人的权力；解释工作与组织使命的联系；解释重要的政策、规则和要求。

（2）制定绩效目标，即确定绩效相关方面的目标；确定明确具体的目标；确定具有挑战性和务实的目标；确定实现每个目标的预定日期。

（3）分配具体任务，即明确解释任务分配；解释每一项任务分配的原因；阐明优先次序和最后期限；核实对工作的理解。

（三）监督业务和绩效

监督是指收集管理者所在组织单位的业务信息，包括工作进度、下属个体绩效、产品或服务质量、项目或计划成功的信息。采用的形式也比较多样，包括观察报告、书面报告、绩效数据、抽查以及召开进度检查会议等。监督获取的信息可以为规划修订和解决问题提供许多信息来源，也可以帮助管理者及时对下属的工作情况做出奖惩。监督活动的频率取决于下属的能力和工作性质，如果下属经验不足或工作内容不稳定，监督应该更加频繁。然而过于密切的监督或交流方式中流露出的不信任会打击下属的自信心，降低下属的内在工作动机。一般而言，监督后给予反馈，进行及时的表扬或者批评会对绩效产生更大的影响。

监督业务需要：确认和度量关键绩效指标；监督关键过程变量和结果；衡量计划和预算的进展；开发绩效信息的独立来源渠道；如果可行，对业务进行直接观察；询问有关工作的具体问题；鼓励报告问题和错误；定期召开进度检查会议。

二、具体的关系行为

具体的关系行为包括支持、开发和认同等3个与有效领导相关的方面。这些方面与培养下属息息相关，杰克·韦尔奇曾说："在成为领导前，你的成功同自己的成长有关；在成为领导以后，你的成功都同别人的成长有关。”领导在业务上对下属严格要求是对的，但是领导对于员工，除了严管，还要厚爱。

（一）支持

支持包括对他人的需要和感情表现出尊重、接受和关心的各种行为。支持是尊重的核心要素，也是支持性领导的核心要素。支持性领导会帮助下属建立和维持有效的人际关系。关心他人和对人友好的管理者更有可能赢得他们的友谊和忠诚，由此形成的情感纽带更容易获得人们的合作和支持，这正是管理者完成工作所需要依赖的。支持性领导更让下属满意，也能提高他们的工作信心和抗压能力，增强他们对领导的接受和信任，使下属乐意为领导做其他事情。

支持行为包括：表现出接受和积极关注；礼貌而考虑周到，而不是傲慢和粗鲁；将每一个下属视作个体；记住个人的重要细节；在说明或解释时要有耐心和热心；当个人焦虑或烦恼时，要表现出热情和支持；当个人面临艰巨的任务时，要对他表现出信心；在必要时提供工作帮助；乐于帮助解决个人问题。

（二）开发

开发包括用于提高个人技能、促进工作调整和职业晋升的多种管理实践，如培训、指导和职业咨询等。开发下属的责任由单位中其他有能力和经验的人与领导共同承担，可以为下属、管理者和组织带来各种潜在益处。下属能够学习更多技能、获得更大的自信、更好地调整工作以及更快得到职位晋升；管理者能从帮助他人成长和发展中获得满足感；组织可以获得更高的员工敬业度、绩效以及准备更充分的职位候选人。

指导员工时可以：帮助个人明确其优势与劣势；帮助个人掌握获得必要知识和技能的方法；鼓励参加有关培训课程；提供学习经验的机会；提供有益的职业建议；提升个人声誉；树立榜样等。

（三）认同

认同是指在有效绩效、巨大成就和贡献方面给予他人的好评和赞赏，主要目的是强化期望行为和任务认同，主要形式有表扬、奖励和认同仪式。表扬是简单的认同形式。奖励，如业绩证书、表扬信、奖章、奖杯、奖牌、绶带等。通过组织的内部期刊、公告栏、广播、例会以及特别的典礼或仪式等予以公开，这种正式奖励是管理者向员工传递价值观和优先事项的象征性活动。认同仪式可以确保个人的成就不仅受到管理者承认，而且受到组织内其他员工的承认。认同仪式可以用于庆祝团队或工作单位的成就，也可以庆祝个人的成就，组织高层的参加会赋予仪式更强烈的象征价值。

认同要注意：认同各种贡献和成就；积极寻找贡献予以认同；认同具体的贡献和成就；认同绩效改进；认同那些虽然失败但是值得称赞的努力；认同要真诚；认同要及时；根据个人和情境运用恰当的认同形式等。

三、领导行为与风格理论评价

领导风格理论为领导者们提供了一面镜子，通过这面镜子能帮助领导者回答“作为一个领导者，我做得如何?”等问题。它提供了一个基于任务行为和关系行为去评价领导风格的框架。很多领导力培训和发展项目都是依据领导风格思想来设计的。

领导风格理论为理解领导过程做出了贡献：一是从关注特质到关注行为；二是任务行为和关系行为构成了领导过程的核心，成为有效领导者的关键就在于平衡这两种行为；三是实例研究证实了该研究的基本原则，对人们在尝试理解领导的复杂性时有很大帮助。

领导风格理论也存在一些缺点：一是没有一致的分类方法和概念范畴；二是未能说明领导者的风格与行为结果的关联机制；三是未能找到普遍适用的领导风格，即使是对高任务—高关系的团队型领导模式的支持也极其有限。

[本章小结]

20 世纪 40 年代领导风格理论逐渐形成，该理论强调领导者的行为，包括在不同情境中领导者对待下属的行为。

领导行为分类中比较有代表性的有弗莱希曼提出的四维模型、约克尔的三维模型以及俄亥俄州立大学和密歇根大学提出的经典的双因素二分法。弗莱希曼等将领导行为分为搜寻和组织信息行为、使用信息解决问题行为、人事管理行为和物资管理行为 4 种。约克尔等将领导行为分为任务行为、关系行为和变革行为 3 种。俄亥俄州立大学和密歇根大学提出关系行为与任务行为两种。两种行为类型代表了领导行为的核心，也是领导风格的核心。

20 世纪 60 年代，布莱克和穆顿以四分图为基础，提出管理方格图。这是最著名的管理行为模型，经过他们多次改进和修订，这一模型已被广泛地应用于组织培训和发展中。该模型包括 5 种典型领导风格。

具体的任务行为包括：规划工作活动、阐明角色和目标以及监督业务和绩效。具体的关系行为包括支持、认同和开发等 3 个与有效领导相关的方面。领导风格理论提供了一个基于任务行为和关系行为的二维分类方法，这是一种以更宽泛的方式去评价领导行为的框架。该理论对理解领导过程做出了贡献，也存在一些缺点。

[关键词]

领导行为；关系行为；任务行为；领导风格；管理方格；中庸型领导；权威—顺从型领导；俱乐部型领导；团队型领导；贫乏型领导

[思考题]

1. 引例中从哪些方面可以判断出张绯的领导风格?
2. 领导行为的代表性分类方法有哪些?
3. 密歇根大学的研究取得了哪些进展?
4. 俄亥俄州立大学的研究主要观点是什么?
5. 简述布莱克和穆顿的管理方格给出的5种典型领导风格。
6. 简述具体的关系行为与任务行为有哪些?在实际工作中如何应用?

[参考文献]

[1][美]加里·尤克尔. 组织领导学(第5版)[M]. 丰俊功,译. 北京:中国人民大学出版社,2015.

[2]Blake R R, Mouton J S, Bidwell A C. Managerial grid[J]. Advanced Management – Office Executive, 1962,1(9):12 –15.

[3]Fleishmann E A, Harris E F. Patterns of leadership behavior related to employee grievances and turnover[J]. Personnel Psychology,1962(15):43 –56.

[4]Fleishman E A, Mumford M D, Zaccaro S J, et al. Taxonomic efforts in the description of leader behavior: A synthesis and functional interpretation[J]. The Leadership Quarterly, 1991, 2(4): 245 –287.

[5]Fleishman E A. Leadership climate, human relations training, and supervisory behavior[J]. Personnel Psychology, 1953, 6(2): 205 –222.

[6]Fleishman E A. The description of supervisory behavior [J]. Journal of Applied Psychology,1953, 37(1):1 –6.

[7]Judge T A, Piccolo R F, Ilies R. The forgotten ones? The validity of consideration and initiating structure in leadership research[J]. Journal of Applied Psychology, 2004, 89(1): 36.

[8]Kahn R L, Katz D. Leadership practices in relation to productivity and morale[M]. Ann Arbor, MI: Institute for Social Research, University of Michigan, 1952.

[9]Katz D, Maccoby N, Morse N C. Productivity, supervision, and morale in an office situation: Part I[M]. Institute for Social Research, University of Michigan, 1950.

[10]Molloy P L. A review of the managerial grid model of leadership and its role as a model of leadership culture[J]. Aquarius Consulting:1998,3:2 – 31.

[11]Schriesheim C A, Bird B J. Contributions of the Ohio state studies to the field of leadership[J]. Journal of Management, 1979, 5(2): 135 – 145.

[12]Yukl, Gary. Effective leadership behavior: What we know and what questions need more attention [J]. Academy of Management Perspectives,2012, 26(4): 66 – 85.

第八章

领导情境

[本章要点]

1. 情境的重要性和类型。

2. 路径—目标理论。

3. 情境领导模型。

[引　例]

鞭抽快马

在组织里，常常会出现快马加鞭的现象。某高校公共管理学院政府管理教研部有主任1名、副主任2名、老师11名。教师李伟勤奋、负责，有上进心，领导交办的任务总是能出色地完成。于是部门去年就将他任命为“危机管理”行动学习课程开发项目组组长，与主任、副主任和另外一名老师4人组成了一个临时团队。李伟为课程研发投入了大量的精力，其他3名成员参与很少，课程开发出来后以项目组形式运作，大家共同参与，开课后深受学生欢迎。项目运作过程中，李伟需要持续不断地投入时间和精力进行团队合作、教室和课程材料安排，以及对课程进行修订完善。然而，项目并未给李伟带来什么回报，由于集中精力搞课程开发，他还耽误了科研，近期职称评定受挫也让他倍感沮丧。

上半年，主任又找到李伟让他带领大家乘胜追击，开发几个政府危机管理方面的大案例，最好能将其中一个转化成团队课程，树立部门在学校的教学特色，并暗示年底评优会考虑他的贡献。李伟对所谓的团队合作丧失了信心，对领导的暗示也不感兴趣，他一直拖着，工作迟迟没有进展。私底下，他跟部门新入职的2位老师聊了聊，他们对开发案例很感兴趣，时间精力也有，只是没有信心承担这么重的责任。上周部门例会时，主任突然严肃地说某些老师的工作还没开始，要抓紧时间拿出成果。李伟心情很沉重，他慎重考虑之后，决定给主任打个电话。他提出自己目前没有精力带领团队开发新案例，建议部门换成新来的2位老师，他们的时间精力以及兴趣都很大，虽然信心不足，但这本身就是对他们能力的锻炼。部门主任平时做事很强硬，私下曾跟副主任说任务是李伟领过的，其他人的能力不足以承担这样的任务，要坚持让他继续担起责任来。

引例中部门主任在安排下属开发课程的时候，一开始很顺利，到后来则遇到阻力，背后的原因是什么？主任应该采取怎样的领导行为才能更好地实现树立部门案例教学特色的目标？领导行为是否有效，下属就是一种情境变量。当然，影响领导有效性的情境有宏观也有微观，有直接也有间接。本章我们简要了解领导活动的环境，以及路径—目标理论和情境领导理论。

第一节　领导活动的环境

领导环境是指制约和推动领导活动展开的各种要素、条件的总和及发展态势。环境影响领导决策，左右领导行为选择，调整领导者—追随者的互动关系，最终会体现在领导效能上。领导的有效性取决于领导者所处的特殊情形、他要完成的任务以及下属的特征。情境具有多样性、复杂性、动态性和认知上的差异性，因此，没有哪个领导理论能够穷尽情境变量并解释它的影响机制。

哈佛教授杰弗里·瑞波特（Jeffrey F. Rayport）曾经讲过他在哈佛大学选修“动物学”课程时遇到的奇特期末考试：尽可能专业地描述一只从头到尾几乎都被一个大粗麻布袋盖住，仅能够看到两条细长的腿和一双爪子以及在布袋边缘下垂着的大约一英寸（0.0254米）长的羽毛的鸟标本，从眼前的证据推断它的迁徙特征、饮食结构、交配习性、交流方式、群居本能，可能的话还有它的科目和种属。看着个别同学奋起反抗，无果后弃考离开考场，其他“未来的动物学家们”还要头昏眼花、迷惑不解地继续考试。

他通过这个故事告诉我们不确定性对决策的影响。我们往往要在没有足够的信息或者只有错误信息的前提下做出关键的甚至高代价的决定。有很多东西阻碍我们看清前路：混乱的世界、周围人不理性的行为、冰冷无情的环境。前进的关键在于意识到任何有价值的目标需要我们从有限的资料中识别出有用的信息，这种行为需要我们真正具有十足的信心。[①] 领导者需要在充满不确定性的环境下努力带领追随者实现有价值的目标。

一、宏观环境

行政领导活动所面临的宏观环境包括政治、法律、经济、社会、文化、技术、自然环境等对领导活动产生直接或间接影响的因素。

一是政治法律环境，涉及一个国家的国际环境、政治制度、政党体制、阶级状况、政治文化、法律制度、政府的政策倾向以及公众的政策倾向等。新时代党中央在审视中华民族伟大复兴战略全局和世界百年未有之大变局背景下，面对严峻复杂的国际形势和接踵而来的巨大风险挑战，对党员干部突出强调具有斗争精神和斗争本领的要求。[②] 我国实行的是行政首长负责制和集权制行政领导体制，一切事物的法定最终决定权集中于上级行政领导机关与领导者。这种制度安排有利于我国在应对新冠疫情等重大公共危机事件时能够迅速调动全国资源集中精力控制事态的发展，不利之处在于地方、基层在执行制度过程中可能会出现层层加码、过度执法、缺乏人性关怀等事件。

---

① 黛西·韦德曼．记住你是谁:15 位哈佛教授震撼心灵的人生故事[M]．赵丹，译．北京：商务印书馆，2006:12－22.

② 杨国庆．加强干部斗争精神 提高干部斗争本领[J]．创造，2023(1):11－14.

二是社会文化环境，指一个国家或地区的民族特征、价值观念、生活方式、风俗习惯、宗教信仰、伦理道德、教育水平、语言文字等的总和。任何组织领导活动的有效性都受所在社会的文化心理的影响。例如，2022年8月10日，一名中国女子穿着日本和服到苏州日本风情街淮海街拍照，被民警盘查并以涉嫌寻衅滋事带走调查。8月15日网络舆论爆发，随后警方上门归还衣物。这个事件能够走上热搜，除了对警方是否存在滥用执法权的讨论外，更多的还是受中国抗日战争胜利77周年的特殊纪念日里民族情绪的影响。

三是经济环境，主要包括一国或地区的经济制度、社会经济发展水平、国家和地区的经济政策等。经济环境对行政领导活动的影响是基础性和决定性的，在市场经济条件下，行政领导通过间接调控参与经济活动。例如，2022年5月，浙江湖州某区人社局向国内多所高校发送《关于邀请贵校优秀学子来吴考研学习的函》，该区推出国内首个青年人才考研新城，为考研大学生提供免费公共课、免费自习室、免费辅导讲座等公共服务。在慢就业时代，湖州“曲线救国”，“致力于打造新青年城市”——到2025年，计划聚引各类青年人才5万人，其中硕博士1万人。

四是技术环境，主要包括影响人们生产、生活的技术以及技术变革，是行政领导环境的重要构成因素。例如，我国政府推行“一网通办”，顺应了移动互联网时代青年人办事的便捷性需求，但是对于不会使用智能手机的老年人而言，行政领导者也要考虑到他们的需求并提供环境支持。在政府公共机构数字化转型过程中，我国社会人口老龄化可能遇到的“数字鸿沟”问题也需要充分做出政策考虑。

五是自然环境，是指一国或地区的地理空间，包括地形地貌、山川河流、大气气候、自然资源、土地面积等。自然环境是行政领导活动的物理空间，制约和支持着行政领导的有效性。例如，地方政府如何权衡经济效益和环境保护之间的张力，是发展可能带来重污染的工业还是发展旅游业？北方城市在更新过程中，也要在新发展理念的引导下，走集约化和绿

色发展道路，打破资源依赖型发展方式带来的环境污染与生态退化等问题，最终走向人与自然和谐发展的城市现代化。

二、微观环境

领导活动的微观环境包括组织、任务和追随者等对领导活动产生直接影响的要素及要素的变化。组织因素包括组织性质、组织资源、组织文化、组织类型等；任务因素包括任务的重要性、自主性、完整性、技能的多样性和反馈性；追随者因素包括追随者的成熟度、动机、内控倾向、心理需求等。领导理论在研究环境变量对领导有效性影响时主要考察的是任务环境和追随者，因此这里只介绍组织因素的影响。

一是组织性质，由组织的构成要素所决定，根据结构和使命可以划分为政治组织、军事组织、经济组织、教育组织等。政府和军队等级森严，追求令行禁止；企业组织相对灵活，追求经济效益；高等院校知识分子云集，比较追求民主和自由，不同性质的组织所需要的有效领导行为也会有所差异。

二是组织资源，由组织所拥有的稀缺资源决定，如编制、财政拨款数量、员工的薪酬福利等。俗话说“巧妇难为无米之炊”，组织资源丰富，领导者开展工作时可以用来激励员工的手段就比较多，反之，组织资源匮乏，领导者开展工作时将会面临重重阻力。

三是组织文化，沙因（Schein）教授在《组织文化与领导力》一书中指出：文化和领导力是一枚硬币的两面：一方面文化规范定义一个国家或者组织进而定义领导——谁会得到晋升，谁会获得追随者的关注；另一方面领导唯一真正重要的工作是创造和管理文化，领导的独特才能是理解文化和在文化下工作，如果文化功能失调，领导最终要将其摧毁。通常与文化有关的词语，例如交往中观察到的行为规范、团队规范、公开表述的价值观、正式哲学、游戏规则、氛围、内化能力、思维习惯、心理模式和术语、共享意义、根本隐喻或符号系统、正式仪式和庆祝等，都强调被群体所共享的一些东西。[①]

四是组织类型，如正式组织和非正式组织。正式组织具有明确的结构、目标、任务、成员、规范和契约关系，非正式组织是在工作过程中人们基于感情和喜好自然形成的松散群体，没有正式的规范、目标、任务以及结构。非正式群体的存在对领导者而言是一把双刃剑，领导者善于引导和发挥非正式群体的作用，能避免造成组织分裂和内部冲突。

现实中，环境的影响是复杂的，各种层次的因素会交织在一起。例如，新冠疫情开始后线上线下混合办公模式增加了人与人之间的数字化互动，人们切实感受到数字化沟通所带来的语意不明与混乱的困扰。埃丽卡·达万在 2021 年 5 月《数字化沟通危机》中指出，在他们所调查的差不多 2000 名办公人员中，超过 70% 的员工反映经历过同事表达语义不清的困扰，每个员工每周浪费 4 小时用于处理表述混乱的信息，在美国仅此产生的经济损失高达 1880 亿美元。

当时疫情反复不断，每个人都有可能猝不及防地被隔离在办公室、医院、酒店、亲戚家，人们开始出现警惕疲劳，对疫情的敏感性降低，对患病的恐惧麻木，甚至对防疫政策出现抵触情绪。作为领导，要面对受疫情波及短时间内配合封控做预案，提前做好分工；准备好物资、餐饮供应商名单；安排好工作、休息和娱乐活动；做好心理疏导；记录过程并策划开封仪式等。

三、环境作用

由于对环境作用认识不同，出现两种典型领导观：领导万能论与领导象征论。

领导万能论认为无论环境条件如何，管理者对组织成败负有直接责任。当组织运行不良时，由管理者承担责任，当组织运行良好时，管理者得到荣誉。这种观点在管理学理论和社会中占主导地位。

---

① Schein E H. Organizational culture and leadership[M]. San Francisco: John Wiley & Sons, 2010: 11, 15.

领导象征论认为管理者对组织成果的影响是十分有限的，组织的成败在很大程度上归因于管理者无法控制的外部力量。例如，“站在风口上，猪也能飞起来。”“当潮水退去，才知道谁在裸泳。”

是“识时务者为俊杰”还是“时势造英雄”？其实领导既不是无能的，也不是全能的，领导的自由决定权受到宏观环境和组织文化等环境因素的影响。组织发展阶段、社会文化不同，领导的作用也不同。稳定的制度与环境，会让领导者的影响力下降。

行政领导者如何认识环境的演化及其对领导要素产生的影响，如何选择最适合环境需要的特定领导行为来实现领导目标，以下两个经典情境理论可以提供参考。

第二节　路径—目标理论

路径—目标理论的代表人物是埃文斯（Evans）和豪斯（House）等。这一理论是关于领导者如何激励下属完成工作任务。既定目标是通过关注员工的动机来提高员工的绩效和满意度。理论强调领导者的风格与工作情境和下属特质之间的关系。

一、理论模型

（一）基本观点

路径—目标理论中的假设前提来自期望理论。期望理论认为，如果下属觉得自己能胜任工作，相信自己的努力会产生一定的成果，并认为工作报酬是合理的，他们就会受到激励。

对领导的挑战：领导风格要满足下属的动机需要；领导行为要弥补缺

失的工作条件；提供信息或奖励促进下属达成目标；为下属实现目标提供所需要的条件。

如图8－1所示，路径—目标理论的基本观点是，下属在实现目标的过程中会遇到各种障碍，因此，领导者要帮助他们扫除障碍，可以采取的方法包括制定目标、明晰路径、移除障碍和提供支持。与此相应，领导产生激励的方法包括：增加下属从工作中获得奖励的数量和种类；通过教授和指导让目标实现的路径清晰而容易；扫清目标道路上的障碍；让工作本身的个人满意度更高。

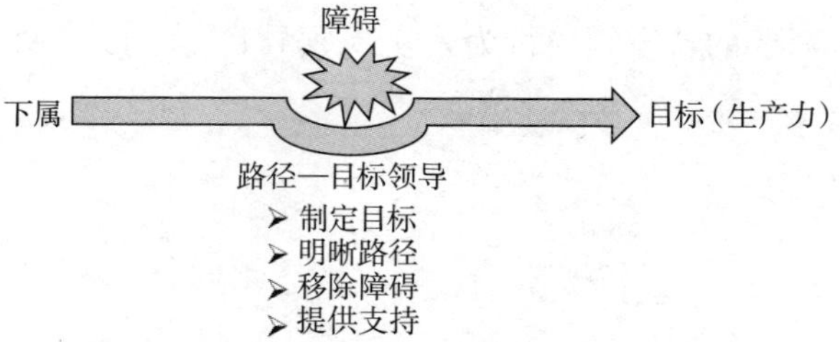

图8－1　路径—目标理论的基本观点

小故事——鞭抽快马

《墨子·耕柱》里讲了这样一个故事：墨子学生耕柱子，聪颖过人，但不知发奋努力，墨子总是责备他。耕柱子说："先生，我真的没有什么比别人强的地方吗？"墨子说："我将要上太行山，乘坐快马和牛，你打算鞭策哪一个呢？"耕柱子很自信地说："我要鞭策快马。"墨子追问："你为什么要鞭策快马？"耕柱子说："快马值得鞭策。因为它感觉灵敏，鞭打它可以使它跑得更快！"墨子的用意是启发耕柱子，让他努力求学，奋发上进，现已水到渠成，就对耕柱子说："我也认为你是值得鞭策的！你应该像快马一样力求上进啊！"以后耕柱子发奋读书，力求上进，再也不用老师整日督促了。

简而言之，路径—目标理论可以解释为：领导者如何通过选择特定的行为，即最适合下属需要和工作情境需求的行为来帮助下属沿着通向他们目标的道路前进。通过选择恰当的领导风格，领导者提升了下属对成功的期望和满意度。目标—路径理论的主要组成部分包括领导行为、下属特征、任务特征和动力（见图8－2）。特定领导行为能否激励员工与员工的个性特征以及任务特点密切相关。

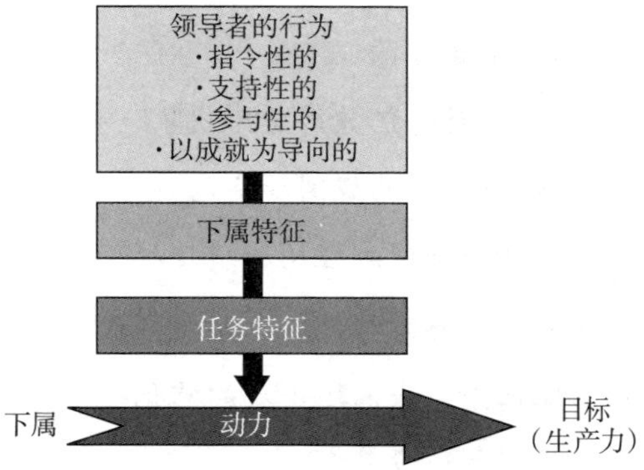

图8－2　路径—目标理论的主要构成

（二）领导行为

测试一下自己的领导风格。

路径—目标领导风格测试

本问卷提供了四种不同的领导风格（指令性、支持性、参与性和以成就为导向）的信息，你对每种风格的评估表明你在哪种风格上有优势，哪种比较弱，还体现了你对这种风格的重视程度。请根据自己的行为选择最恰当的描述。

选项：1＝从不，2＝极少，3＝很少，4＝偶尔，5＝经常，6＝通常，7＝总是

1. 我让下属知道我对他们的期望是什么。

2. 我与下属保持友好的工作关系。

3. 遇到问题时，我会向下属咨询。

4. 我善于倾听下属的想法和建议。

5. 我告诉下属需要做些什么以及需要如何去做。

6. 我让下属知道我期待他们有最好的表现。

7. 我做事情不向下属咨询。

8. 我从不费力去使员工们觉得身为团队一员是一件愉快的事。

9. 我要求下属遵守标准的规则和条例。

10. 我为下属设立极具挑战性的业绩目标。

11. 我说过伤害下属感情的话。

12. 就如何分配任务，我问过下属的意见。

13. 我鼓励下属不断进步。

14. 我向下属解释过对他们工作绩效的期望。

15. 我帮助下属解决他们在完成任务过程中遇到的问题。

16. 对下属完成目标的能力，我表现出怀疑。

17. 就任务该如何分配，我征求下属的意见。

18. 我没向下属说清楚对他们工作上的期望。

19. 我不断地给下属设定具有挑战性的目标。

20. 我在做事情时会考虑下属的个人需求。

评分：

1. 把7题、11题、16题、18题选项得分倒过来，1就是7，2就是6，以此类推。

2. 指令性领导风格：1题、5题、9题、14题、18题得分之和。

3. 支持性领导风格：2题、8题、11题、15题、20题得分之和。

4. 参与性领导风格：3题、4题、7题、12题、17题得分之和。

5. 以成就为导向的领导风格：6 题、10 题、13 题、16 题、19 题得分之和。

得分说明：

指令性领导风格：一般得分 23 分，高于 28 分属于高，低于 18 分属于低。

支持性领导风格：一般得分 28 分，高于 33 分属于高，低于 23 分属于低。

参与性领导风格：一般得分 21 分，高于 26 分属于高，低于 16 分属于低。

以成就为导向的领导风格：一般得分 19 分，高于 24 分属于高，低于 14 分属于低。

根据得分情况，了解自己倾向的领导风格，然后根据理论思考一下自己在哪种情况下会比较有效，哪种情况下效能不大。

这一理论的最初版本仅包括指令性和支持性领导两类，参与性和以成就为导向的领导行为是豪斯和米歇尔（House and Mitchell，1974）在后来的理论版本中增加的，4 种领导行为定义如下：

指令性领导：领导对下属的任务进行指导，包括对他们的期望、如何完成任务以及时间表的制定。会为下属制定明确的标准，并把规则和规章明确传达给下属。

歌德说："以一个人的现有表现期许之，他不会有所成就。以他的潜能和应有成就期许之，他定能不负所望。"对下属提出期望、规定最后期限、提出考核标准才能帮助下属成功。

支持性领导：领导与人为善，关心下属的利益和需求；通过支持性行为营造愉快的工作环境；平等对待下属，给予他们应有的尊重。

牛根生对“财聚人散和财散人聚”曾经有过很好的解释：“很小的时候我有感觉，发现财散了以后能聚人，有点意思，后来就不断地这样做了。现在分到什么程度？房子不如副手的大，车不如副手的好，工资拿得不如副手高，股票也分出去，副手比我多。我有一种感觉，人家说老牛第一有能力，有可能把事做成；第二个，老牛还有一个习惯，分钱。蒙牛刚起步的时候，出来两三百中高层的领导跟着要干，不是看老牛长得好看、会说话。在竞争最激烈的时候、中国乳业跟世界巨头打仗的时候，最好的CEO会来蒙牛，因为有钱分，多了一个工具，赢的可能性更大，这就是分钱的效果。”

有的领导喜欢口头上支持下属的工作，但是却赏罚不明，下属做得好没有额外的奖励，做得不好也没有什么损失，甚至做事的过程中在资金、人员和政策上都不能获得领导的帮助，很快这个组织就会消极懒散，效率低下。

参与性领导：邀请下属参与决策；向他们咨询，了解他们的意见；制定决策过程中考虑他们的建议。

以成就为导向的领导：领导者激励下属发挥最大的工作潜能；为下属设立很高的标准；精益求精；高度信任下属能完成一些具有挑战性的目标。

领导者可能在不同的阶段对不同下属展现出4种领导风格中的一种或几种，领导者要让他的领导风格适应不同的情境或下属的动机需要。

（三）下属特征

对组织结构的偏好：在不确定性环境下，对于具有教条主义和权力主义的下属，指令性领导可以提供心理学结构、明晰任务和创造更有确定性的工作环境，帮助下属降低角色模糊性。自我能力评估：下属对工作信心越强，对指令性领导的需求就会越少。

强烈的归属需要：具有此类需求的下属更喜欢支持性领导，友好、关切的领导行为是满足其需求的源泉。

控制欲：内控倾向的下属认为他们可以掌握生活中发生的事情，外控倾向的下属认为是机会、命运或者外在力量决定着自己的人生。对于内控型下属而言，参与性领导是最好的，这让他们感觉到自己对工作的控制；对于外控型下属则指令性领导是最好的，这会让他们感觉到确实有外在的力量控制他们。

马斯洛需求层次理论提出人有5种需求，自下而上分别是：生理需求、安全需求、社交需求（包括爱、归属、接纳和友谊等）、尊重的需求（外在尊重包括地位、认可和关注；内在尊重包括自尊、自主和成就）以及自我实现的需求（成长、发挥自己的潜能和自我实现）。因此，4种领导风格如果与下属动机相匹配，则指令性领导风格对应安全需求；支持性领导风格对应归属需求；参与性领导风格对应尊重的需求；以成就为导向的领导风格对应自我实现的需求。

（四）任务特征

任务特征包括：设计下属的任务；组织的正式权力体系以及下属的主要工作群体。在清晰的结构任务、完善的权力体系和强有力的群体规范下工作时，下属很容易找到通往目标的理想途径而不需要领导指示他们如何完成目标。

工作环境中有许多阻碍下属工作的事务，包括能产生过度不确定性、挫折感或其他威胁。帮助下属扫清障碍是领导的职责，帮助下属解决这些障碍会提高下属完成工作的预期及工作满意度。领导者可以通过不同的领导行为帮助下属克服障碍，例如：

当任务结构不明确的时候，参与性领导可以通过明确任务结构和角色的方式提高下属完成工作的预期；以成就为导向的领导可以通过提高下属的信心和成功完成挑战性任务的预期，来提高下属的满意度和努力程度。

在正式权力体系比较薄弱，没有正式的规则和程序指导工作，并且下属经验不足时，指令性领导可以通过降低角色模糊性，提高激励的规格以及增强奖励的一致性来提高下属的工作满意度。

在群体规范较弱或者缺乏支持的环境中，支持性领导可通过建立团队凝聚力和角色责任感，提高员工的自信，缓解员工工作焦虑以及增强工作本身的趣味性等来提高下属的努力程度和满意度。

二、理论的应用

该理论复杂但有效，在理论上提出了一套假设，说明了不同的领导风格如何与下属工作特征和工作环境相互作用来影响下属动机。领导者需要选择一种与下属需求以及正在进行的工作任务最为匹配的领导风格（见表8－1）。

表8－1　路径—目标理论：如何发挥作用

领导行为	下属特征	任务特征
指令性领导行为 提供指导和心理支持	教条主义的 权力主义的	模糊不清 规则不明确 复杂
支持性领导行为 提供支持	不满足的 有归属需求 需要人文关怀	重复 没有挑战 平凡
参与性领导行为 参与	自主的 有控制欲 要求清晰度	模糊不清 不清楚 没有结构
以成就为导向的领导行为 提供挑战	高期望 胜过他人	模糊不清 有挑战性 复杂

资料来源：诺斯豪斯．领导学：理论与实践（第5版）［M］．北京：中国人民大学出版社，2012：88.

（一）优势

第一，有用的理论框架。路径—目标理论提供了一个理解不同的领导行为如何影响下属满意度及其工作表现的框架。

第二，整合动机。该理论试图将期望理论中的动机整合到领导理论中，增强了理论的解释力。

第三，实用的模型。该模型强调了领导者帮助下属的重要途径。

（二）批评

第一，太复杂，牵涉下属的特征和组织特征太多，假设相互关联，很难在特定的组织情境中充分运用该理论去改善领导过程。

第二，实证支持有限，虽然研究数量较多，但是该理论的结论仍存在不确定性。

第三，领导行为和员工动机之间的关系并未得到充分解释，领导行为如何帮助下属确立信心，相信自己有能力获得成功的路径解释不明确。

第四，该理论将领导过程视为单向行为，如此培训领导者帮助下属，会让下属在完成任务的过程中对领导形成依赖，时间久了，会适得其反。

第三节　情境领导模型

领导情境理论是得到广泛认可的领导方法之一，由赫塞和布兰查德建立，经过多次修订和完善，该理论在组织领导培训和发展中被广泛应用。

顾名思义，领导情境理论主要关注的是具体情境下的领导。该理论的基本假设是不同的情境需要不同的领导，因此，要成为有效的领导者，个人的领导风格需要适应不同情境的要求。

有效的领导不仅仅取决于领导者本身，而且与被领导者、情境有密切的联系。情境理论的基本思想可用下列公式来表示：

$$E=f\ (L\cdot F\cdot S)$$

式中，E 代表领导的有效性；L 代表领导者；F 代表被领导者；S 代表情境。公式的含义是：领导的有效性随着领导者、被领导者和情境的乘积变化而变化。

情境理论较好地解释了为什么有些领导者在一个单位领导得很好，到了另一个单位就领导不好的原因；也较好地解释了为什么有些领导者在过去的一段时间内领导得很好，但在最近一段时间内领导得很差的原因。

一、理论模型

（一）模型简介

1985 年，布兰查德建立了情境领导理论，该理论是在赫塞和布兰查德于 1969 年初步构想的情境领导模型的基础上扩展和完善的（见图 8－3）。该理论本质上要求领导者的领导风格要与下属的能力和积极性相匹配。有效的领导是通过选择恰当的领导方式来实现的，选择的过程根据下属的成熟度而定；反之，则为无效领导。

有效的领导主要是指领导者能根据被领导者的成熟度以及具体的内外环境做出正确的决策，促进达成组织目标的过程。

无效的领导主要是指领导者不能根据被领导者的成熟度以及具体的内外环境做出正确决策，以至于不能促进达成组织目标的过程。

领导风格由指导和支持两个维度构成，每个维度都应被恰当地应用于某种特定的情境中。领导者的领导方式应当适应被领导者的成熟度，当被领导者从“不成熟”成长为“成熟”时，领导者的领导方式应进行适当调整。成熟度（readiness），是指个体能够并愿意完成某项具体任务的程度。为了确定在特定的情境中该做些什么，领导就必须对员工进行评估，从而了解他们完成既定任务的能力和积极性。由于员工的技能和积极性会随时间而变化，因此，领导者应该通过改变指导和支持的程度来满足下属不断变化的需要。

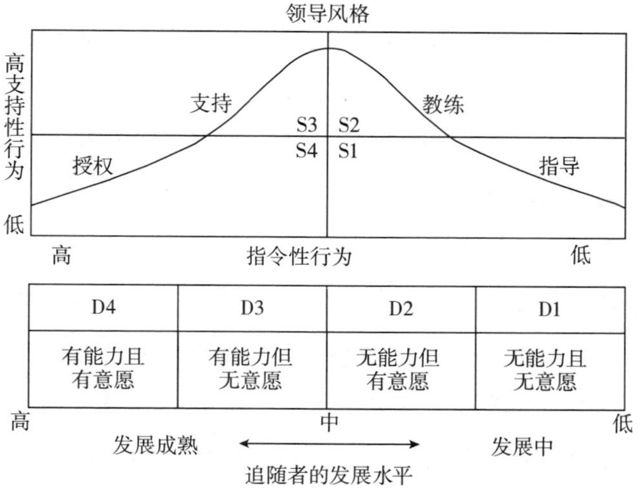

图 8-3　情境领导模型

（二）领导风格

领导风格，是指一个人试图影响他人的行为模式，包括指令性（任务行为）和支持性（关系）行为。

指令性行为通过给予指导、建立目标和评估方法，安排时间、分配角色以及展示目标实现方式等手段，来帮助群体成员实现目标。领导者常采取单向沟通的方式向被领导者说明应该做什么，在何时何地，由谁来做以及用何种方法去完成任务。

支持性行为帮助群体成员对自己、同事以及所处的情境感到满意。领导者重视沟通，重视感情交流，重视对方的心理需求和福利待遇。领导者常采取双向沟通的方式对他人表示社会性支持和情感支持。征求意见、解决问题、赞扬、共享个人信息以及倾听、给予反馈等，都属于支持性行为。

领导者判断自己的支持性行为和指令性行为倾向，可以思考在下面情境中自己将如何做。

案例：询问还是指示（提问题还是给答案）？

您是单位主要领导，忙碌了一天，您刚站起来想在窗户前伸个懒腰，一位主管敲门进来，说："老板，您交办的项目我经过反复推敲终于定了两套方案，利弊也都列出来了，请您看看A方案和B方案哪个好？"

请问：你将怎么做？

一是指示。给出你的选择，无论是当场决策、听取意见后决策还是要求给出新方案（有没有C方案），如果是你拍板决定，下属就会认为是你在做指示。他们习惯了领导做决策他们追随，事情做好了，是领导的功劳（常常有"被领导抢功"的怨言），出了问题，责任归咎到领导身上（如果领导问责，他们就会因"自己当替罪羊"而恼火）。领导要像救火队员一样，时刻忙碌、准备支援。

二是询问。请员工思考一下：如果今天你选择A方案，项目结果会怎么样？参加项目的人需要付出些什么，会有哪些收获？同样思考一下B方案。如果员工暂时没有明确答案，没关系，他肯定有想法，给他一些时间思考之后再来跟你交流。征询下属的意见，教导他如何做决策，员工会因工作的挑战性和受到重视而备受鼓舞。领导提供意见、服务以及所需要的各种资源和支持，既解放了自己，也锻炼了队伍。

为什么领导们应该问问题？

人们希望自己的想法被采用。点子被采纳，付诸行动的动力更大，工作效果也会更满意。

询问可以为团队成员鼓舞气势。询问表达了对团队成员的信任，可以提振信心，加入自己思考的执行会更有创造性。

可以提高团队成员的领导能力。可以使团队成员在未来承担更大的责任，为他们提供职业成长的机会，为自己找到合适的继任者，帮助领导顺利升职。

可以建立信任，增强透明度。领导的这种做法会让下属觉得自己的观点举足轻重，你们之间的关系也是值得信任的。

问问题的时候，一般情况下可以获取更多有价值的信息。独自面对挑战，思考整个策略的风险很大，“好领导懂得自己不能孤军奋战，即使是最强大的人也需要支持。”①

那么，为什么很多领导喜欢指示而非询问呢？

（1）指示更快，询问需要花费更多时间和精力。做父母的如果说：“有教孩子的功夫，自己就做好了。”那么他们肯定忘了教育孩子的使命。他们疲于应付生活中各种事情，没有耐心做好教育这件十分重要但不紧急的事情，最终会收获一个让自己恼火的、做事没有主动性、做事能力不足的“笨”孩子。每个孩子都是天才，他们是被教育成了现在的样子。组织里的员工也一样。

（2）指示更能凸显自己的领导权威。有些人认为领导就是决策，领导就要决定资源分配、如何用人，如果在人、财、物上说了不算，还叫领导吗？这种个人英雄主义领导观忽略了领导是带领团队做事，评价领导有效性的两条标准：一是结果如何；二是团队是否满意。小成功靠个人，大成功靠团队。

（3）指示不需要技巧，询问还需要更多。决策好坏都会被执行，最终结果都有得失。但询问需要领导把自己决策的格局、价值观借助简单的问题表达出来。教育团队还要以民主、谦逊的心态，克制表现欲、隐藏自己的观点，放低身价需要对抗追求自我优越感的人性。

“海纳百川，有容乃大”。或许，只有成就大事业者才能有胸怀、有耐心去无为而治，让下属体验“功成事遂，百姓皆曰我自然”的快乐吧。

① 布兰达·本斯．突破领导的门槛：成功领导者的15个行为模式［M］．白姗，译．北京：北京时代华文书局，2017：92－93.

（三）下属成熟度

成熟度，主要是指下属完成既定目标或任务所具备的能力和积极性。如果员工对工作很感兴趣并且很有信心，并具备完成工作的能力，那么他们就具有很高的成熟度；反之，成熟度就低。因此，成熟度与员工的成就动机、承担责任的意愿和能力、与工作相关的知识和经验、对待挫折的容忍力、处理人际关系能力、对待事物的态度等有关。成熟度可分为 4 种：

D1 = 无能力，并且无意愿完成某项具体任务。他们对任务很陌生，同时工作积极性不高。例如，刚到流水线的操作工人。

D2 = 无能力，但是有意愿完成某项任务。他们工作能力还比较欠缺，但很高兴接受这样的挑战。例如，组织中刚入职的新员工。

D3 = 有能力，但是无意愿完成某项任务。他们一般具有很强的工作能力，但工作积极性不高。例如，工作多年的资深老员工。

D4 = 有能力，并且有意愿完成某项任务。既有工作能力，也有很高的积极性和完成工作的信心。例如，高校青年教师。

团队可以分为 4 种状态，个人的职业成长也可以分为 4 种状态。

（四）4 种领导类型

根据情境领导理论，领导者可以分为 4 种类型：指导型、教练型、支持型和授权型。

S1 = 指导型，高指令性和低支持性领导方式。领导的指令性交流主要针对目标的实现，在支持性行为方面交流较少。因此，领导会跟下属说明目标是什么，如何实现，然后监督他们执行。主要适用于低成熟度的下属（D1）。在这种情况下，下属既不能够也不愿意承担工作的职责，原因可能有多种。例如，员工刚进公司，对公司的情况不熟悉；员工的基本素质较低，缺乏主动性；企业文化鼓励员工追随领导者；等等。因此，领导者下达指示即可提高工作效率。

S2 = 教练型，高指令性和高支持性领导方式。领导的交流既集中于目标的实现，同时也会考虑下属的社会情感需要。教练型领导者通过鼓励和向下属征求意见等方式与下属建立关系，这种类型仍然要求领导者对目标的确定以及如何实现做出最终决策。主要适用于低成熟度的下属（D2）。在这种情况下，下属愿意承担工作的责任，但是他们缺乏完成任务的必要技能，因此，还不能完全胜任工作。领导者可采取双向沟通的方式提高员工必要的工作技能，同时，从心理上支持员工承担工作责任和鼓舞员工努力工作的激情。处在这一成熟度的员工希望领导者多关心、多指导他们，这样，他们乐意遵照领导者宣传的目标去努力工作。

S3 = 支持型，低指令性和高支持性领导方式。领导并不专注于目标，而是运用支持性行为促进员工改进工作技巧、达到完成任务的目的。这种类型领导授权下属决定日常工作，并在解决问题的过程中随时向下属提供帮助。主要适用于较高成熟度的下属（D3）。在这种情况下，下属具有完成具体任务的能力，但是不希望领导者对他们有过多的指示和约束。他们一般已成为业务骨干，或基层管理者，希望参与决策，但是，有时还缺乏自信心和安全感。因此，也希望领导者与他们多沟通，聆听他们的想法，相互交流信息，讨论问题。领导者在领导这类下属时，要支持他们的参与，经常保持沟通，保持良好的人际关系，千万不要在工作方面横加干涉。这样才能保持下属高昂的士气。

S4 = 授权型，低指令性和低支持性领导方式。对任务很少做出指示，不提供社会支持，也不帮助员工坚定信心和提高积极性。授权式领导很少参与计划、控制细节以及明确目标等事务。在下属明确任务之后，他们让下属负责，用他们觉得最适合的方式来完成工作。控制权交给下属，并避免用不必要的社会支持干扰下属。主要适用于高成熟度的下属（D4）。在这种情况下，下属具备完成任务的能力并且愿意承担工作职责。他们或者是中层管理者，或者是资深白领。领导者不用对他们严加约束，而应该让他们放开手脚，自行决定何时、何地、以何种方式完成任务。领导者只需要稍加监督，了解一些反馈信息即可。

例如，嘉祐年间，宋仁宗对君权的运用，采用了消极的、被动的介入形式：一般不参与决策的具体过程，只对宰相之决策方案做出批准或否决，对台谏之弹劾政府做出裁决。儒家推崇的“垂拱而治”，也许就是宋仁宗这个样子吧。[①] 宋人以高度赞赏的态度评价“仁宗皇帝百事不会，只会做官家。”“百事不会”不是指无能，而是君主应该谦抑，不逞强，不与臣下争胜；“会做官家”是指深谙为政之要，这个“为政之要”被概括为“任宰辅，用台谏，守法度”。[②]

案例：我该采取哪种领导风格？

刘某是一家5A级国家旅游度假区的办公室主任。他担任这个职务已经5年了，手下有3名副主任，10多名员工，分别隶属于3个部门——接待部、宣传部和综合部。刘某每周要跟每个副主任见面，让他们详细汇报自己的工作进展和工作计划，并据此分别对他们的工作进行指点。3位副主任情况如下：

方某是分管景区接待工作的副主任，今年55岁，接待经验非常丰富。他原在另一家5A级景区做了20余年的接待工作，重要来宾都要由他亲自策划接待方案、落实接待计划，来宾满意度很高。2年前，他由于家庭原因来到这里工作。大家都认为他有能力、温和、敬业。

张某是分管景区宣传工作的副主任，今年35岁，去年加入。他有10年平面媒体记者的工作经验，工作热情很高，不太了解旅游行业和景区产品。他来的时候雄心勃勃，想要在电视、广播、户外媒体、报刊等媒体上全面创新景区宣传，实际上受到经费预算的限制和自身经验不足，宣传面没那么广，而且效果也不太明显。

---

① 吴钩. 宋仁宗:共治时代[M]. 南宁:广西师范大学出版社,2020:496 - 497.

② 吴钩. 宋仁宗:共治时代[M]. 南宁:广西师范大学出版社,2020:545.

蔡某是分管综合部的副主任，32 岁，他虽然年龄不大，但却是办公室刚成立时就在这里工作的老员工，刚刚被提拔为副主任。他全面了解办公室采购、财务、设备、文书等工作，做事细致认真。他还不太适应副主任的工作角色，总担心自己做不好，但是刘某相信他将来会非常出色。

问题：如果你是刘某，你将如何对待 3 位副主任？

领导的领导方式需要因人而异，根据下属的工作能力和意愿分别采取不同的领导方式，可以激励下属的工作热情，实现更高的组织绩效。刘某对现在采取的“一刀切”的领导方式，需要做出调整。

方某接待工作经验丰富，既能胜任工作，又有工作意愿。刘某应该给予他更多授权，减少他汇报工作进展和计划的频率，避免过多打扰，避免让他感到束缚，失去工作热情。

张某工作热情很高，但是短期内无法胜任景区宣传的工作，工作效果不显著。刘某可以采取教练型领导方式，给他提出明确的工作目标，同时也要对他的工作计划和实施状况进行监督指导，让他早日将工作能力与现在的工作对接起来。

蔡某能够胜任工作，但是自信不足，此时刘某可以采取支持性领导方式，工作上放手让蔡某去做，平时多跟他沟通，听取他的想法，提供信息和支持，帮他维护良好的人际关系。

二、情境领导理论的应用

情境领导理论有一种直觉上的感染力，它承认下属的重要性，而且“领导者可以弥补下属能力和动机方面的欠缺”的观点也有其逻辑基础。

情境领导理论是指导性的，为领导者提供了一套原则清晰，具有普遍适用价值的指导原则，有助于领导效能的提升。在特定情境中，领导的首要任务是确定下属完成任务的能力和意愿所处的阶段；次要任务是根据下属的成熟度确立与之适应的领导风格。这就要求领导具有很强的灵活性，小到生产车间，大到董事会，不同管理层级和部门均可使用。

该理论的优点在于：第一，适用于组织内部的领导者培训。赫塞和布兰查德在1993年报告中指出，世界500强公司里有400多家的培训项目用到了该理论。根据员工负责的具体任务，区别对待员工并帮助他们学习新技能，树立工作信心，核心是强调领导需要根据下属的独特需求帮助他们完成工作。第二，实用，易于理解和运用。

该理论也存在一些缺点：第一，实证支持很少；第二，成熟度概念模糊，并且创立者对其解释有变化；第三，意愿起伏的原因何在；第四，人口统计学变量的影响不明，如性别、年龄和受教育程度等的影响；第五，所使用的调查问卷对被调查者具有的最佳领导风格是预设的，倾向性明确。

领导者的新规则

领导者在不同的情境下扮演不同的角色，其风格和个性千差万别。即使在向下授权的时候，正式的领导者也是起到催化作用的完成者；他们会承担别人不能扮演的角色——“骗子”、工头、保护者或实干者，还有那些团队实现目标所需要的角色。尽管领导者在风格上各不相同，但伟大的团队领导者都具有如下4种行为特征：

第一，提供方向和意义。他们会提醒人们记住什么是重要的、为什么他们的工作是有意义的。

第二，营造并保持信任。团队对自身及其领导的信任，使得成员可以接受不同意见并安然度过动荡时期。

第三，显示出对行动、冒险和求知的偏爱。实现结果的紧迫感和不怕失败的意愿是每个伟大团队的灵魂。

第四，是希望的传播者。有效的团队领导者会找到真实的以及象征的方法来证明团队能够克服不利条件。

培养这些能力没有简单的秘诀，团队领导更多的是一门艺术，而不是一门科学。①

［本章小结］

领导环境是指制约和推动领导活动展开的各种要素、条件的总和及发展态势。行政领导活动所面临的宏观环境，包括政治、法律、经济、社会、文化、技术、自然环境等对领导活动产生直接或间接影响的因素。领导活动的微观环境，包括组织、任务和追随者等对领导活动产生直接影响的要素及要素的变化。

对环境作用的认识有两种典型领导观：领导万能论与领导象征论。领导既不是无能的，也不是全能的，领导的自由决定权受到宏观环境和组织文化等环境因素的影响。

路径—目标理论代表人物是埃文斯和豪斯等。这一理论研究的是关于领导者如何激励下属完成工作任务。既定目标是通过关注员工的动机来提高员工的绩效和满意度。领导者通过选择最适合下属需要和工作情境需求的行为，来帮助下属沿着通向他们目标的道路前进。

领导情境理论是得到广泛认可的领导方法之一，由赫塞和布兰查德建立，经过多次修订和完善，该理论在组织领导培训和发展中被广泛应用。该理论的基本假设是不同的情境需要不同的领导，因此，要成为有效的领导者，个人的领导风格需要适应不同情境的要求。

① 沃伦·本尼斯．领导的轨迹［M］．姜文波，译．北京：中国人民大学出版社，2007：118.

[关键词]

领导情境；领导环境；宏观环境；微观环境；领导万能论；领导象征论；路径—目标理论；领导行为；下属特征；任务特征；动力；情境领导模型；领导风格；下属成熟度

[思考题]

1. 引例中李伟的目标和实现目标过程中所遇到的障碍是什么？

2. 引例中主任应当采用怎样的领导行为才能确保树立部门教学特色的目标尽可能实现？

3. 宏观领导环境包括哪些因素？请举例说明。

4. 微观领导环境包括哪些因素？

5. 如何认识领导万能论与领导象征论？

6. 路径—目标理论的基本观点是什么？

7. 根据路径—目标理论，领导者如何选择适应下属特征和任务特征的领导行为？

8. 情境领导模型中追随者的成熟度该如何判断？

9. 根据情境领导模型，领导者如何根据追随者的成熟度选择恰当的领导风格？

[参考文献]

[1]诺斯豪斯. 领导学：理论与实践(第5版)[M]. 吴爱明，陈爱明，陈晓明，译. 北京：中国人民大学出版社，2012.

[2]布兰达·本斯. 突破领导的门槛：成功领导者的15个行为模式[M]. 白姗，译. 北京：北京时代文华书局，2017.

[3]黛西·韦德曼.记住你是谁:15 位哈佛教授震撼心灵的人生故事[M].赵丹,译.北京:商务印书馆,2006.

[4]彭益忠.行政领导学概论[M].北京:清华大学出版社,2015.

[5]沃伦·本尼斯.领导的轨迹[M].姜文波,译.北京:中国人民大学出版社,2007.

[6]吴钩.宋仁宗:共治时代[M].南宁:广西师范大学出版社,2020.

[7]杨国庆.加强干部斗争精神 提高干部斗争本领[J].创造,2023(1):11-14.

[8]朱立言,李国梁.行政领导学[M].北京:中国人民大学出版社,2015.

[9]Evans M G. The effects of supervisory behavior on the path-goal relationship[J]. Organizational Behavior and Human Performance, 1970, 5(3): 277-298.

[10]Fiedler F E, Garcia J E. New approaches to effective leadership: Cognitive resources and organizational performance[M]. San Francisco:John Wiley & Sons, 1987.

[11]Fiedler F E. A contingency model of leadership effectiveness[M]. Advances in Experimental Social Psychology. New York:Academic Press, 1964: 149-190.

[12]Hersey P, Blancharo K H, Natemeyer W E. Situational leadership, perception, and the impact of power[J]. Group & Organization Studies, 1979, 4(4): 418-428.

[13]Blanchard K H. Comments on "college boards of trustees: a need for directive leadership"—ByKenneth H. Blanchard: reply to Hunt's comments[J]. Academy of Management Journal, 1969,12(4):124-126.

[14]Housr R J, Dessler G. The path-goal theory of leadership: Some post hoc and a priori tests[J]. Contingency Approaches to Leadership, 1974

(29): 55.

[15] House R J. A path goal theory of leader effectiveness[J]. Administrative Science Quarterly, 1971, 16(3): 321 - 339.

第九章

二元关系

[本章要点]

1. 二元关系的本质。
2. 领导—成员交换关系的主要内容。
3. 领导形成阶段理论。
4. 领导关系形成的过程、影响与作用机制等。

[引　例]

斩衣三跃

最初，晋国侠客毕阳的孙子豫让给范氏、中行氏做大臣，但并未受到重用，后投效智伯，得到宠信。后来韩、赵、魏三国瓜分了智伯的土地。其中赵襄子最痛恨智伯，把智伯的头盖骨拿来作饮器。这时豫让逃到山里说："士为知己者死，女为悦己者容，所以我一定要替智伯复仇。"

第一次，他扮成洗厕所的人潜伏王宫，被抓后赵王赦免了他，说："这是一位义士，我只要小心躲开他就行了。因为智伯死后没留下子孙，他的臣子中有肯来为他报仇的，一定是天下有气节的贤人。"

第二次，豫让涂漆、吞炭、削发、剃眉，易容到老婆都认不出他来。然后，豫让埋伏在赵襄子外出巡视所必经的桥下。赵襄子骑马走在桥边时，马忽然惊跳起来，赵襄子说："这一定又是豫让。"派人搜捕之后，果然是豫让。

赵襄子责备豫让说："你不是曾经侍奉过范氏、中行氏吗？智伯灭了范氏、中行氏，你不但不替范氏、中行氏报仇，反而屈节忍辱去臣事智伯。如今智伯身死国亡已经很久，你为什么如此替他报仇呢？"豫让回答说："当我侍奉范氏、中行氏时，他们只把我当作普通的人看待，所以我也就用普通人的态度报答他们；而智伯把我当作国士看待，所以我用国士的态度报答智伯。"于是赵襄子用怜惜的口吻感叹说："唉！豫让啊，由于你为智伯报仇，已经使你成为忠臣义士了。而寡人对待你，也算是仁至义尽。你自己想一想吧，寡人不能再释放你了！”于是赵襄子下令让卫士把豫让包围起来。

这时豫让又对赵襄子说：“据臣所知，一个贤君不阻挡人家的忠义之行，一个忠臣为了完成志节不爱惜自己的生命。君王以前已经宽恕过我一次，天下没有不为这件事赞扬君王的。今天我到这里行刺，按理您应在这里将我处死。不过我想得到君王的王袍，准许我在这里刺它几下，我即使死了也没有遗憾了。不知君王能否成全我的愿望？”赵襄子为了成全豫让的志节，于是当场脱下自己的王袍由侍臣交给豫让。豫让接过王袍以后拔出佩剑，奋而起身，然后用剑刺王袍仰天长叹：“啊！天哪！我豫让总算为智伯报了仇！”豫让说完就自杀而死。赵国的忠义之士听说以后，都落泪惋惜不已。

“士为知己者死，女为悦己者容。”“众人遇我，我故众人报之。至于智伯，国士遇我，我故国士报之。”这些经典语句出自《史记·刺客列传》，下属对待领导者的态度，取决于领导者对待下属的态度。领导—成员交换理论将领导定义为一个过程，关注领导者和追随者之间的相互作用，并将领导者和追随者之间的二元关系视为领导过程的核心。

第一节　领导—成员交换关系的研究与发展

丹瑟罗、格林和哈格等（1975）首次提出领导—成员交换理论（Leader - Member Exchange，LMX），将领导行为研究的重点从领导者本身转移到领导者与追随者的相互关系上（见图 9 - 1），打破了之前领导理论的两个基本假设：一是组织内一个部门里向同一上级汇报工作的成员在感知、理解和反应等方面很相似，因此可以被认为是单一的集体——工作团队；二是上级对待每个成员的态度都是一样的。

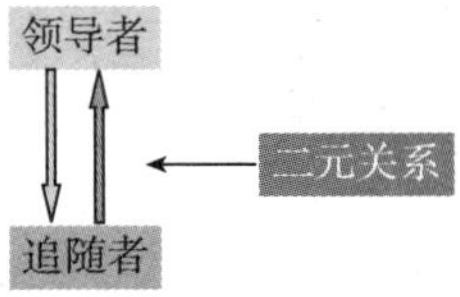

图 9－1　领导—成员交换理论的核心

实践表明，领导者与不同追随者之间的关系质量存在显著差异，同时，关系质量显著影响领导者对追随者的评价和激励以及追随者自身的态度与行为绩效。对上下级关系的不完美假设被认为是领导—成员交换关系出现之前领导理论发展缓慢的原因，甚至有学者认为，只有当领导者和追随者之间能够发展出有效的互动和积极关系时，领导力才会真正发挥作用（见图 9－2）。

图 9－2　团队假设的变化

格雷恩和尤尔－比恩（Graen and Uhl－Bien，1995）根据领导力的 3 个要素（领导者、追随者和关系）将领导理论类型划分为 4 种：领导者类型，如变革型领导理论；追随者类型，如心理授权理论；关系类型，如领导—成员交换理论；综合类型，如情境领导理论。下面，我们就来了解一下基于关系的领导理论从最初用二元垂直关系替代传统领导风格到通过开发和保持成熟的领导关系产生更有效的领导的发展和演进。①

① Graen G B, Uhl－Bien M. Relationship－based approach to leadership: Development of Leader－Member Exchange (LMX) theory of leadership over 25 years: Applying a multi－level multi－domain perspective[J]. The Leadership Quarterly, 1995, 6(2): 219－247.

领导—成员交换理论的发展经历了 4 个阶段（见图 9－3）。不同阶段研究关注点和对 LMX 的理解在不断演进。

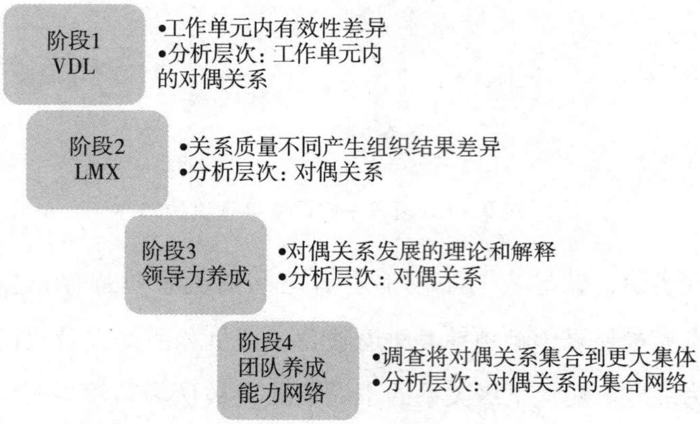

图 9－3　领导—成员交换理论的 4 个发展阶段

第一阶段，发现了不同对偶关系的存在。研究人员在研究工作社交时没有发现与俄亥俄州立大学和密歇根大学所假设的有效的均衡领导方式，相反，组织内的工作是建立在垂直汇报的基础之上的。在对垂直对偶关系的纵向研究中，研究者发现领导—成员交换关系会随着时间发生变化。当下属被要求描述他们经理的行为时，不同的下属对同一管理者的描述天差地别。极端情况下，有些被下属描述为高质量的交换，特点是高度的互信、互敬和义务，在另一些下属看来是低质量的交换，特点是低度的互信、互敬和义务。前者是“圈内人”，追随者表现为经理“深受信任的助理”，他们的行为超越工作描述，相反，后者是“圈外人”，追随者表现得如同雇员，只做分内之事。领导—成员交换理论早期的研究关注领导者与每个下属之间关系的质量，并将两种最基本的关系概括为“圈内”和“圈外”。

早期垂直二元关系理论的核心概念是经理的资源约束带来关系质量的差别，经理的时间、社交精力以及所掌握的资源限制了其建立更多高质量交换关系。

第二阶段，调查领导—成员交换关系的特征与组织结果之间的关系及其管理启示。前者包括二元角色形成过程，沟通频次调查、双向沟通模式对 LMX 的影响，LMX 价值共识，LMX 的预测和决定因素，向上影响策略和互动模式，下属忠诚，决策影响，影响策略，成员影响，高 LMX 关系中的追随者特征，不同关系质量的特征（互信、尊敬和义务），LMX 的跨文化研究等。后者包括 LMX 对绩效、离职率、工作满意度、组织承诺、绩效评估、工作氛围、创新、组织公民行为、授权、程序公平和分配公平、职业发展和关系人口学等的影响。

这一阶段的核心概念可以概括为：LMX 关系的发展受领导者和追随者在二元角色形成过程中的特征和行为影响；高质量的 LMX 对领导者、追随者、工作单元和组织整体都有非常积极的影响。

第三阶段，描述如何建立对偶伙伴关系；研究在第二阶段基础上开始超越内团体和外团体，通过发展有效领导—成员交换关系来产生有效领导。研究的重点不在于差异化发展关系，而在于在一对一基础上发展伙伴关系。管理人员应当为每一位下属提供发展伙伴关系的邀约而非厚此薄彼。这样可以创造更加平等的工作环境，伙伴关系也将提高组织能力和领导有效性。

这一阶段的主旨是从内团体/外团体思维转移到更有效、更公平的领导—成员交换关系构建上，这种关系对领导者、追随者和组织都有益处。管理者应该鼓励和培训为所有下属都提供高质量的合作关系。如果 LMX 的提供过程被认为是更加公平的，那么更多高质量的 LMX 就可能得到加强。

第四阶段，将垂直伙伴关系扩展到团队和网络层次。大部分研究将 LMX 看作工作团队内独立的垂直二元关系，现实是，一个领导和多个下属一起工作所形成的是一种关系集合。格雷恩和斯坎杜拉（Graen and Scandura，1987；Scandura，1995）认为，LMX 更应该被看作独立二元关系所组成的系统或者关系网络集合。领导关系不局限于原来的上下级关系，也包括同辈、团队成员和组织层次以及跨组织层次的关系。

在组织任务结构的基础上绘制领导结构将产生更有效的领导关系。团队层次的研究问题，包括组内不同的交换关系对任务绩效有何影响？工作团队内是否存在领导—成员交换关系质量的最佳组合？工作团队内的公平时间如何影响关系感知？不同交换质量成员如何一起开展实际工作？……组织层次的研究问题，包括什么是重要的任务网络？这些网络建立有效关系的必要关系类型是什么？……组织间的研究问题，包括关系类型如何影响员工与顾客、供应商和其他组织利益相关者的交往？组织间交往最积极有效的关系组合是什么？……目前第四阶段处于萌芽期，几乎没有关于这一层次领导力的实证研究，未来这一阶段的调查和理论构建工作需要更积极地开展。

第二节　领导—成员交换关系的内容与测量

工作中常常出现这样的情况：某部门有1位主管，6名员工。这位主管有额外任务总是喜欢用其中的两个人，他觉得他们做事可靠、认真，将任务交给他们放心，同时绩效评估时给分更高，奖金更多，公开表扬毫不吝惜，甚至也会帮助他们解决生活中的问题。其他员工按部就班地工作，他们心存不满，觉得很压抑，如果有合适机会就想离开，领导交办的额外任务，他们看钱出力，也不用心。工作中的这种厚此薄彼、另眼相看、亲疏远近的现象，就是领导—成员交换关系质量差异的表现。

一、领导—成员交换关系的主要内容

领导—成员交换理论假设领导者与追随者之间存在交换关系，追随者追随是因为他们可以从领导者那里有所收获，领导者带领团队也是因为他可以从追随者那里获得希望的东西。该理论的核心在于揭示领导者和追随

者之间的交换关系质量对领导者和追随者产出的重要影响。

领导者和追随者之间既存在经济交换，也存在社会交换，因此他们的关系也有两种：

一种建立在正式劳动合同和工作角色基础上，领导者与追随者关系比较疏远，在这种低质量的领导—成员交换关系中，领导者主要依靠正式权力、规章、政策等要求追随者完成任务，而追随者也以完成规定任务和职务说明书载明的内容作为工作范围，他们被称为“圈外人”。

另一种建立在通过协商形成的扩展角色责任之上，领导者与追随者之间的关系比较亲密，在这种高质量的领导—成员交换关系中，他们彼此信任、尊重和互惠，并有一种帮助对方解决问题的义务感，领导者可能会通过授权、提供资源和信息、增加工作自主性和弹性等给予追随者稳定的支持和关注，追随者也会对领导者表达公开的支持、忠诚、喜爱以及承担工作职责之外的任务和责任，他们被称为“圈内人”。

领导—成员交换关系随着双方交换内容的不同而变化，在此基础上产生了四个维度：

情感（affect）：指领导和成员双方建立起的主要基于个人相互吸引，而非工作或者专业知识方面的彼此间的情感体验。麦当劳的广告语“I'm Loving it!”“我就喜欢!”喜欢你，没道理。也作喜爱：一指愉快，高兴；二指喜爱，即对人或事物有好感或感兴趣。喜欢实际上是一种感觉，包含欣赏、仰慕、钦佩、倾心爱慕、爱、崇拜；反面是讨厌、厌恶、憎恨等。

忠诚（loyalty）：指领导与成员中的一方对另一方目标和个人品质公开表示支持。忠诚意味着捍卫、尽心尽力，别无二心。例如，有人在小张面前说他的领导老刘傲慢无礼，小张笑着解释老刘这人为人耿直、不善言辞，经常被误解。

贡献（contribution）：指领导与成员双方对彼此为共同目标（外显的或内隐的）所付出努力的数量、方向和质量方面的知觉。

专业尊敬（professional respect）：指领导与成员双方对彼此在组织内或

组织外所拥有的其所在工作领域的声誉的知觉程度。例如，要能熟练背诵对方看重的主要头衔，在适当的场合能够流畅自然地向别人介绍。

二、领导—成员交换关系的形成

后期研究还关注领导者和下属的交换如何有助于领导的形成，强调领导者应该与其所有下属一起开展高质量的交换，而不仅仅是与少数的下属关系紧密，以此避免因下属处于圈外而带来的不公正的和消极的影响。

1991 年，格雷恩和尤尔－比恩提出领导的形成经历了 3 个阶段：陌生人阶段、熟人阶段和成熟的伙伴关系阶段，各阶段领导与追随者的角色、影响、交换质量和下属的利益关注点都存在差异（见表 9－1）。

表 9－1　领导形成的阶段

	第一阶段：陌生人	第二阶段：熟人	第三阶段：合作伙伴
角色	合约关系	考验	协商
影响	单向	混合	相互
交换	低质量	中等质量	高质量
利益	个人利益	个人利益和他人利益	团体利益

资料来源：Graen G B，Uhl－Bien M. Relationship－based approach to leadership：Development of Leader－Member Exchange（LMX）theory of leadership over 25 years：Applying a multi－level multi－domain perspective［J］. The Leadership Quarterly，1995，6（2）：219－247.

第一阶段：陌生人。上下级互动依据合约，关系限定在约定的角色范围内。交换质量低，等级观念强，下属希望获得领导者控制的经济回报，下属追求个人利益。

第二阶段：熟人。上下级开始为社会交换创造更多机会，包括分享更多资源、个人信息或者与工作相关的信息。这是一个考验的阶段：领导评估下属是否愿意承担更多的角色和责任；下属评估领导是否愿意为其提供新的挑战和支持。二元关系发展出更多信任和尊重，他们不再只关注自身的利益，而是更多地关注团体的远景和目标。

第三阶段：成熟的伙伴关系。上下级之间拥有高度信任、尊重和责任感，相互依赖。领导者和下属之间具有高度互动性：每个人都影响着他人，也受他人影响。圈子内成员可以相互依靠以获得支持和额外的帮助。例如，领导可以依靠下属去做额外的工作，下属可以依靠领导获得所需要的支持和鼓励。他们均超越自身利益，去实现团队和组织更大的利益。

三、领导—成员交换关系的测量

领导—成员交换关系的测量工具随着LMX研究的演进而演进，量表测量的构念既有单维模式，也有多维模式。

（一）LMX－7量表

在测量LMX时，研究者使用过2条目、4条目、5条目、7条目、10条目、12条目和14条目等多种量表，试图通过增加条目数量寻找更多维度，但是这些量表都与7条目量表高度相关，产生的影响也相同。因此，7条目量表，核心条目是"工作中你和领导的关系有效性如何?"，也是最合适和备受推崇的LMX量表。

格雷恩和尤尔－比恩的LMX－7量表（Graen and Sommerkamp，1982；Scandura and Graen，1984；Graen and Uhl－Bien，1995）由7个条目组成，为领导—成员交换关系质量提供了可靠、有效的测量工具。[①] 该量表旨在测量LMX的3个维度：尊重、信任和责任感，评估领导者和追随者对彼此能力的尊重、信任和责任感。这些维度是构成牢固伙伴关系的必要因素。

LMX－7调查问卷[②]

说明：这份调查问卷包含了7个条目，让你描述你和你的领导或下属之间的关系，根据自身的情况对每一个问题做出选择，并在答案选项上标出。

---

① Graen G，Novak M A，Sommerkamp P. The effects of leader—member exchange and job design on productivity and satisfaction：Testing a dual attachment model[J]. Organizational Behavior and Human Performance，1982，30(1)：109－131.

② 资料来源：彼得·诺斯豪斯．领导学：理论与实践（第5版）[M]．吴爱明，陈爱明，陈晓明，译．北京：中国人民大学出版社，2012：111－112.

(1) 你是否知道你在什么方面支持你的领导（追随者），通常你知道他们对你工作的满意程度吗？

①几乎没有；②偶尔；③有时；④很频繁；⑤经常

(2) 你的领导（追随者）了解你的工作问题和需求吗？

①一点儿也不了解；②稍微有点儿了解；③有些了解；④很了解；⑤相当了解

(3) 你的领导者（追随者）了解你的潜力吗？

①根本不了解；②稍微有点儿了解；③中等；④很了解；⑤完全了解

(4) 不管你的领导（追随者）有多大的职权，他们利用自己的权力来帮助你解决工作中的问题的机会有多少？

①没有；②很少；③中等；④很多；⑤非常多

(5) 不管你的领导（追随者）得到多大的授权，他在经济上对你鼎力相助的机会有多少？

①没有；②很少；③中等；④很多；⑤非常多

(6) 我对我的领导（追随者）有足够的信心，如果他不在场的话，我将维护并证明他的决定。

①强烈反对；②反对；③中立；④同意；⑤强烈同意

(7) 你如何评价你和你的领导（追随者）之间的工作关系？

①极其无效；②低于平均水平；③平均水平；④高于平均水平；⑤强烈同意

得分说明：问卷得分反映了你和你的领导（追随者）之间的关系质量，得分越高，质量越高（如内团体成员）；得分越低，质量越低（如外团体成员）。

（二）LMX－MDM 量表

利登和马斯林（Liden and Maslyn，1998）开发出的 LMX－MDM 量表由 11 个项目组成，反映出 LMX 是一个四维构念变量，包括情感、忠诚、贡献和专业尊重（见表9－2）。①

表9－2　LMX各维度的定义及LMX－MDM量表的问卷条目

维度	定义	条目
情感	主要基于人际吸引力而非工作或者职业价值观的一种领导与成员之间的相互情感	我非常喜欢我的领导
		我的领导是那种非常适合做朋友的人
		与我的领导一起工作充满乐趣
忠诚	公开表达对领导者或者成员目标和性格的支持，忠诚包括对个人的忠诚，通常在不同情境下具有一致性	我的领导为我的工作行为辩护，即使不完全了解问题所在
		如果我受人"攻击"，我的领导会为我辩护
		如果我犯了一个诚实的错误，我的领导会向组织中的其他人为我辩护
贡献	指领导与成员双方对彼此为共同目标（外显的或内隐的）所付出努力的数量、方向和质量方面的知觉	我为领导做超越在我的工作描述中指定的工作
		我愿意付出超越正常要求的额外的努力，以促进我的工作团队的利益
专业尊重	指领导与成员双方对彼此在组织内或组织外所拥有的其所在工作领域的声誉的认知程度。这种看法可能基于有关此人的历史数据，例如，组织内外对此人的评价、此人所获得奖项或者其他专业方面的认可	我的领导对其工作的了解给我留下了深刻印象
		我尊重领导在工作中的知识和能力
		我钦佩领导的专业技能

资料来源：Liden R C, Maslyn J M. Multidimensionality of leader－member exchange: An empirical assessment through scale development [J]. Journal of Management, 1998, 24 (1): 43－72.

LMX－MDX量表由李克特七分度测量，变量值根据该变量各条目得分的均值得出。量表4个变量之间存在中等程度的相关性，在学生样本中相关性为0.26～0.63，在组织员工样本中，相关性为0.32～0.67。在学生样本中，情感、忠诚、贡献和专业尊敬分量表的信度值分别为0.90、0.78、0.60和0.92，组织员工样本中则分别为0.90、0.74、0.57和0.89。效度

① Liden R C, Maslyn J M. Multidimensionality of leader－member exchange: An empirical assessment through scale development[J]. Journal of Management, 1998, 24(1): 43－72.

符合要求。

后来，作者为提高奉献的测量效果，将表 9－2 中贡献的 2 个条目中的第二、第三条做了修订，现在的 3 条测量条目分别为：

第一，我为领导做在超越我的工作描述中指定的工作。

第二，为达到领导的工作要求，我愿意付出超越正常工作要求的额外努力。

第三，我不介意为我的领导做出最大工作努力。

调整后贡献量表的可靠性在学生样本中达到了 0.74，在工作群体样本中达到了 0.77。

（三）其他量表

其他 LMX 的测量方式还有 LMX 量表（Dunegan，Duchon and Uhl－Bien，1992；Stark and Poppler，2009；Yi－feng and Tjosvold，2008）、垂直连接量表（VDL）（Cashman，1975；Graen and Cashman，1975；Snyder and Bruning，1985；Wakabayashi，Graen and Graen，1988）、领导—成员社会交换量表（LMXS）（Bernerth，Armenakis，Field，Giles and Walker，2007）等。

第三节　领导—成员交换关系的影响与评价

一、领导—成员交换关系的作用

高质量的领导—成员交换关系所形成的圈子具有如下作用：

一是共同的情感。每个人可能都有自己的朋友圈，经常一起聚会，一起玩，遇事相互帮忙。圈子里，大家相互吹捧，相互鄙夷，相互竞争，相互敬重。

圈子里是一群懂你的人，在这里能够找到共鸣，收获理解。“酒逢知己千杯少，话不投机半句多。”理解万岁！许多人期待身边能有懂自己的人，盼望得到值得信赖的朋友。没有圈子的人是孤独的，若如巴金《秋》中所言：“我没有一个指导我的先生，我也没有一个知己的朋友。”那将是何等的落寞。

圈子里的人如果符合以下三点，便可称之为知己：①尊重、欣赏、爱慕、包容的正向感情；②感情必须是相互的，剃头挑子一头热，叫单相思；③有交流和沟通（皮格马力翁效应：传说皮格马力翁爱上了自己雕刻的美女，每天对着石像倾诉衷肠，后来顽石被感化，来到人间与他成就了一段美好姻缘）。

情感力量很强大：“士为知己者死，女为悦己者容。”见开篇引例中《史记·刺客列传》所记载的豫让“斩衣三跃”的故事。

二是坚定的信心。在现实生活中，和谁在一起的确很重要，甚至能改变个体的成长轨迹，决定人生成败。和什么样的人在一起，就会有什么样的人生。高质量的关系内含着彼此信任和感情亲近，他们的信念和价值观也会相互影响。和勤奋的人在一起，你不会懒惰；和积极的人在一起，你不会沉沦；与智慧的人同行，你会不同凡响。

三是有效的信息。通过正式渠道获得的信息是滞后的、不全面的，对于决策的参考价值比较有限。因此，做出重大决策前征求圈内人的建议，能够获得很多有用的信息。俗话说，普通人的圈子，谈论的是闲事，赚的是工资，想的是明天；生意人的圈子，谈论的是项目，赚的是利润，想的是下一年；事业人的圈子，谈论的是机会，赚的是财富，想到的是未来和保障；智慧人的圈子，谈论的是给予，交流的是奉献，遵道而行，一切将会自然富足。

四是更大的影响。在行政工作中，对圈子有种形象的说法：“进了班子，没进圈子，等于没进班子；进了圈子，没进班子，等于进了班子。”因此，圈子就是力量！当然，这种圈子作为高质量交换关系，不能用来牟取私利，而用来获取工作中彼此相互信任和协作，这会有利于提升工作质量。

《三国演义》第57回讲到江南名士庞统前往荆州投靠刘备，刘备久闻大名，便叫人请庞统进来。庞统见刘备长揖不拜。玄德见庞统面相丑陋，心中不悦，就跟他说："荆楚稍定，苦无闲职。此去东北一百三十里，有一耒阳县，缺一县宰，屈公任之。如果有缺，确当重用。"庞统到任，每天饮酒，不理政事。刘备派张飞和孙乾去兴师问罪，结果百日之事半日办完，庞统的雄才大略让张飞目瞪口呆，此时庞统呈上鲁肃荐书，张飞报给刘备，刘备十分感慨。此时正好孔明外出巡查回来，说"士元非百里之才，胸中所学，胜亮十倍"，并且给他写了荐书，刘备才感慨道："非吾弟所言，险失大贤。"于是，让张飞去耒阳接来庞统，自己亲自下阶请罪，方知庞统就是水镜先生昔日所言的凤雏。随后拜庞统为副军师中郎将，与孔明一起教练军士，听候征伐。

庞统的才学前后并未有大的改变，他由小县令提拔为将军、军师，是由于他跟鲁肃和诸葛亮是一个圈子的人，而鲁肃和诸葛亮又是刘备的圈内人，所以才可以直接进入核心领导层，发挥影响力。

二、领导—成员交换关系对绩效的影响

研究者[①]将工作绩效看作多维概念，包括三个方面：

一是任务绩效（或角色绩效），是指完成任务所涉及的一组行为和包括有助于商品生产或者服务提供的行为，关乎工作产出和工作责任实现的数量与质量。

二是公民身份绩效（角色外绩效），涉及"不一定与任务相关但以积

① Martin R, Guillaume Y, Thomas G, et al. Leader - Member Exchange (LMX) and performance: A meta - analytic review[J]. Personnel Psychology, 2016, 69(1): 67 - 121.

极方式为组织做出贡献的一组活动”，如帮助和支持同伴、提出好建议、传播善意、捍卫和支持组织目标等利他行为。

三是反生产绩效，是指一组偏离组织目标的行为和损害组织利益的行为，包括财产、生产和政治偏离，个人攻击、盗窃和滥用毒品等，以及伤害同事、不遵守规则和流程。

通过元分析发现领导—成员交换关系对绩效的影响如下：

首先，主效应方面，领导—成员交换关系与任务绩效（包括主观绩效和客观绩效）呈正相关关系，与公民身份绩效之间存在正相关关系，与反生产绩效存在负相关关系。这表明领导—成员交换关系对工作绩效的 3 个方面（任务、公民身份和反生产绩效）都有显著的预测能力，换句话说，高质量的领导—成员交换关系不仅会激励员工更积极的工作行为，而且会减少其消极的工作行为。

其次，中介效应方面，研究基于角色理论、社会交换理论、自决定理论等，确定了清晰的角色（角色理论）、信任（社会交换理论）、工作满意度和组织承诺（社会心理学）、动机和心理授权（自决定理论）等中介变量对绩效的影响。元分析支持信任、激励、授权和工作满意在领导—成员交换和工作绩效之间的关系，角色理论并未得到支持，明确的角色并不能在领导—成员交换关系和任务或者公民身份之间起到中介作用。对领导者的信任在领导—成员交换关系与任务绩效和公民行为之间起到中介作用，领导—成员交换关系被概念化为一个建立信任的过程。领导—成员交换与反生产绩效之间的中介效应目前很少有研究，显然是未来研究的一个领域。

最后，调节效应方面，当 LMX 和绩效由相同来源或者同样方法获得时，相关性要比从不同来源获得时更高。LMX 不同测量工具之间不存在调节效应。不同的评价者（领导者或追随者）是潜在的调节变量，由追随者做出的评价与由领导者做出的评价相比，LMX 与所有绩效的关系更弱。

三、领导—成员交换理论的运用与评价

（一）理论要点

第一，认识到组织或团队内存在组织式内团体和组织式外团体。

第二，内团体和外团体在实现团队目标的工作效能和获得回报上差异巨大。

第三，领导形成模型倡导领导者与所有下属建立信任和尊重的关系，从而使工作单位成为一个内团体。

（二）优势

第一，描述性很强，圈子现象似乎有违公平，但多劳多得、少劳少得，激励性更强。

第二，将二元关系作为领导过程的核心，很独特。领导有效性取决于领导—成员交换关系的质量。

第三，强调交流的重要性，领导者通过交流与下属建立、培养和保持有用的交换手段。当交流表现出相互信任、尊重和责任感时，有效的领导就会形成。

第四，警示领导者不要让自己的偏见，如种族、性别、宗教和年龄等对谁能进入圈内产生影响。

第五，LMX 与组织的积极结果相关联。

（三）批评

第一，与公平这一基本的人类价值观相矛盾，圈子的存在会伤害到圈外人，是对他们的歧视；该理论支持工作场所中特权群体的发展，但有学者指出内圈的存在可能会对整个团队产生意想不到的影响。

第二，没有对领导—成员交换关系质量的形成过程和影响因素进行清晰的研究。

第三，测量还存在疑问，不同的测量版本所测得的结果不能进行直接

比较，领导—成员交换关系是单维度的还是多维度的也没有统一认知。

（四）应用

第一，LMX 理论指导管理人员从关系的角度来评估自己的领导，管理者可以据此改善自身的领导行为。

第二，认识到工作中内圈和外圈的存在与发展，从而采取更强有力的交换来提高团队工作效率。

第四节　印象管理

印象管理是指如何影响其他人看待自己的过程。

一、常用策略

人们会因为避免惩罚或者赢得尊重而采取一些策略。例如：

寻找借口：追随者在绩效差的情况下，试图通过寻找借口来改变领导的归因方式，引导领导者从外部环境来寻找绩效差的原因，如任务紧迫、资源不足、信息缺乏、遇到严重阻碍等，而非从追随者内在寻找原因，形成下属工作态度不积极、工作能力低、不努力、不负责等印象，进而从领导者那里争取更多的支持和理解，避免受到警告和惩罚。

真诚道歉：真诚道歉是在承认自己错误的前提下寻求谅解和宽恕的有效策略。真诚道歉可以尽快平复对方的情绪。基本流程是：一是快速道歉，发自肺腑地说“对不起，我错了”；二是描述错误的因果关系，讲明白是由于自己做了什么事情导致对方产生这样的情绪体验；三是深刻剖析错误的原因，从自身寻找问题产生的原因，可以适当示弱，积极暴露一些自己的弱点以寻求对方的同情和理解，重建信任；四是积极弥补对方的损失，征询对方自己是否可以做些事情来弥补对方的损失；五是请求对方的原谅。

以身作则：上级表现出对任务、组织、领导者或追随者的奉献和忠诚。上级的以身作则行为包括按照一贯的价值行事，如言出必行、做事讲规则等，以及为实现组织或变革的远景、目标而做出的自我牺牲。下级的以身作则行为包括适度的早到、晚退和加班，受关注时展现出积极的言行，以及引起高度关注的自愿性工作，如帮助他人等。

逢迎他人：逢迎是试图使他人喜欢，并具有良好社会品质，如友好、善解人意、富有同情心、风趣幽默、充满魅力等。逢迎的行为表现为赞美、尊重、赞同对方的观点，迎合对方的笑话，赞赏对方取得的成就、对对方的生活表现出兴趣等。

自我推销：试图使自己的能力和价值在组织中留下良好印象的努力，包括直接向别人诉说自己的成就和讨论自己的本领，及通过在办公室或者工作场所给其他人展示自己的奖状、奖杯、纪念品等以隐蔽地展示自己的实力。

恫吓胁迫：试图让对方认为自己有能力并且愿意运用权力伤害那些无法完成他想做的事情的人。领导者运用或者威胁使用强制权力来寻求追随会产生抵制等不良后果，然而，许多政治领袖或者商界领导都会通过威胁恐吓达到制止非法活动等重要目的。

二、领导者的印象管理

许多领导者成功了则公开宣布消息、举办庆典，失败了则压抑消息或者轻描淡写。他们试图塑造自己至关重要、称职并且能够掌控局势的形象。

当约束条件和不可预知的事件使领导者很难对组织绩效施加影响时，印象管理尤为重要。能够引起高度关注的象征性活动是领导者印象管理的一种方式，他们给人留下的印象是：尽管存在一些延迟和挫折，但是为了实现组织目标，领导者解决了问题，并取得了进步。例如，慰问灾区时积极表达关切，为解决一个严重问题而制定一项新政策、启动新的计划、成立新的机构或者设立负责职位，替换因失败而被追责的人等。为维护良好的印象，领导者可能受到诱惑而采取一些不相关甚至有害的象征性行动。

领导者也会运用印象管理来避免失败，或者将责任归咎于其他人或无法控制的事件。萨拉西克和麦因德尔（Salancik and Meindl，1984）分析研究一组公司18年的年度报告，发现高层管理者总是将成功归因于自己，而将失败归咎于环境。

领导者可以积极地运用印象管理策略激励团队。例如，表扬下属（逢迎他人）以树立其信心并提高绩效；宣扬成就（自我推销）以增强追随者的信心，使他们支持变革；做出自我牺牲或者遵循一贯的价值行事等以身作则的榜样行为，能够激发追随和支持领导的远景和战略。

三、追随者的印象管理

追随者的印象管理是一种自下而上的影响策略，在其有效性研究中，通常度量的是上级如何评价下属的能力或者下属获得晋升或加薪等良好职业发展的程度。

研究表明，逢迎策略通常是有效的，该策略可以激发下属的积极情绪，还会提高交换关系质量和上级对下属的绩效评价。使用逢迎策略必须真诚，如果被认为是操纵，则会适得其反。

自我推销策略的负面效应要多于积极效应，如果下属过多地或者以一种讨嫌的方式运用这一策略，上司就会反感并对下属做出较低的绩效评价。偶尔或者巧妙运用该策略或许能成功，否则就会被认为是自夸自满。《道德经》第二十四章有言“自伐者无功，自矜者不长”，意思就是自我夸耀的人不能建立功劳，自高自大的人不能做众人之长。

[本章小结]

领导—成员交换关系的发展经历了4个阶段。第一阶段，发现了不同对偶关系的存在；第二阶段，调查领导—成员交换关系的特征与组织结果之间的关系及其管理启示；第三阶段，描述如何建立对偶伙伴关系；第四阶段，将不同的关系聚合到组和网络层次。

领导者和追随者之间既存在经济交换，也存在社会交换，因此他们的关系也有两种：一是建立在正式劳动合同和工作角色基础上，领导者与追随者关系比较疏远，是低质量的领导—成员交换关系；二是建立在通过协商形成的扩展角色责任之上，领导者与追随者之间关系比较亲密，是高质量的领导—成员交换关系。领导者和追随者之间的交换关系质量对领导者和追随者产出有重要影响。

领导—成员关系交换随着双方交换内容的不同而变化，在此基础上产生了4个维度：情感、贡献、专业尊敬和忠诚。

领导的形成经历了3个阶段：陌生人阶段、熟人阶段和成熟的伙伴关系阶段，各阶段领导者与追随者的角色、影响、交换质量和下属的利益关注点都存在差异。

工作绩效可以被看作多维概念，包括3个方面：一是任务绩效（或角色绩效）；二是公民身份绩效（角色外绩效）；三是反生产绩效。领导—成员交换关系与任务绩效（包括主观绩效和客观绩效）呈正相关关系，与公民身份绩效之间存在正相关关系，与反生产绩效存在负相关关系。

印象管理是指如何影响其他人看待自己的过程。人们会因为避免惩罚或者赢得尊重而采取一些策略。例如，寻找借口、真诚道歉、以身作则、逢迎他人、自我推销、恫吓胁迫。

在追随者自下而上的印象管理策略中逢迎比较有效，自我推销往往会适得其反。领导者自上而下的印象管理策略中逢迎、自我推销、以身作则等都是激励下属常用的策略。领导者印象管理比较重要，但是要避免自我服务归因偏差，即成功归因于自己，失败归因于环境。

[关键词]

领导—成员交换关系；情感；贡献；专业尊敬；忠诚；工作绩效；印象管理；寻找借口；真诚道歉；以身作则；逢迎他人；自我推销；恫吓胁迫

[思考题]

1. 领导—成员交换理论的假设前提与传统领导理论有何不同？
2. 领导—成员交换理论发展的 4 个不同阶段的主要成果是什么？
3. 领导者与追随者之间关系质量的差异体现在哪里？
4. 领导者与追随者的交换内容有哪些？
5. 领导—成员交换关系形成的 3 个阶段存在哪些差别？
6. 常见的测量量表有哪些？
7. 领导—成员交换关系对绩效的影响有哪些？
8. 请举例说明常见的印象管理策略。
9. 追随者和领导者运用印象管理策略时应注意什么？

[参考文献]

[1]加里·尤克尔. 组织领导学(第 7 版)[M]. 丰俊功，译. 北京：中国人民大学出版社，2015.

[2]诺斯豪斯. 领导学：理论与实践(第 5 版)[M]. 吴爱明，陈爱明，陈晓明，译. 北京：中国人民大学出版社，2012.

[3]Graen G B，Uhl – Bien M. Relationship – based approach to leadership：Development of leader – member exchange（LMX）theory of leadership o-

ver 25 years: Applying a multi – level multi – domain perspective[J]. The Leadership Quarterly, 1995, 6(2): 219 – 247.

[4]Graen G, Novak M A, Sommerkamp P. The effects of leader—member exchange and job design on productivity and satisfaction: Testing a dual attachment model[J]. Organizational Behavior and Human Performance, 1982, 30(1): 109 – 131.

[5]Liden R C, Maslyn J M. Multidimensionality of leader – member exchange: An empirical assessment through scale development[J]. Journal of Management, 1998, 24(1): 43 – 72.

[6]Martin R, Guillaume Y, Thomas G, et al. Leader – member exchange (LMX) and performance: A meta – analytic review[J]. Personnel Psychology, 2016, 69(1): 67 – 121.

第十章

领导变革

[本章要点]

1. 变革型领导的定义。
2. 变革型领导模型。
3. 其他变革型领导观点。
4. 理论的应用。

[引　例]

拿破仑的激励艺术：不用皮鞭用荣誉①

拿破仑是法国大革命时期的政治家和军事家。在欧洲人心目中，这位“能够在一刹那决定整个大陆命运，并能在自己决定中显示出英明果断”的传奇人物，连续20多年纵横驰骋在欧洲战场，指挥大小60多场战役，常常以少胜多，创造了资产阶级军事史上的许多奇迹。他留给世人丰富的领导艺术遗产，最著名的就是用荣誉去激励士兵。

拿破仑主张军队“不用皮鞭而用荣誉进行管理”。为培养和激励官兵的荣誉感，拿破仑对于立了战功的官兵，在加官进爵、授予勋章的同时，还全军广泛宣传，激发官兵为荣誉勇敢战斗。按心理学家分析，荣誉感和成就感是人们高层次的需要。一个人在事业上取得成就，还需要得到社会和他人的认可。当人们的行为受到赞誉，他们就会觉得自己的努力获得了认可，从而满足了成就动机，受到鼓舞，会发挥出更大的积极性。

拿破仑非常善于运用情感激励官兵士气。在征服意大利的一次战斗中，拿破仑夜间巡岗查哨，发现一名士兵斜倚着树根睡着了。他没有喊醒哨兵，却拿起枪替他站了大约半个小时岗。哨兵醒后认出替他放哨的司令官，十分惶恐和绝望，跪倒在他面前。拿破仑却和蔼地说：“朋友，这是

① 张晓峰. 行政领导学经典案例释义[M]. 哈尔滨:黑龙江人民出版社,2017:212－213.

你的枪。你们艰苦作战，又走了那么长的路，打瞌睡是可以谅解的。但是目前，一时的疏忽就可以断送全军。我正好不困，就替你站了一会儿，下次可要小心。”他没有用军纪处罚，而是从情感出发包容提醒，使得官兵发自内心拥护他、爱戴他，不折不扣地执行命令。

物质能对人的行为产生激励作用，关键是要让物质满足人们的生理需要。尽管拿破仑说：“金钱不能购买勇敢”，但为了保持部队的高昂士气，他总是慷慨地对立下战功的官兵们赐以物质奖赏。仅在征服普鲁士、打败沙俄签订合约后，他一次奖给乌达元帅 100 万金法郎，贝尔蒂元帅 50 万金法郎，内伊元帅 30 万金法郎。其他元帅和军官，以及所有实际参加战斗的官兵，都得到了奖赏，而且负伤的比未负伤的多两倍。

最使下级信服的是拿破仑能够在关键时刻做出表率。1799 年法军从叙利亚向埃及撤退时，鼠疫猖獗，法军病患和伤员不少。拿破仑命令所有的骡马和车辆用来载运伤员，全体高级将领都要徒步行军，不准有任何特殊。当时管理马匹的军官认为总司令应当例外，请示拿破仑留下他那匹马。拿破仑勃然大怒，“全体步行，我第一个先走。难道你不知道命令吗?”此举迅速传遍全军，士气大振。正是拿破仑本人的坚毅勇敢和关键时刻的以身作则，保持和提升了部队士气和战斗力。优秀的领导者应该通过自己的示范行为去激励下属的积极性，给下属以信心和力量。

斯宾塞·约翰逊的名著《谁动了我的奶酪》，讲了两只小老鼠嗅嗅和匆匆与两个小矮人哼哼和唧唧在迷宫里找奶酪的故事，故事向我们展现出变化是永恒的，以及积极主动拥抱变化的意义。在我们的世界里，奶酪，可能是一份工作、人际关系、金钱、财产、健康以及心灵的宁静等，它让我们努力追寻。团队里，领导者如何才能让下属动起来呢?

领导者是否可以直接问追随者要结果呢？要求下属爱我们、尊敬我们、像我们一样充满激情地工作，以单位为家，摒除一切杂念来为部门做贡献？答案是令人沮丧的。西蒙·斯涅克在《伟大的领导者如何激励人心?》的演讲中指出，许多人常常犯的错误就是首先想到的是“我想要什么”，然后是“怎么去做”，很少思考“为什么做这件事”。而能够激励人心的领导则是首先想为什么去做，即使命和远景；然后是怎么去做，即方法和技术；结果是自然而然的事情。

今天，变革型领导理论之所以与领导—成员交换理论成为领导学前沿，根本原因就在于它揭示了变革型领导实现激励追随者的动机，以更好地实现共同目标。也让我们看到，变革—改革创新是发展第一动力根源之所在。变革不是制度变化、新理念、新方法、新思路，而是改变或者改造人的过程。

领导—成员交换理论可以说是对传统的契约式领导的最好诠释，即在一定的体制和制度框架内，领导者和追随者不断进行着交换，领导者用各种资源交换追随者的服从，双方在一种“默契契约”的约束下完成交易并获得满足。然而，在这种交易过程中追随者的内在工作动机有限，不能使组织获得最大限度的进步。

变革型领导是目前最流行的一种领导理论，它更多地关注领导魅力和情感元素。巴斯和里焦（Bass and Riggio，2006）认为，它的普及可能是因为它强调内在动力和追随者的发展。变革型领导很符合当今工作群体的需要，因为他们想要得到鼓舞和授权，从而在不确定性的时代获得成功。

变革，顾名思义，是一个改变或者改造人的过程。它关注的是人的情感、价值、道德、准则和长远目标。包括评估追随者的动机、满足其需求、尊重其人权等。变革型领导是“影响”的一种特殊形式，让追随者完成预期之外的事情。这个过程通常包含魅力型领导和愿景领导。变革型领导涵盖范围很广，从一对一影响追随者的领导到试图影响组织甚至整个文化的领导，在促进变化上发挥着关键作用。

第一节　变革型领导的定义

变革型领导的定义最早由詹姆士·伯恩斯（James Burns）在《领袖论》中提出，“变革型领导激发追随者的动机，以更好地实现共同目标”。

伯恩斯区分了两种类型的领导：交易型领导和变革型领导，交易型领导重点在于领导者和追随者之间发生的交易。与交易型领导不同，变革型领导在管理其他人的过程中考虑追随者的需要和动机，并试图帮助他们发挥自身最大的潜能。

伯恩斯提出的变革型领导概念中包括提高他人的道德水平。因此，巴斯（1998）创造了伪变革型领导（pseudo - transformational）术语，用于指那些自我消费、具有剥削和权力导向以及扭曲价值观的领导者。我们来看莫言在《红高粱》里创造的两个典型人物：土匪余占鳌和县长朱豪三。

山东高密土匪余占鳌被迫走上当土匪的道路，他拉起一帮人马，不打家劫舍、不杀人越货、不伤害无辜百姓，在高密一带充当地方武装，维护治安，受到老百姓爱戴，人们纷纷捐钱捐粮，自愿供养他们，被称为“义匪”。就连被县长派去招安他们的本地义校的校长张俊杰也敬佩他的为人，认为他跟别的土匪不一样，手下的弟兄更是个个不怕死、不怕苦，忠心耿耿，故而转投余占鳌手下做了军师。

县长朱豪三信奉“乱世要用重典”的理念，上任后不惜代价、不择手段，发誓要剿灭高密的所有土匪。根源是女儿被土匪杀害、老婆先后被土匪劫了两回。他为了剿匪，出告示招募杀过人的土匪当警察，月俸 3 个大洋，许多人为了混口饭吃谎报杀过人，结果被朱豪三派兵用机枪扫射死了 100 多人。后来为了引诱余占鳌出来，朱豪三把自己的干闺女、余占鳌的情人九儿和孩子豆官作为人质，引起九儿反目、百姓不齿，连自己手下的得力干将小颜都觉得这种做法丧尽天良，因而站在了九儿家人一边。日本人进入高密之后，他为抗日不惜一切代价。日本人包围他之后，他义无反顾拉响了绑在身上的炸药。

我们从案例中可以看出余占鳌是变革型领导，朱豪三是伪变革型领导。首先，余占鳌是为了实现大家的共同目标，就是活下去。他本质上不是土匪，而是地方武装，因为乱世没有生路才拉起人马做保镖押运等生意；而朱豪三却是将私人的恩怨借用组织手段来实现，县长是地方父母官，其职责不仅仅是剿匪，而是为了让当地百姓过得更好，不能本末倒置。

其次，余占鳌对待下属的方式更仁义。他用仁义对待追随者，追随者也愿意为他出生入死；而朱豪三虽然鞠躬尽瘁想要剿匪，造福百姓，但是他为达目的不择手段，无形中杀害无辜（如四奎），利用九儿，还对她说："杀了余占鳌没人问孩子的爹是不是单家的种，虽然爹死了，你们娘仨还可以活下去，这是大义灭亲。"这种试图变革当地文化但却方法不当、心狠手辣、道德无底线的领导，就是伪变革型领导。

第二节　变革型领导模型

一、领导连续体

巴斯认为，变革型领导与交易型领导虽然不同，但也不相互排斥，变革型领导比交易型领导更能够提高追随者的绩效，但有效领导能够综合运用两种风格（见图 10－1）。

该模型最初由巴斯（1985）提出，当时变革型领导包括理想化的影响

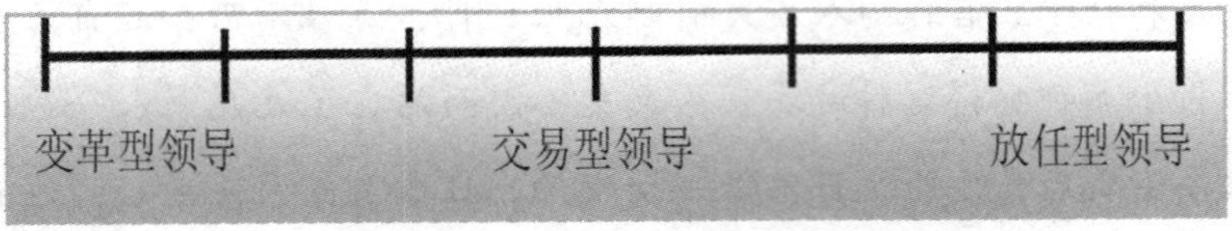

图 10－1　从变革型领导到放任型领导的领导连续体

资料来源：彼得·诺斯豪斯．领导学：理论与实践（第 5 版）［M］．北京：中国人民大学出版社，2012：118.

力、智力激发和个性化关怀，交易型领导包含后效奖励和消极的例外管理。后来他和阿沃利奥（1990）修订了该理论，并增加了变革型领导的鼓舞性激励因素和交易型领导的积极的例外管理因素。最终，该领导连续体包含了 7 种不同的因素，见表 10－1。

表 10－1　领导因素

变革型因素	交易型因素	放任型因素
因素一 理想化的影响力 因素二 鼓舞性激励 因素三 智力激发 因素四 个性化关怀	因素五 后效奖励 因素六 例外管理	因素七 自由放任
内在动力	外在动力	没有动力

注：作者在相关表格上增加了员工动机类型，并将各领导因素的核心内容放在正文中介绍。

资料来源：彼得·诺斯豪斯．领导学：理论与实践（第 5 版）［M］．北京：中国人民大学出版社，2012：119.

二、变革型领导因素

巴斯（1985）认为，变革型领导通过以下方式激励追随者做更多预期之外的事情：①提高追随者对具体目标和理想目标的重要性以及价值的认知水平；②让追随者视组织或团队的利益高于个人利益；③鼓励追随者有更高的追求。

具体而言：第一，理想目标是组织目标，具体目标是个人岗位职责与目标，只有理想目标和个人目标的方向一致，并且重要性足够被认识，才能让个人在立足本职的基础上，为组织目标的实现贡献力量。第二，集体主义的价值。大家有没有发现，当我们过于关注个人的目标与利益时，就会经常受到挫折、愤怒等消极情绪的困扰。原因在哪里呢？在于个人目标和利益的实现是在组织和社会的人际互动中实现的，而我们可以处于自己世界的核心，却不能永远处于外部世界的优先位置上，那么对个人目标利益越敏感，越容易斤斤计较、患得患失。相反，集体主义能够让我们体会到做事的更高意义，让我们快乐。任何事物都有两面性，个人主义与集体主义也不可避免。第三，追随者有更高追求，发挥出更大潜能，如果与组织目标一致，组织也会受益。

具有变革型领导能力的人有一套独特的内在价值观和理想，这些价值观和理想能有效地激励追随者超越自身利益去为更伟大的目标奋斗（Kuhnert，1994）。

（一）理想化影响力

理想化影响力是指能使他人产生信任、崇拜和跟随的一些行为。它包括领导者成为下属行为的典范，得到下属的认同、尊重和信任。这些领导者一般具有公认的较高的伦理道德标准和很强的个人魅力，深受下属的爱戴和信任。大家认同和支持他所倡导的愿景规划，并对其成就一番事业寄予厚望。

再如，1948 年澄合战役攻打壶梯山的敌军时，彭德怀冒着炮火硝烟，来到西北野战军第二纵队司令员王震的指挥所，那里离前线很近，只构筑了简单的掩蔽工事。王震突然发现彭德怀站在他身后，大吃一惊。敌人打来的炮弹越来越密集，为了彭德怀的安全，王震急忙把他拉到掩蔽部里，简单汇报情况后就让彭德怀离开，彭德怀却迟迟不肯离开。将帅亲临一线，第一时间了解了实战的情况，落实了责任，鼓舞了士气，增进了战士对将帅的信任，推动了战役目标的实现。[①]

（二）鼓舞性激励

鼓舞性激励包括传递极具吸引力的愿景以及运用团队精神和情感诉求等来凝聚下属。领导者向下属表达对他们的高期望值，激励他们加入团队，并成为团队中共享梦想的一分子。在实践中，领导者往往运用团队精神和情感诉求来凝聚下属以实现团队目标，从而使所获得的工作绩效远高于员工为个人利益奋斗时所产生的绩效。

例如，20 世纪 60 年代，人类正在实施奔月计划。美国时任总统约翰·肯尼迪到国家航空和宇宙航行局视察工作，看看进展如何。他在那里看到一个穿着白色外套并戴着白色帽子的人。肯尼迪停下来，问那个人在做什么，结果他回答道："我正在帮助人们实现人类的奔月计划。"肯尼迪微笑着，接着问："真棒，你具体做什么工作呢?""哦"，这个人回答道，"我是 D8 区域的门卫，我正要去换班"。[②]

人类的奔月计划是伟大而鼓舞人心的例子，它远大而生动，给人们提供了清晰的意象，深深嵌入人们的脑海中，鼓舞着组织中的人，使高层领导者和最底层的清洁工及门卫有强大的共鸣。并不是每个组织都有"将人类送上月球"的崇高使命，但是所有的组织都应该找到更高的使命，需要找到长期的情感战略，把它们与日复一日的短期任务联系起来，也就是把平凡与崇高联系起来。

吉姆·克林斯认为，领导的目标应该是"宏伟的、崎岖的、无畏的"。因此，要去找崇高目标，找到它和组织之间的联系，然后确信每一个人都了解这个目标。[③] 习近平总书记曾说，"我在很多革命圣地工作过，陕西有

---

① 周万亮．百年领导力:1921—1949 中国共产党领导力实践[M]．北京:中共中央党校出版社,2020:35 －36.

② 西蒙·兰卡斯特．感召力[M]．田金美,洪云,译．北京:北京联合出版公司,2016:84.

③ 西蒙·兰卡斯特．感召力[M]．田金美,洪云,译．北京:北京联合出版公司,2016:85.

延安，河北有西柏坡，福建有苏区，浙江有南湖，上海有一大会址，还是二大、四大召开地，革命传统是我们一笔宝贵的精神财富，是凝聚人心、激励向上的一种精神动力”。[①]

（三）智力激发

智力激发是指鼓励下属创新，挑战自我，包括向下属灌输新观念，启发下属发表新见解和鼓励下属用新手段、新方法解决工作中遇到的问题。通过智力激发，领导者可以使下属在意识、信念以及价值观的形成上产生激发作用并使之发生变化。

请大家思考：领导者如何激励下属学习新观念、发表新见解、使用新方法以解决工作中遇到的问题？（也可以逆向思考，大家为何不愿意学习新观念、发表新见解、使用新方法以解决工作中遇到的问题?）

这是大家想出来的一些措施：

一是提供物质和精神奖励，设立金点子、金手指奖等，鼓励大家参与。

二是营造环境，例如，组织提供支持，使员工降低学习成本，提高学习收益；鼓励和授权，领导让员工自行讨论，拿出最终方案；轻松、平等，大家在咖啡厅、茶馆等平等讨论，畅所欲言，等等。

三是完善制度，让那些善于学习、敢于创新的人有晋升的机会。

四是恰当的领导风格，领导要根据不同下属的成熟度和特点，进行差别化的鼓励。

领导者激励下属创新需要注意两个方面：一是领导者的意识，领导者能够认识到个人认知的局限性，重视激发和采用下属的智慧，就会形成开放、包容和鼓励创新的组织文化。二是领导者的态度和行为，领导者鼓励和支持创新，为员工提供资源和机会，就会营造出创新的氛围。反之，如果领导者态度倨傲，独断专行，则会压抑下属的创新行为。换言之，组织

---

① 本书编写组．当好改革开放的排头兵：习近平上海足迹[M]．上海：上海人民出版社，2022：10.

学习和创新应该从领导开始。刘澜在《领导就是说对十句话》一书中提出，第一，激发追随者要说“我不知道”。本尼斯说：领导做正确的事，管理正确地做事。刘澜认为，领导解决挑战性难题，管理解决技术性难题。解决技术性难题靠权威，解决挑战性难题靠群众。第二，要问“你觉得呢?”解决挑战性难题有“三难”：首先，界定问题难；其次，发现解决方案难；最后，实施解决方案难。要动员群众来解决问题。①

中国文化权力差距比较大，在传统的行政组织中，领导者在决策过程中较少向下属解释自己决策的依据。如果领导者能够在决策过程中征求员工的意见和建议，并向其提供解释和说明，根据下属建议做出决策调整，那么下属就会认为领导者友好，尊重和关心自己，进而能够激发追随者的智力。②

智力激发的最好途径就是激励追随者的参与热情，创建能够激发下属创新解决问题的制度和文化，培育员工的敬业精神。

例如，咨询机构DDI认为，管理者需要聚焦于5件事情来提升员工敬业度：使员工的努力与战略一致；授权；奖励团队合作；帮助员工发展；在恰当的时候提供支持与认可。韬睿提出10项驱动因素，最重要的3项是：高管关注员工的快乐；有挑战性的工作；自主决策权。盖洛普认为领导者是提升员工敬业度的关键，敬业度来自个人因素、真我组织因素和政策流程因素。尽管各类模型各有侧重，但都认为最重要的不是财务因素，而是领导力因素。

林光明等在《领导力基因：为什么别人愿意追随你》中从领导力行为要素的角度分析，认为擅长激励参与的领导者体现了以下行为素质：③

---

① 刘澜．领导力就是说对十句话[M]．北京：机械工业出版社，2014：12－20.

② 吴小云．变革型领导影响下属满意度和组织承诺的路径研究[M]．北京：中国经济出版社，2013：190－191.

③ 林光明，饶晓谦，冯昀．领导力基因：为什么别人愿意追随你[M]．北京：机械工业出版社，2014：162－166.

建立互信文化：通过言行展示真我以赢得追随者的信任；敢于冒险，放手将责任和决策权下放；鼓励成员之间彼此信任、协作。

统一愿景与目标：归纳、整合各方面的因素，形成统一的愿景与目标，以及实现这个目标的战略方案；通过有效沟通激励追随者共同奋进。

建立高绩效团队：吸引合适的人才加入团队，明确共同目标，激励成员发挥各自的优势，通过团队内外的高效合作达成优秀的团队绩效。

冲突管理：控制情绪、化解紧张关系，降低人际摩擦，协调解决自己与他人、或者他人之间的矛盾。

引申：日常工作中，领导如何让员工主动多说“我来”？——领导要说“我来”而不是“你来”

这个问题很大，但是，领导要想让员工多说“我来”，就要做表率，如果遇到事情 CEO 就跟部门经理说“你上”，部门经理对主管说“你上”，主管对员工说“你上”。时间久了，员工就没有动力，推动事情就会很难。领导想要别人改变，先要说“我来改变”。你不改变，你也改变不了别人；领导不变的话，员工是不会主动求变的。

发挥领导力的第一步是什么呢？是承担解决问题的责任。为什么给你领导职位？就是期待你解决问题，才给你这个领导职位。领导职位首先意味着责任。发挥领导力首先就是承担责任。有领导职位，你要承担责任；没有领导职位，但是如果你主动承担责任，你就已经开始发挥领导力。怎么承担责任？就是说“我来！”这是领导力的第一句话。

遇到难题时，“我来”还有几种说法：第一种，面对你的上级、面对你的平级，你可以说：让我来！主动站出来承担责任。第二种，面对你的下级要说“跟我来”。领导力中的“领”和“导”这两个字都包括方向的意思，领导者是指引方向的人。第三种，面对一些艰难决策时，勇敢地站出来说“我来拍板!”第四种，在你负责的范围内，出了事故之后，要说“我来负责!”

但是请注意，说“我来”并不是“我来包办一切事情”。领导来不等于让员工待那儿别动，而是得跟我来，跟得上。①

（四）个性化关怀

个性化关怀是指关心每一个下属，重视个人需要、能力和愿望，耐心细致地倾听，以及根据不同情况和需要区别性地培养和指导每一个下属。这时变革型领导者就像教练和顾问，帮助员工在应对挑战的过程中成长。

对他人需求的敏感性是一种非常宝贵的能力。领导者需要真正、及时地了解追随者的愿望和担忧、快乐和悲伤，否则就会很快和追随者脱节，失去影响力。当下属提出辞职的时候，领导如果感到惊讶，就说明领导没有掌握其所思所虑，当领导和下属的纽带破裂时再去弥补为时已晚。尽管员工离职原因很多，但是他与领导者之间关系纽带的断裂是一个重要原因。

马斯洛提出的需求层次理论可以帮助领导者认识和表达个性化关怀。该理论指出，人的需求从低到高分为生理、安全、社交、尊重和自我实现等5种；低层次需求得到满足之后，高层次需要才会产生；只有未被满足的需要才能产生激励作用。同一时间，不同的下属内在优势需求是不同的，随着时间的推移，同一个下属的优势需求也会发生变化，因此，领导者需要经常跟下属保持沟通，聆听下属的心声，如此才能有针对性地表达关怀。例如，刚毕业还挣扎在生存线上的新员工可能对薪酬福利比较看重；而经济条件优渥的员工可能对团队氛围以及领导的态度更为重视；离单位远或多子女员工则希望单位提供远程办公的选项。

---

① 刘澜．领导力就是说对十句话[M]．北京：机械工业出版社，2014：12－20.

三、交易型领导因素

交易型领导与下属交换有价值的事物，以推进自己与下属的目标进程，交易型领导者很有影响力，因为下属会为了自己的最大利益而努力完成领导们下达的任务。

（一）后效奖励

后效奖励是指领导者和追随者之间的一个交换过程，在这个过程中，追随者的努力是为了换取特定的奖励。领导者在任务分配及相应报酬上尽量与追随者达成一致。例如：朋友家有个 4 岁的小男孩，每天可以用吃饭、睡觉、收拾玩具等换取玩 iPad 的时间，比如吃饭在半个小时内吃完，可以玩 5 分钟；晚上 8 点前上床睡觉，可以玩 5 分钟；玩过之后玩具归类放好，可以玩 5 分钟，第二天统一结算，幼儿园放学后妈妈兑现，定闹钟执行。党政部门年终评优、企业的计件工资、高校按教师论文数量和级别决定晋升等，都是后效奖励措施。

（二）例外管理

例外，是指偏离计划或者预期效果的事件。在变化的环境中，例外在任何组织中都会发生，甚至是不可避免的。例外管理包括正确批评、负面反馈和负强化。例外管理有两种形式：主动的和被动的。

运用被动形式的领导者只是在没有达到标准或问题出现后才进行干预。例如，年末绩效考核时发现下属绩效不达标的时候才进行惩罚、转岗或者培训等。无论主动例外管理还是被动例外管理，更多采用的是负强化的模式。

运用惩罚减少某种行为时，如果方式不当，会带来适得其反的效果。例如，一家托儿所决定采用罚款的方式惩罚那些接孩子迟到的家长，迟到一分钟罚 5 元钱。托儿所希望通过惩罚让家长准时前来接孩子，然而付诸实施后，家长迟到的次数明显增加了。原因在于以前家长为迟到给托儿所工作人员带来的不便感到愧疚，但罚款使他们的关系变成了纯粹的金钱关系，家长不会为迟到感到愧疚，他们愿意多花钱。①

运用主动形式的领导者密切关注追随者是否犯错误或违反规则，然后采取行动去纠正。例如，某些企业会给新进员工配备导师，导师一般就是工作中经验丰富、责任心比较强的前辈，他们发现员工加工的产品没有达到标准或者有不正确的做法，就会立即指出来，纠正员工的做法。

其实，例外管理最初由泰勒提出，是指高层管理者对日常发生的例行工作拟就处理意见，使之规范化（标准化、程序化），然后授权给下级管理人员处理，而自己主要去处理那些没有或者不能规范化的例外工作，并且保留监督下级人员工作权力的一种管理制度或者原则。这种制度可以节省高层管理者的时间和精力，使他们能够集中精力研究和解决重大问题，同时使下级部门有权处理日常工作，提高工作效能。

举病牛喘息的故事加以说明。汉代有一位名叫丙吉的宰相，有一次他外出巡视时，遇到一宗杀人事件，他没有理会。后来看见一头牛在路边不断地喘气，他却立即停下来，刨根问底，仔细询问。随从的人觉得很奇怪，问他为什么人命关天的事情他不理会，却如此关心喘气的牛。

丙吉说，路上杀人自有地方官吏去管，不必我去过问；而牛喘气异常，就可能是发生了牛瘟或是其他有关民生疾苦的问题，这些事情地方官吏一般不太注意，因此我要查问清楚。

我们该如何看待丙吉的领导行为？

这则故事有很多引人深思的地方。如果我们把“杀人事件”看成例行事件，那么实际上“牛喘气”就是一个例外管理的典型。“杀人事件”的处理实际上已制度化、流程化，并由专门的机构负责处理，作为领导完全可以让他们去解决。相反，牛喘气作为一种偶发性例外事件，由于缺乏制度化、流程化的解决方式，而且没有专门负责的组织机构，就容易被忽视

---

① Uri G ,Aaldo R . Pay enough or Don't pay at All[J]. Quarterly Journal of Economics, 2000(3): 791 -810.

而造成严重的后果。丙吉这种放手流程内和例行性事件、专注流程外和例外事件的管理思想，对领导者管理相关工作有着很深的启示。

总结起来：后效奖励是对员工行为的正向强化，例外管理是对员工行为的负向强化。通俗地讲就是“干得好升官加钱发奖状，干不好降职扣钱挨批评”。但影响员工行为是以影响心理动机为前提的，想要见效并不简单。例如，当你的下属有一件工作完成得比较好时，让他/她立刻知道你的赞赏。当你表扬团队成员时，大家也就很容易了解，什么是令人满意的结果，大家就会做得跟这个一样好，甚至更优秀。同样地，要是一个下属的工作“不太好”，你也应该立刻履行职责，让他/她知道自己哪里做得不太好，以及之后应该如何改进。[①]

四、放任型领导因素

自由放任，又称无干涉主义，源自法语 laissez - faire，意思是让他做、让他去、让他走，不加约束，任其发展。

在经济领域，市场经济主张自由放任，政府对民间经济，如价格、生产、消费、分配以及服务等干预越少，经济运行就越顺畅，市场这只看不见的手在人们争取自我利益的过程中实现利益最大化。

在管理上，自由放任代表着领导缺失。自由放任型领导者采用“放任自流，任其发展”的做法，放弃责任、延误决策、不给反馈、很少努力满足追随者的需求。领导者与追随者之间没有交换，也不帮助追随者成长。例如，组织从来不召开全体员工大会、组织发展没有长期规划、领导很少与员工接触等。

① ［美］布兰达·本斯．突破领导的门槛［M］．白姗，译．北京：时代华文出版社，2017：54.

第三节　其他变革型领导观点

一、本尼斯和纳努斯的研究

本尼斯和纳努斯（1985）提出了领导者在变革组织过程中所采用的4个普遍策略：

首先，对组织的未来有明确的愿景规划。它描述了一个有吸引力的、真实可信的未来。这个愿景简单易懂、有益并能使人充满活力。清晰的愿景会给予员工力量，让他们觉得自己是这个值得为之工作的组织的重要组成部分，愿景应源自整个组织的需求，由成员提出。

其次，扮演社交建筑师的角色。领导者要创建一种形式，让成员维系组织的共同利益，这些领导向员工传达组织价值和规范转变的方向。很多情况下，领导能动员人们接受一个新的团队或认同一种新的组织理念。

再次，建立信任。让下属清楚地知道自己的立场，并得到下属的支持。即使在充斥不确定性的情况下，领导者仍然需要得到下属明确而可靠的信任。

最后，积极的自我肯定。领导者积极地自我肯定以便创造性地调配自己的能力，也使下属产生自信和满怀对未来的美好期望。

二、库泽斯和波斯纳的研究

他们通过让领导者们描述自己“个人最佳”经验，建立领导力模型，提出让领导者完成非凡事情的5种基本实践：

（1）树立榜样（model the way），领导者清楚地知道自己的价值观和理念，并将自己的心声传递给他人。用自己的言行为他人树立榜样，履行承诺，坚持与他人分享共同的价值观。

（2）激发愿景（inspire a shared vision），有效的领导者能够创造出令人憧憬的愿景，引导人们的行为。

（3）挑战过程（challenge the process），愿意改变现状，探索未知，包括愿意创新、成长和提高。

（4）使众人行（enable others to act），有效运用下属的才能，与下属建立信任，促进合作。

（5）鼓舞人心（encourage the heart），通过奖励下属来鼓励他们。

三、李超平和时勘的研究

李超平和时勘于2005年发展出符合中国国情的变革型领导模型，提出变革型领导由4个因素构成：

（1）领导魅力，强调领导个人的能力和技术。只有底气，才能撑得起勇气；只有沉淀，才能散发出魅力。

（2）愿景激励，强调领导者让下属了解组织、部门的使命和目标以及个人的工作对实现组织目标的意义。

（3）德行垂范，具有较高的品德和价值标准。

（4）个性化关怀，关心下属的工作和生活需求，帮助下属解决工作和生活中遇到的挑战和困难。

第四节　理论应用

一、理论要点

变革型领导描述了领导者们为在组织中发起、开展和实施卓有成效的变革，通常采用以下方式：

（1）授权、培养下属，让他们为了他人利益超越个人利益。

（2）亲自为下属树立强有力的榜样。

（3）规划愿景，为组织指明前进的方向，并让下属明白组织身份的意义。

（4）诠释和塑造组织理念等。

二、优势

第一，大量的研究证明理论有效。变革型领导与追随者的满意度、动机和绩效呈正相关关系。

第二，直观上的吸引力，描述了领导者如何在倡导变革中起主导作用。

第三，将领导视为领导者与追随者之间发生的互动过程。

第四，更广阔的视野，它不仅仅包括提供物质酬劳，还包括领导者关注追随者的需求和成长。

第五，强调追随者的需求、价值观和道德观。

三、批评

第一，缺乏清晰的概念界限，与愿景型领导、魅力型领导等内容有重叠。

第二，测量工具的效度，用 MLQ 来测量变革型领导时理想化影响力、鼓舞性激励、智力激发和个性化关怀 4 个因素相关性太高。

第三，变革型领导更多地被视为领导的个人品质或偏好，而不是可以学习的行为。

第四，非民主的，具有精英主义论的色彩。

第五，可能被滥用，例如谁来制定愿景更好？

四、应用

该理论概括了处于变革中或者准备变革的领导者的一些典型特征，它并未提供某种特定情形下领导者如何获得成功方面的清晰假设，而是要求领导者清楚自身的行为如何与追随者的需求以及团队内部变化的动力相关。

适用于招聘、遴选、晋升以及培训与发展，也适用于改善团队发展、制定决策、创新和机构重组等。

多元领导特质（MLQ）问卷的填写，可以帮助领导者确定如何改善自身的领导方式。

[本章小结]

变革型领导是目前最流行的一种领导理论，它更多地关注领导魅力和情感元素。它强调内在动力和追随者的发展，很符合当今工作群体想要得到鼓舞和授权的需要，从而在充斥着不确定性的时代获得成功。

变革，顾名思义，是一个改变或者改造人的过程。它关注的是人的情感、价值、道德、准则和长远目标，包括评估追随者的动机、满足其需求、尊重其人权等。

领导连续体中包含7种领导因素，其中，变革型领导因素包括四类：理想化的影响力（核心是魅力）、鼓舞性激励、智力激发和个性化关怀。交易型因素包括两类：后效奖励（核心是建设性的交易）和例外管理（包括主动的和被动的例外管理以及正确的交易）。放任型因素包括一项，即自由放任（本质是没有交易）。

本尼斯和纳努斯、库泽斯和波斯纳，以及李超平和时勘在变革型领导方面的研究也非常值得关注。

[关键词]

魅力型领导；变革型领导；交易型领导；放任型领导；理想化的影响力；鼓舞性激励；智力激发；个性化关怀；后效奖励；例外管理；自由放任；德行垂范

[思考题]

1. 变革型领导的基本概念和内涵是什么？如何区分伪变革型领导？

2. 领导的连续体中有几种领导风格？核心因素是什么？作用有何差别？

3. 理想化影响力包括哪些？请举例说明。

4. 如何向追随者表达鼓舞性激励？

5. 如何激励下属学习新观念、发表新见解、使用新方法以解决工作中遇到的问题？

6. 个性化关怀包括哪些？请举例说明。

7. 什么是后效奖励？

8. 领导者应该如何使用例外管理？

9. 放任型领导的特点是什么？可能会产生哪些影响？

10. 李超平和时勘提出的中国情境下的变革型领导因素与其他理论相比有何区别？意义何在？

[参考文献]

[1]布兰达·本斯.突破领导的门槛:成功领导者的15个行为模式[M].白姗,译.北京:北京时代华文出版社,2017.

[2]本书编写组.当好改革开放的排头兵:习近平上海足迹[M].上海:上海人民出版社,2022.

[3]加里·尤克尔.组织领导学(第7版)[M].丰俊功,译.北京:中国人民大学出版社,2015.

[4]李超平,时勘.变革型领导的结构与测量[J].心理学报,2005(06):97－105.

[5]林光明,饶晓谦,冯昀.领导力基因:为什么别人愿意追随你[M].北京:机械工业出版社,2014.

[6]刘澜. 领导力就是说对十句话[M]. 北京:机械工业出版社,2014.

[7]尼克松. 领袖们[M]. 刘湖,等,译. 北京:知识出版社,1985.

[8]诺斯豪斯. 领导学:理论与实践(第5版)[M]. 吴爱明,陈爱明,陈晓明,译. 北京:中国人民大学出版社,2012.

[9]西蒙·兰卡斯特. 感召力[M]. 田金美,洪云,译. 北京:北京联合出版公司,2016.

[10]吴小云. 变革型领导影响下属满意度和组织承诺的路径研究[M]. 北京:中国经济出版社,2013.

[11]周万亮. 百年领导力:1921—1949中国共产党领导力实践[M]. 北京:中共中央党校出版社,2020.

[12]张晓峰. 行政领导学经典案例释义[M]. 哈尔滨:黑龙江人民出版社,2017.

[13]Bass B M, Riggio R E. Transformational leadership[M]. New York: Psychology press, 2006.

[14]Kotamena F, Senjaya P, Prasetya A B. A literature review: Is transformational leadership elitist and antidemocratic? [J]. International Journal of Social, Policy And Law, 2020, 1(1): 36-43.

[15]Mhatre K H, Riggio R E. Charismatic and transformational leadership: Past, present, and future. In D. Day(Ed.), The Oxford handbook of leadership and organizations[M]. Oxford: Oxford University Press, 2014.

[16]Uri G, Aaldo R. Pay enough or Don't pay at all[J]. Quarterly Journal of Economics,2000(3):791-810.

第十一章

诚实领导

[本章要点]

1. 诚实领导的定义。

2. 诚实领导的方式。

3. 理论的应用。

[引　例]

四知拒金

东汉人杨震做过荆州刺史，后调任为东莱太守。他去东莱上任时路过昌邑，昌邑县令王密是杨震任职荆州刺史时举荐过的官员。王密听说杨震路过，为报答当年提携之情，前来拜访，到晚上则准备了十斤金子想送给杨震。

杨震说："老朋友知道您，您不知道老朋友啊，这是为什么呢？"

王密说："晚上没人知道。"

杨震却说，"天知、神知、我知、你知，怎么能说没人知道呢？"

后来杨震调任涿郡太守，清正廉明，不接受私人拜访。他的子孙常常要以蔬菜当饭，出门行走，生活俭朴。他的一些老朋友或长辈劝他要为子孙置办些产业，杨震不肯。他说："让后世的人称他们为清白官员的子孙，这遗产不是也很丰厚吗？"后人称杨震为"杨四知""四知太守""四知先生"。

领导者因为违背伦理道德而被迫下台、锒铛入狱的报道大家都不陌生。当前，一些领导者以利己为中心，疯狂地追权逐利。渐渐地，公众对他们领导的组织丧失了信心，甚至对其他组织也失去了原有的信任。

例如，安然公司、巴林银行、雷曼兄弟、麦道夫的旁氏金融骗局等，给人们营造了恐慌和不确定性氛围。2008 年 12 月 11 日，美国纳斯达克前主席，华尔街传奇人物巴纳德·麦道夫因涉嫌诈骗被捕，涉案金额达650亿美元，创华尔街历史之最。70岁的麦道夫是“伯纳德·L. 麦道夫投资证券公司”创始人，使用的是典型的以高资金回报率为许诺，骗取投资者的资金，用后来投资者的投资偿付前期投资者的“旁氏骗局”（Ponzi Scheme），最终被判监禁150年。2008年金融危机使世界经济遭遇严峻挑战。人们渴望值得信任的领导者，人们迫切需要真诚的、有原则的领导者带领他们走向繁荣。人们的这种渴望使诚实领导的研究更有价值。

当然，这种对真诚领导的渴望可能也会矫枉过正，例如2016年美国大选，希拉里意外败给特朗普，在“骗子”与“疯子”的对决中，绝大多数美国人宁愿选择一个典型的自恋型领导，也不愿意让满口道德、价值，但却在邮件门中暴露出欺骗的人登上权力的宝座。那么，什么是诚实领导？诚实领导者具有怎样的特征？诚实领导作用的机制是什么呢？本章就来探究一下诚实领导的本质、理论基础和作用机制。

第一节　诚实领导的定义

诚实领导可以从内心角度、发展角度和人际角度来定义。

一、内心角度

从个人内心来看，诚实领导主要关注领导者和领导者的想法。它融合了领导者的自我认知、自我调整和自我概念。沙米尔和艾兰（Shamir and Eilam，2005）指出，诚实领导展现出领导的真实性，他们是基于信念来领导，是原创的而不是复制的领导。诚实领导的发展主要依靠领导者的现实生活和生活经历。追随者在诚实领导中扮演重要的角色，追随者需要对领导者有现实的感知，需要肯定领导者和领导行为的正确性。

内心角度诚实领导的主要特征：

一是展现真实的领导。一幅画、一首歌、一部电影、一次谈话，打动人们的，往往不是技巧和套路，而是真实，越来越接近真实的自己。

二是基于信念来领导。座右铭是我们信念的展示。某高校团委学生会的展示橱窗里，学生会主席的座右铭是："如果你没有做到，是你的渴望还不足够强烈。"团委书记的座右铭是："不忘初心，方得始终。"人力资源部部长的座右铭是："踏踏实实做事。"大家所做的职务，其实与自己的信念十分吻合。

三是原创而非复制。沃伦·本尼斯说过，"每个人都是自己的创造者"。如果把自己活成别人的模样，就辜负了造物主的安排。51 岁的郭川，2016 年 10 月在中国人心中活成了英雄，作为中国职业帆船第一人，在极限挑战过程中，他坦言，"每天用海水洗头，用雨水洗澡，用泪洗面，我在海上哭的时候比现实生活中哭的多得多"。作为北航本科，北大 MBA，长城公司高管，生活优渥，小日子滋润的人，放弃一切从事航海并最终葬身大海，重要原因就是他追求的是"我只赞许那些一面哭泣一面追求的人"。他的那句"我恐惧过、绝望过、崩溃过，但从没放弃过"，也激励了很多人。

四是行动基于他们的价值观。2001 年安然公司破产，《波士顿环球报》刊登了安然 CEO 杰夫·斯克林（Jelf Skilling）的哈佛同学写的一篇文章，提到 25 年前，杰夫在课堂争论中认为商业领导的职责是好好利用规则中的漏洞，只要能赚钱，就可以对法律置之不理。25 年后，他的人生观惩罚了他，公司破产。

格力电器董事长、总裁董明珠女士曾说：我是做企业的，不是搞关系的。绝不妥协是董明珠的一贯作风，董明珠自己爆料，曾有人拿个单子，放在她面前，说你按照这个干了就没事，你不干举报信在这摆着呢。董明珠说没问题，那你让中纪委来查吧。"我比较直截了当，不像别人会考虑方式、讲话时对方的感受，我是不会的，我是就事论事，不管任何场合，任何地点，任何时间，我会很直率地说出来。你不喜欢？我不在乎你喜不喜欢，我心中只有消费者和产品，我是做企业的，不是搞关系的。”

二、发展角度

从发展角度看，诚实领导被认为是可以培养的一种能力而不是固有特质。诚实领导力在人一生中都会得到发展，而且可以由生活中的重大事件引发，比如严重的疾病或新的职业生涯。瓦卢姆布瓦等（Walumbwa et al.，2008）认为，诚实领导是基于领导者积极的心理品质和强大的道德规范发展而来的一种领导行为模式，该模式由 4 个独特又相互关联的部分组成：自我意识、内在的道德观念、平衡处理和关联透明。①

例如，中国共产党在组织工作中非常强调年轻干部要到基层、艰苦一线接受磨炼，一个重要原因是为了让年轻干部明晰自己的内在道德观念，形成处理事情的工作方法。“组织上安排年轻干部去艰苦边远地区工作，是信任更是培养，年轻干部应该以此为荣、争先恐后，而不是拈轻怕重、挑肥拣瘦、患得患失、讨价还价。在党组织安排的工作面前犹犹豫豫、想这想那，这样的干部是不能重用的！到了关键时候是要出问题的！艰难困苦、玉汝于成，刀要在石上磨、人要在事上练，不经风雨、不见世面是难以成大器的。”②

三、人际角度

从人际角度看，诚实领导由领导者和追随者共同创造，真实性来自双方的交互作用，只有当追随者认可或者接受领导者倡导的价值观时，领导者期望的结果才会出现。同时，领导者为适应追随者的信仰和价值观，也

---

① Walumbwa F O, Avolio B J, Gardner W L, et al. Authentic leadership: Development and validation of a theory - based measure[J]. Journal of Management, 2008, 34(1): 89 - 126.

② 习近平．习近平谈治国理政：第四卷[M]．北京：外文出版社，2022：525.

会做出改变。

诚实领导者的核心价值观激励他们做一些对追随者正确和公平的事情，与追随者建立一种特殊关系，包括高度信任、透明、指导追随者向有价值的共同目标前进以及重视追随者的利益等。

第二节　诚实领导的方式

实践和理论都为诚实领导的复杂过程提供了有趣的见解。

一、实践方式

（一）罗伯特·特里的诚实领导方式

1993 年特里出版了《诚实领导：行动中的勇气》一书，核心是以行动为中心，专注于特定情境下的领导者、团队或组织的行动。领导者应该努力做正确的事情，这是行动指南。领导者在行动前要问两个核心问题：第一，到底发生了什么事情？第二，对此应该做些什么？

特里绘制了真诚行动之环，来帮助诊断和处理组织潜在的问题（见图 11 -1）。

第一步，找出问题，真诚行动之环提供了一套领导者评估追随者所关心的问题的 6 个方面。

举例：某高校有一名大四的学生，担任学生干部，有出国留学经历，学业成绩非常出色，年级排名前 3，已经直升本校的研究生。在一次选修课考试中，由于他前一段时间参加社会活动，没来得及复习，考试夹带，被监考算成作弊，学校要将他开除。

这涉及组织对待人才的价值观问题。

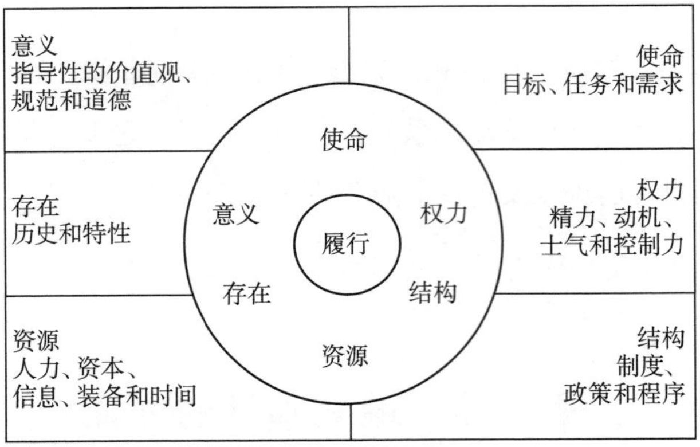

图 11－1　真诚行动之环

资料来源：彼得·诺斯豪斯．领导学：理论与实践（第 5 版）［M］．北京：中国人民大学出版社，2012：139.

第二步，恰当地处理问题。尽可能对问题做出多方面解释，并在此基础上选择一种最恰当的回应方式。

举例：第一种，涉及意义。坚持开除的行为反映出学校“以德为先，德才兼备”的人才培养观。虽然这个时候被开除对这位同学来说是人生的重大挫折，前程尽毁，但是，这个决定也让所有同学知道，作弊零容忍的道德观在这里是当真的。

第二种，涉及结构。例如制度，如果学校明文规定学生作弊，一经落实，就要开除，那么结果就只能开除；如果学校规定根据情节严重程度分别给予开除、留校察看、记过等处分，就要视情况而论。

第三种，涉及存在。如果这个学校历史上遇到学生作弊，就直接开除，学生就知道这次也该这样处理；如果有学生免于处罚，同学们就会知道，这只是说着玩的，作弊的风气就不会改变。

领导者无论找问题还是恰当地处理问题，都需要充分地调研。现在通信很发达，通过打打电话、发发微信、看看材料也能了解很多情况，但毕竟隔了一层，没有现场看、当面听、直接问和“七嘴八舌式”的讨论来得真实鲜活。既要“身入”基层，更要“心到”基层，听真话、察真情，真研究问题、研究真问题。要在深入分析思考上下功夫，去粗取精、去伪存真，由此及彼、由表及里，找到事物的本质和规律，找到解决问题的办法。①

（二）比尔·乔治的诚实领导方式

历史学家大卫·麦酷卢在评价杜鲁门时说："人品是一位总统身上最为重要的资产。"一位领导者，只有人品没有能力是一种软弱，而只有能力没有人品则意味着危险。

在充满不确定性的世界里，按照真实意愿出牌就是最大化自己的人生机会，我们不需要考虑别人会出什么牌，我们的真实底线不仅与别人毫无关系，这恰恰是自己最终所能依赖的那份确定性，是迷途的指引。②

比尔·乔治和西蒙斯采访了125位来自世界各地的领导者，包括星巴克创始人霍华德·舒尔茨、为美国而教的创始人温迪·科普等，从他们的故事中可以得出一个结论：真诚的领导者的核心秘诀是，找到一个让你充满激情的事业，并激励他人加入到你的事业当中来！

忠于自己是最重要的。如果你充满野心，那棒极了；如果你没有野心，那也很好。你只要忠于自己就可以了，并不是每一个人都能成为第一。即便是竭尽全力，你也不一定能够做到第一，而且即便最终做到了第一，你也未必开心。只要真正地了解自己，你几乎就可以实现生命中的任何目标。你几乎可以克服任何障碍，除非你自己。③

道德上的完善不仅可以帮助一个人成为合格的领导者，同时也是一种最有效的领导方式。真诚领导的定义：能够用一个共同的目标将身边的人聚集到一起，授予他们足够的权力来担负起领导职责，并最终为所有的利益相关者创造价值。真诚领导者从来不会让别人的期待左右自己，他们总

① 习近平．习近平谈治国理政：第四卷［M］．北京：外文出版社，2022：526－527.
② 王珞．升维：不确定时代的决策博弈［M］．北京：机械工业出版社，2022：220.
③ 比尔·乔治，彼得·西蒙斯．真北［M］．刘祥亚，译．广州：广东经济出版社，2008：114.

是倾听自己的心声，追寻自己的方向，在成长的过程中，他们更关心的是如何更好地服务他人，而不是只关心自己的成功和声誉。

星巴克创始人舒尔茨回忆自己7岁时，当装运工的父亲失去了工作，整个家庭陷入困境。正是这次经历让舒尔茨最终创立了一家全球性公司。“我想要创建一家我的父亲当年没能遇上的公司，无论你来自哪里，你的皮肤是什么颜色，你的教育水平如何，都能得到尊敬和重视。对因父亲失去医疗保险而导致全家陷入困境的惨痛记忆使得星巴克成为全美第一家为所有员工，包括兼职员工（每周工作20小时以上），提供医疗保险的公司。”这家公司赖以生存的基础并不是拿铁和奶茶，而是一个坚定的信念——让所有在这家公司工作的人都能得到尊重和照顾。

他们不是完美无缺的，实际上，他们也是普通人，有自身的弱点。但他们能够正视自己的不足，承认自己的错误，愿意与身边人沟通并敢于充分授权。

比尔·乔治在《真北》中概括出真诚领导的5个特征：

充满激情地追求目标。首先，了解自己，理解自己的激情；其次，努力探寻和定义自己的领导目标。如果没有真正的目标，领导者就会受自身欲望控制，陷入自恋的深渊。

拥有坚定的价值观。一个人最重要的东西就是他的价值观。价值观非常个人化，是人们在多年的学习、反思、求教经历中逐渐形成的。无论如何，诚信始终是所有真诚领导者所必需的价值观，考验它的真正方式不是他说了什么，而是要看其面对压力时会做出怎样的选择。如果领导者并不忠于自己所宣传的价值观，人们很快就会对他失去信心。

用心领导。用心才能很好地理解那些与自己共事的人，并有足够的勇气做出某些艰难的选择。对于每天要在一个未知领域里寻找方向的领导者来说，勇气是一种相当重要的品质。

建立持久的关系。只有与上级保持坦诚而深厚的个人关系，彼此才会形成信任和忠诚，作为回报，人们会对自己的工作投入巨大的热忱，对自己的公司表现出绝对的忠诚。

表现出高度的自制力。他们会为自己确立极高的标准，并且也会用同样的标准要求身边的人。他们会要求自己对结果承担全部责任，并会同样要求其他人对自己的业绩负责。当一位领导者出现问题，他会有足够的勇气承认错误，并立刻采取措施进行补救。他们在生活中也表现出足够的自制力，否则，他们就不可能在工作中做到自制。①

诚实领导具有目的、价值观、关系、自律以及内心职责。个人想要成为诚实领导者需要开发5个相关的特征——激情、行为举止、沟通、一致性、同情心（见图11－2）。

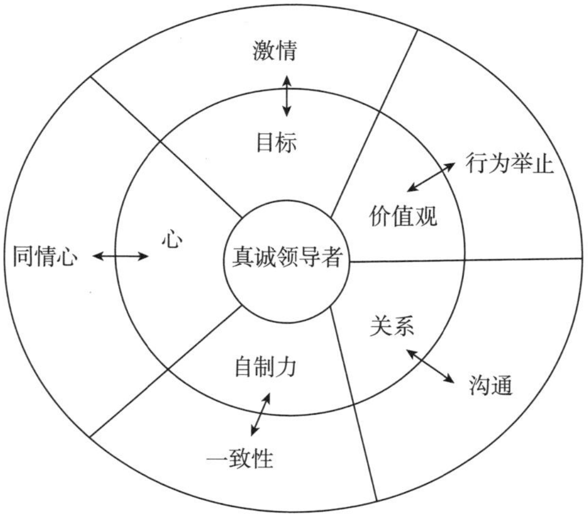

图11－2　真诚领导的5个特征

诚实领导者有清晰的目标，在现实生活中会努力以终为始，将目标落实执行。下面的练习可以帮助个人树立目标。

① 资料来源：彼得·诺斯豪斯．领导学：理论与实践（第5版）［M］．吴爱明，陈爱明，陈晓明，译．北京：中国人民大学出版社，2012：141.

练习：写下自己的遗产（树立目标）

想象一下自己在生命最后一刻的情形，你是如何评价自己这一生的呢？这个练习回答了这个问题。想一下你所期望的生活是什么样子的，你会留下些什么？与自己最亲近的人该如何回忆起你的点点滴滴？他们可能会提到你的哪些成就？他们会悉数你的哪些人格魅力？请以挚友的身份，为自己写一份悼词。

这是一位大学生所写下的遗产清单：

他是一位好人。

他是一位好丈夫。他深深地爱着自己的妻子。就像所有的夫妻一样，他们也有矛盾争执，但不管怎样，他们总是努力使自己的婚姻往好的方向发展。

他是一位好父亲。孩子在他心中永远是第一位的，他总是富有耐心给予孩子理解和支持。他们永远不会怀疑父亲对自己的爱，因为没有理由做这样的怀疑。

他是一位好员工。他工作非常出色，这并不是因为他热爱这份工作，而是因为这样做是正确的。当他退休的时候，他得到了来自朋友、同事和领导的肯定和好评。

他是一位好市民。他乐于助人、古道热肠。年轻的时候，周末他会在社区做义工，帮助修缮低保户家庭的房子，尽自己最大努力帮助身处迷途的青少年。

总而言之，他是一位热爱生活的人，生活也将爱回报于他。

这个时刻并不需要谦虚或者轻率。除非我们朝着某个方向努力，否则希望和梦想是不会实现的。回过头来看自己写下的这些文字，问自己是否计划在自己能力范围内将遗产变为现实。更重要的是，你是否在目前的生活中执行这样的计划。

请保存这份清单，不要丢掉。一年后重新阅读它，或者 5 年后再次阅读。你是否离自己的目标又近了一步？你是否会因为树立了新的目标而感觉需要对它进行修改？毕竟这些都是你的遗产。①

诚实领导者知道自己的价值观，对待他人也以这些价值观为基础。他们知道自己是谁，要到哪里去，要做的正确事情是什么。在面临困境的时候，他们不会为自己的价值观妥协，反而利用那些情境强化自己的价值观。

讨论：走老路还是走新路

有一条铁路不知什么原因废弃了，但是还能行车，旁边又新修了一条铁路。周围的人都知道，于是经常有些老人在废弃的铁路上休闲散步。一天，有20名年轻人不知什么原因在新路上嬉戏拍照，一辆火车疾驰而来，他们也没发现。假如你站在旁边的道闸旁，呼叫来不及了，这时只要你扳动道闸就可以让火车走老路，挽救他们的生命。但是老路上有一位老人正在不远处散步，如果扳了道闸，这位老人就会丧命。

请问：你扳还是不扳？原因是什么？

管理经常遇到走老路还是走新路的问题。领导颁布一项新的政策，员工遇到问题还是习惯按老政策办事，这是惯性，但是如果新政策意义非常重大，就要坚决按照新的政策来办，否则新政策将形同虚设。《红高粱》里余占鳌的队伍更名高密义勇军，制定的第一条规则就是强奸妇女者枪毙。戴大牙仗着自己是九儿的哥哥，在余占鳌的队伍里游手好闲，不守纪律，强奸寡妇致其上吊自杀。这时，戴大牙杀还是不杀？杀了，九儿就这一个亲人了，不好交代；不杀，其他人都看着，强奸妇女的情况会屡禁不止。张俊杰要在最短时间里把余占鳌的队伍训练成能跟日本人打仗的队伍，纪律严明是首要工作，因此，他顶着压力，跟九儿敞开心扉，说服九儿为余占鳌考虑、为高密的百姓考虑，枪毙了戴大牙。这让这支土匪改造

① 克里斯托弗·彼得森．积极心理学[M]．徐红，译．北京：群言出版社，2010：14－15.

的队伍知道，这回是当真的。

二、理论方式

诚实领导理论研究始于2003年，卢森斯和阿沃里奥发表了一篇诚实领导的发展和积极组织行为学方面的文章，推动了该领域的研究。瓦卢姆布瓦等（Walumbwa et al.，2008）将诚实领导定义为："一种领导行为模式，利用并提升积极的心理能力和道德氛围，来鼓励更多的自我意识、内心的道德观念、平衡的信息处理、透明的领导者和追随者关系，鼓励积极的自我发展。"

练习：诚实领导水平测试

这份问卷主要帮助您了解个人的领导风格，为将来开发和发挥自己的领导能力提供借鉴。请您如实填写。

诚实领导自我评估量表，帮助个人评估自己的诚实领导水平。16个项目评估诚实领导的4个维度：自我意识、内心的道德观念、平衡处理和关系透明。研究表明，诚实领导与组织职责、组织承诺、对监督者和其表现的满意度等有积极关系。

说明：本问卷包含诚实领导不同维度的项目，没有正确或错误答案，所以请诚实回答。请在你认为最能反映你对问题看法的数字上打"√"。

答案：1 = 强烈不同意，2 = 不同意，3 = 中立，4 = 同意，5 = 强烈同意

1. 我可以列出我的3个最大弱点。	1	2	3	4	5
2. 我的行为反映出我的核心价值观。	1	2	3	4	5
3. 我在做决定前先听取别人的意见。	1	2	3	4	5
4. 我公开与他人分享自己的感受。	1	2	3	4	5
5. 我可以列出我的3个最大优点。	1	2	3	4	5
6. 我不容许团队的压力控制我。	1	2	3	4	5
7. 我细心聆听那些不同意我的人的意见。	1	2	3	4	5

续表

8. 我让其他人知道我实际上是什么样的人。	1	2	3	4	5
9. 我实际上是个什么样的人，我寻求反馈。	1	2	3	4	5
10. 在有争议的问题上，其他人知道我的立场。	1	2	3	4	5
11. 我不以牺牲他人的观点为代价而强调我自己的观点。	1	2	3	4	5
12. 我很少以“假面孔”示人。	1	2	3	4	5
13. 我接受我对自己的感觉。	1	2	3	4	5
14. 我的道德观指导我作为一个领导该干什么。	1	2	3	4	5
15. 我非常仔细地聆听他人的想法，然后才做出决定。	1	2	3	4	5
16. 我向他人承认我的错误。	1	2	3	4	5

评分：

题目 1 + 5 + 9 + 13 的得分 = ________

题目 2 + 6 +10 +14 的得分 = ________

题目 3 + 7 +11 +15 的得分 = ________

题目 4 + 8 +12 +16 的得分 = ________

全部 16 道题目总得分 = ________

总得分高低反映了个体的诚实领导程度，如果总得分为 16 ~32 分，非常低；33 ~48 分，低；49 ~64 分，高；65 ~80 分，非常高。

诚实领导由自我意识、内心的道德观念、平衡处理和关系透明 4 部分组成，见图 11 –3。

自我意识，指的是领导的个人看法，本质是一个过程，在这个过程中个人了解他们自己，包括优点、缺点以及他们对其他人的影响力。自我意识包括反省自己的核心价值观、身份、情绪、动机、目标，从最深层次上认识到你到底是谁。另外，它还包括意识到并相信你自己的感觉。当领导者认识了自己，清楚地知道他们是谁、他们代表什么，他们的决定和行动就会很果断。

例如，比尔·乔治曾说：“我一直愿意接受批评性的反馈，但对它也非常敏感。一直以来，我觉得我必须完美，或者至少看上去我应该掌控一

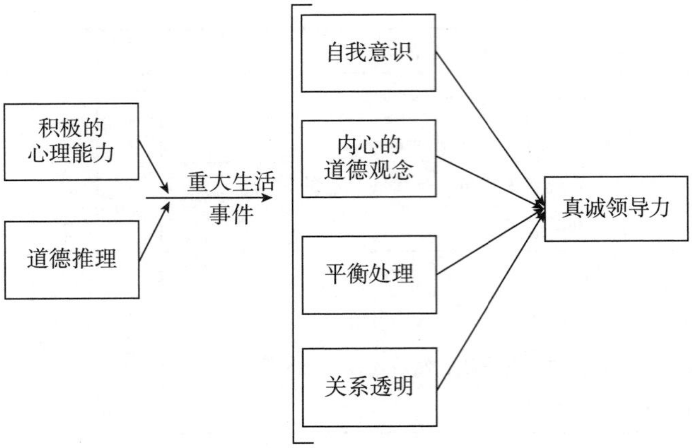

图 11－3 诚实领导

资料来源：彼得·诺斯豪斯．领导学：理论与实践（第5版）［M］．吴爱明，陈爱明，陈晓明，译．北京：中国人民大学出版社，2012：144.

切。我试图在别人面前隐藏自己的缺点，害怕他们知道我的缺点之后会拒绝我。后来我意识到，他们看我的缺点比我自己清楚。试图掩盖自己的缺点只是在愚弄自己。当我全面了解了自己之后，在和他人互动时，我变得非常真诚。"①

内心的道德观念，是指自我调整到言行一致的过程。领导者利用他们的内在道德标准和价值观去指导他们的行为，而不是让外在的压力来控制他们。

大卫·格根认为，克林顿是一个非常有天赋的人，他懂得从不同的角度看问题，同事、西班牙裔、女性等，这种能力大大提高了他的判断力，因此，他可以轻松地做出一些政策上的选择。但是克林顿性格中存在着残缺的一面，大卫在《见证权力》中这样评价克林顿："他拥有360度的视角，却没有一个坚定的真北。他的内心不够强大……他不清楚自己是谁，总是希望通过别人的视角来定义自己。这让他变成了一个充满冲突和矛盾的人，而在其他人看来，他似乎也是一个矛盾的混合体，给人一种忽强忽

① 碧柯．美国培训与发展协会领导力开发手册［M］．徐中，占卫华，刘雪茹，译．北京：电子工业出版社，2012：250.

弱的感觉。”

平衡处理，也是一种自我调整的行为，客观分析信息，做决定前参考其他人的意见，充分考虑他们的立场，然后采取行动，不偏不倚。

关系透明，指的是坦率诚实，向别人呈现真实的自我。当个人以一种合适的方式和别人分享他们真实的感受、动机和偏好时，关系透明就会出现。

积极的心理能力，如乐观、自信、希望和富有活力等与道德判断能力和重大生活事件会让领导者更加真诚。

盘点[①]

如果不认清自己的内在潜力，领导者就无法扮演好自己的角色。好的领导者会对上帝赐予自己的天赋进行盘点，这样不仅能帮助他们有更好的自我认知，还会影响他们领导的最终结果。

人不管外面穿得多好多坏，真正有价值的还是你里面的东西。盘点就是清理库存，把货架上的所有产品清点一遍，你得一个一个地数，并且把数过的东西都详细记录下来。如果不知道自己的库存情况，你很难做好生意。

美国多家媒体曾经报道过一个故事：一位5岁时从苏联移民美国的小男孩维克托，到了美国之后，父母马上把他送进幼儿园。他不懂英语，对自己今后每天要面对的文化环境一无所知。对他来说，一切都是新的，甚至有些令他害怕。维克托显得很懦弱，在老师眼中他是个迟钝的孩子。

在高二的时候，别人对维克托的评价让他备受摧残。最后他得出

① 提姆·爱摩. 自我领导的艺术[M]. 曹文丽，译. 北京：新华出版社，2006：21－23.

结论：自己不应该再上学了，应该去找一份工作。于是维克托16岁就辍学了，开始干临时工养家糊口。他就这样生活了14年。后来，在他30岁的时候，一件有意思的事情发生了，维克托去测了一下自己的智商——那一天改变了他的生活。他惊讶地发现自己的智商竟高达161——原来自己是个天才！维克托后来事业如日中天，在结婚前他获得了两项发明专利。

现在，我想问你一个问题：维克托是不是在30岁那年突然变得聪明了？当然不是。没有谁的智商会有那么大的变化，他一直都那么聪明。改变维克托的是他看待自己的方式。与从前相比，他每天早上起床后在镜子里看到的不再是一个白痴，而是一个天才。你看自己是什么样的人，你就会成为什么样的人。一旦维克托知道自己仓库中拥有的宝藏的时候，他就能胸有成竹地面对整个世界了。

现在到了盘点你自己的宝藏的时候了，请列出你的品格和能力：

品格（你个性中好的方面）：

能力（你的长处所在，有哪些能给别人带来益处的天赋）：

爱好（内心喜欢去做或者想去追求的事情，包括事业和个人生活两个方面）：

机遇（能让你发挥自己潜能的环境）：

第三节　理论应用

一、应用

首先，人们有能力去学习成为诚实领导者，这是一个终身学习的过程。其次，领导者要努力做正确的事情、对自己和他人诚实、为共同利益而奋斗。

最后，积极看待重大生活事件，它会让人们变得更加真诚。

二、优势

为人们在不确定世界里寻找可靠领导者提供了答案。

为人们希望成为诚实领导者应该做什么提供了实用的指南。

强调真诚价值观和行为随着时间的推移而发展。

可以通过诚实领导问卷来测量。

三、批评

诚实领导还处于形成阶段，实证数据有限，理论所提出的概念和观点还不能完全被证实，应该被审慎地认为是诚实领导过程的解释。

对道德在诚实领导中的地位和作用解释还不够充分。

自信、希望、乐观和富有活力等积极心理能力是包含在诚实领导之内，还是会对其造成影响，仍需要进一步解释。

[本章小结]

诚实领导可以从内心角度、发展角度和人际角度来定义。

从个人内心来看，诚实领导主要关注领导者和领导者的想法。它融合了领导者的自我认知、自我调整和自我概念。

从发展角度看，诚实领导被认为是可以培养的一种能力而不是固有特质。诚实领导力在人的一生中都会得到发展，而且可以由生活中的重大事件引发。

从人际角度看，诚实领导由领导者和追随者共同创造，真实性来自其交互作用，只有当追随者认可或者接受领导者倡导的价值观时，领导者期望的结果才会出现。领导者为适应追随者的信仰和价值观，也会做出改变。

实践和理论都为诚实领导的复杂过程提供了有趣的见解，实践方式一种是罗伯特·特里（1993）的真诚领导之环，另一种是比尔·乔治（2003）的真诚领导方式。

理论研究始于2003年，卢森斯和阿沃里奥发表了一篇关于诚实领导的发展和积极组织行为学方面的文章，推动了该领域的研究。瓦卢姆布瓦等将诚实领导定义为："一种领导行为模式，利用并提升积极的心理能力和道德氛围，来鼓励更多的自我意识、内心的道德观念、平衡的信息处理、透明的领导者和追随者关系，鼓励积极的自我发展。"

[关键词]

诚实领导；真诚领导之环；诚实领导方式；自我意识；内心的道德观念；平衡处理；关系透明

[参考文献]

[1]碧柯.美国培训与发展协会领导力开发手册[M].徐中,占卫华,刘雪茹,译.北京:电子工业出版社,2012.

[2]比尔·乔治,彼得·西蒙斯.真北[M].刘祥亚,译.广州:广东经济出版社,2008.

[3]崔传刚.袁仁国,"罪"倒在茅台里[J].环球人物,2019,(11):12.

[4]克里斯托弗·彼得森.积极心理学[M].徐红,译.北京:群言出版社,2010.

[5]诺斯豪斯.领导学:理论与实践(第5版)[M].吴爱明,陈爱明,陈晓明,译.北京:中国人民大学出版社,2012.

[6]提姆·爱摩.自我领导的艺术[M].曹文丽,译.北京:新华出版社,2006.

[7]王珞. 升维:不确定时代的决策博弈[M]. 北京:机械工业出版社,2022.

[8]习近平. 习近平谈治国理政:第四卷[M]. 北京:外文出版社,2022.

[9]Parry K W. Review of authentic leadership Courage in action[J]. Journal of Leadership Studies,1994,1(2):150 - 153.

[10]Shamira B, Eilam G. What's your story? A life - stories approach to authentic leadership development[J]. The Leadership Quarterly,2005,16(3):395 - 417.

[11]Walumbwa F O, Avolio B J, Gardner W L, et al. Authentic leadership: Development and validation of a theory - based measure[J]. Journal of Management, 2008, 34(1): 89 - 126.

第十二章

领导道德

[本章要点]

1. 如何判断领导的“好”与“坏”。
2. 领导道德的基本含义、特性、来源。
3. 重要的领导道德理论。
4. 领导道德的一般原则。

[引　例]

一个坦克兵的道德困境

1945 年，二战快结束时，美国对德国开战。部队打到德国境内，但坦克部队损失惨重。

诺曼，一个打字员，被临时派往唐的坦克做机枪手。他是虔诚的天主教徒，谨记耶稣“不得杀戮”的告诫。他面对德军的娃娃兵和俘虏一再犹豫手软，却一次次眼睁睁看着自己的同胞因此而惨死于德军之手。

一天傍晚，唐为了给美军赢得战略时机，带领最后一辆坦克与德国一个营的兵力展开了殊死搏斗。坦克车上一共 5 人，4 人战死。

诺曼在最后关头躲到了坦克下面，借助暮色逃过一劫。第二天，他被美军发现，并奉为英雄。

这部好莱坞首部坦克大片《狂怒》，给我们展示了各个层次道德原则所发生的冲突：良心，来自宗教的教诲是不杀戮，他的职业却是机枪手；一般社会道德要求勇敢，他却表现得懦弱；社会美德要求人诚实，他却没有勇气坦白；军人的职业道德要求他尽职尽责，他却一次次犹豫不决；要求他不能临阵脱逃，他却在战友都牺牲后选择了求生。

艾赛亚·伯林曾说，由于“人们有许多不同的目的，这些目的之间常会发生原则冲突，因此人们无法彻底避免这种冲突以及由此产生的悲剧，对个人如此，对社会亦然。”

从古至今，人们没有停止过对善恶、美丑、好坏等的道德判断，但是对领导道德的关注却还处于萌芽阶段。1998 年西方出版了第一本研究领导道德的著作《道德——领导的核心》，研究怎样应用领导理论指导实践以建立一个更人性化、更公平的社会。[①] 国内从 21 世纪研究领导道德专著开始逐渐增加，例如《道德领导：新型的教育领导者》（2009）、《新形势下领导干部道德修养的十一堂课》（2012）、《领导道德》（2017）、《道德型领导：提升企业绩效、团队创造力与员工幸福感》（2020）等，试图在中国情境下，为组织寻找一条符合伦理道德、可持续发展的道路[②]。

道德为领导活动提供价值引导、行为规范，是领导人格的直接体现，对个体领导力的提升至关重要[③]，对实现社会、组织、团队、领导者和员工等的多方共赢影响深远。领导干部的道德、从政之德俗称“官德”，源于民众道德又高于民众道德，是如何为人民掌权、用权的职业道德，是共产主义道德和社会主义道德在领导活动中的具体体现，渗透和表现在领导干部的思想、工作、生活等各个方面。[④]

2019 年，中共中央印发了《党政领导干部选拔任用工作条例》，在选拔任用党政领导干部时必须坚持的六条原则中，有两条与道德有关：一是德才兼备、以德为先，五湖四海，任人唯贤；二是公道正派、注重实绩、群众公认。刚刚走上领导岗位或者晋升到更高一级领导岗位的人，普遍存在领导方法生涩、能力不足的现象，但是道德底色可以帮助领导者顺利走出过渡期。因为做领导归根结底是做人，做人最重要的是品性。

---

① 诺斯豪斯．领导学：理论与实践（第 5 版）[M]．吴爱明，陈爱明，陈晓明，译．北京：中国人民大学出版社，2012：249－250.

② 涂乙冬．道德型领导：提升企业绩效、团队创造力与员工幸福感[M]．北京：社会科学文献出版社，2020.

③ 鄯爱红．领导道德[M]．北京：研究出版社，2017.

④ 本书编写组．新形势下领导干部道德修养的十一堂课[M]．北京：中共中央党校出版社，2012.

第一节　“好领导”与“坏领导”

一、“平均分配”就好吗？

假如有5个人住在一起，每天要分一大桶水喝。要命的是，水每天都不够。如果由你负责，请问你将如何分水？如果你是普通成员，你希望水如何分配？

人们提出了很多种分配方案：抓阄轮流、选举德高望重的人主持、建立水委员会、50%保障基本生存+50%按劳分配、物竞天择（分给身体最强壮的人，确保他们能够生存下去）、成立分水基金（用于支持寻找外部水源的人）、预留一部分做社会保障等。通过深入讨论，我们发现无论哪种分配机制都无法保证每个成员满意。

有人说应该戴上“无知眼罩”[①]，轮流分并且负责分配的人最后领取，为了不让自己喝到最少的，每人都尽量分得平均，就算不平，也只能认了。可是，平均分配就是最好的吗？如果住在一起的人中有两个人每天都要挑水，而其他人没有贡献呢？如果有人患病每天需要大量饮水呢？如果有两个孩子，他们每天喝水量比较小呢？

通过上述稀缺资源分配悖论，我们可以看到，尽管领导者在分配时努力实现公平公正，然而，现实中很难做到绝对的公平。平均分配就好吗？不见得。在社会主义计划经济时期，平均分配导致干多干少一个样、干与不干一个样、干好干坏一个样的局面，证明平均分配制度会严重削弱劳动

---

① 一种观点认为：不预设立场，不知道自己属于什么阶级地位，不知道自己的天赋才能，不知道自己喜欢追求什么，在这种“无知”的情况下做出的决策就是毫无偏见的。这时，如果人们能够达成一致的社会契约，这就是正义的。

者的积极性，导致社会活力降低。多劳多得就好吗？由于资源禀赋、能力或者进取心等原因在分配中产生的差异会越来越大，形成马太效应，极端情况下会造成贫富差距悬殊，社会动荡不安。比较理想的制度是既能激发社会活力，又能兼顾社会公平，一部分资源用来鼓励创造和多做贡献，一部分资源用来保障弱势群体的生存，为社会托底，一部分资源平均分配，让每个成员都可以得到机会和认可。

领导道德属于广义的应用伦理学研究范畴，是将普遍的道德规范应用到具体的行为空间和职业领域（又称职业道德或专业伦理）。领导道德研究根本点在于关注领导活动中领导者与被领导者之间的伦理冲突与道德悖论，探究道德难题。伦理学是关于人际交往行为的道德规范的学问。无论难题如何复杂，都能通过直面道德冲突、诉诸商谈程序、寻求道德共识的探索过程得到解决。在此过程中，道德理论中的一些原则与法则会发挥重要作用。各种伦理学说尽管诉求不同，但在道德观察中都坚持和强调人权原则。①

回到上述分配悖论。什么是公平？分配公平：付出与所得与他人相比是公平的感觉。程序公平：由公开、透明的决策程序得出分配结果。互动公平：在制定分配决策的过程中领导者尊重决策可能涉及的当事人，让大家参与、沟通等。由此可见，公平是一种感知，没有绝对的公平。如果领导者在做分配决策时能够制定程序、让追随者参与决策制定过程、充分沟通，那么追随者的公平感知就会提高。

下属在分配的过程中与其指望领导者做事公正，不如依靠更能够保障自己利益的分配制度。这个世界上有两种规则，一种是当权者制定的规则，另一种是人民制定的规则，只有两种规则一致时，公正才能实现。作为资源分配者，我们不能一方面觉得达尔文主义倡导下的丛林法则虽然残酷，但会让通过竞争考验的人过得更富足，另一方面又让自己摆脱制度约束，作为特权阶级享受更多分配、更少竞争。

---

① 甘绍平，余涌．应用伦理学教程（第2版）[M]．北京：企业管理出版社，2017：1－2.

许多社会的道德体系都强调公平正义，有自己的黄金准则：想让其他人怎么对待自己，自己就要怎样对待别人。但是，不偏不倚，关注别人的需求，用自己希望被对待的方式来对待他人，这种直觉上的公平性原则在实践中不一定总是可行，比如前面这个分水的例子。

即使大家戴上“无知眼罩”来做决策，也很难明确何谓绝对的公平正义。领导者更应采取程序性、制度化的解决方案，让参与者彼此谈判达成共识。通过机制化建设帮助团体明确决策方式，往往是领导发挥的最重要的作用之一。如果领导者只想压制冲突，结果可能会很糟糕；如果领导者通过适当机制梳理和缓解冲突，帮助人们学习新的行为方式，则将大有裨益。

二、“好领导”的双重标准

百姓口中的好领导是不是就是有道德的领导呢？不尽然，因为“好”比“道德”含义更广。例如，一把好刀，是指锋利的刀，削铁如泥，吹发即断，这里讲的是效率，因为刀也可能被用来实施屠杀；一个好人，是指忠厚善良，考虑他人，能够为他人提供帮助、做出牺牲的人，这里讲的是品行。分辨领导者好坏的难点之一就在于，人们对“好”有着不同的看法，有时是指“有道德的”，有时又指“有效率的”。领导者是给团队带来积极变化的人，这一概念兼有“道德”和“效率”的含义。①

约瑟夫·奈提出，效率和道德可以从 3 个方面来评估：目标、手段和结果（见表 12－1）。

表 12－1　好领导的双重含义

“好”的含义	效率	道德
目标	在长远目标中平衡现实条件和风险	意图、目标所体现的价值观
手段	通过手段实现目标的效率	所用手段的道义性质
结果	成功实现团体目标	结果对本团体和团体以外人士都有利

资料来源：约瑟夫·奈．巧实力［M］．李达飞，译．北京：中信出版社，2013：143.

① 约瑟夫·奈．巧实力[M]．李达飞，译．北京：中信出版社，2013：152－153.

高效目标长远、可行；有道德的目标符合道义。例如，区块链利用大数据和复杂数学算法为创造一种新型的社会信用，即系统信用，提供了替代传统以银行、证券以及国家批准的征信机构等传统社会信用体系的方案，为我国智慧社会的长期有效运行提供了可能。传统征信机构存在的信息采集不规范、侵犯信用主体知情权和隐私权、数据垄断、滥用用户信息等问题，反映出一些第三方机构在构建社会征信体系过程中目标的价值偏离。再如服务型政府建设，这是公共管理未来的发展趋势，因此，从效率角度来讲，符合长远目标；从价值角度来讲，体现了政府为人民服务的宗旨，也是政府合法性的重要来源。

高效率手段有助于目标实现；有道德的手段符合道义。马基雅维利说："君主必须既为人民爱戴又被他们畏惧，但这两者常常不可兼得。如果必须任选其一，被畏惧要比被爱戴安全得多……但是，君主在被畏惧时，即便不能得到爱戴，至少也要避免仇恨。"领导者影响他人的手段可以是威逼利诱、以权压人，也可以是使命感召、关怀激励，前者是硬权力，后者是软权力。相比而言，软权力更具有道义感。英国有一句俗语"石头棍棒敲断骨，文攻笔伐不伤筋"，文攻固然也会造成伤害，但相对于武斗，人们的应对选择总要多一些。

高效率的结果实现团体目标；有道德的结果于人于己都有利。包括圣雄甘地在内的许多领袖都让自己的配偶和子女深感痛苦，要是邻居这样对其家人犯下如此罪过，必将遭到强烈谴责，但由于他们最后取得了巨大成功，他们未能善待家人的过错也被人们原谅了。印象派大师梵高抛弃家人跑到塔希提岛上画了许多传世名作，大家想一下，如果他在去塔希提岛的路上失事沉没的话，可能人们记忆中的梵高就是个抛妻弃子、无情无义的家伙了。

三、"坏领导"的类型

老子云："有无相生，难易相成，长短相较，高下相倾，音声相和，前后相随。"万物通过对立显现，对立而又统一。"好"与"坏"相对，从“好”标准来看，“坏”领导就是在效率和道德方面表现比较差的领导。

低效率领导包括3种类型：

第一，能力不佳，管理低效。将帅无能，累死三军。领导做事没方向、没方法，下面的人跟着团团转，净做无用功。需要多人合作的事情，领导应大致定下截止日期、责任分工、衔接流程、控制方法以及沟通方式等，避免多头负责、首尾颠倒、交接断层、逾期以及沟通不畅等情况的发生。

第二，行事僵化，不懂变通。柯达长期依赖相对落后的传统胶片部门，无视数字科技给予传统影像部门的冲击，管理层作风偏于保守，满足于传统胶片产品的市场份额和垄断地位，缺乏对市场的前瞻性分析，没有及时调整公司经营战略重心和部门结构。由于决策层犹豫不决，错失转型良机。

第三，过度放纵，耽误公事。叶利钦沉迷酒精，饮酒误事，1994年，叶利钦原计划从华盛顿飞回俄罗斯，途经爱尔兰与其总理雷诺兹会谈40分钟，结果起飞前一天他在白宫晚宴上喝了个酩酊大醉，第二天根本没法参加会谈，只好由总理代为会谈了十几分钟。①

不道德领导包括4种类型：

第一，不讲情义，卸磨杀驴。员工、同事和股东等一旦失去利用价值，就被无情无义地对待。《史记·越王勾践世家》记载范蠡辅佐越王勾践灭掉吴国之后，就离开了越国，他给大夫文种写信说“飞鸟尽，良弓藏；狡兔死，走狗烹”，提醒文种越王只可共患难不可共富贵，让他最好赶快离开。文种见书后称病不朝，无奈越王妒其才而疑其反，被越王赐剑自杀，最终落得个“敌国破，谋臣亡”的悲惨结局。相比而言，赵匡胤“杯酒释兵权”则是历史上少数仁义对待开国功臣的例子。

第二，贪污腐败，假公济私。有些领导把公共财物作为个人的提款机，有些滥用手中的权力假公济私、收受贿赂。2020年12月，海南高院原副院长张某在海南省第一中级人民法院因受贿、行政枉法裁判、诈骗案

---

① ［美］约瑟夫·奈．巧实力［M］．李达飞，译．北京：中信出版社，2013：144．

被判 18 年，知法犯法，令人震惊。

第三，本质邪恶，心理变态。有些领导见不得别人好，想方设法出点子、使绊子，把别人拉下来，损人不利己，甚至以伤害他人为乐。如职场 PUA，打两巴掌再给个枣儿，通过长期侮辱、贬损对方的尊严和价值，让其没有安全感、没有信心离开自己的掌控，进而控制、剥削对方，给对方身心都造成了巨大的伤害。

第四，心胸狭隘，自私自利。他们受不了批评、只考虑自己或者所在部门的利益。心胸跟领导心里能够容纳的人数有关，如果只能容下自己，那么他会想要"赢了"下属而不是"赢得"下属；如果只能够容纳自己的团队或部门，他会在跨部门合作过程中推诿扯皮、难打交道；如果只能容纳自己的组织，他为了自己组织的发展可能不会考虑社会责任。

第二节　道德的基础理论

领导道德并非简单地将普遍的道德原则应用在领导活动过程中，以及领导者与追随者之间的垂直二元关系中，而是以不同的道德理论与规范为背景，寻求在既定条件下最好的权衡结果。同时，提供解决领导道德难题时一些最基本、最普遍和最本质的主导原则。领导者的道德影响他的决策，无论是隐性的还是显性的，它都指导领导者如何选择，以及在特定情况下作何反应。

一、道德的概念

道德是人们共同生活及其行为的准则和规范，是人们认可或者赞同的一些价值观念。道德理论提供了一系列的规定和原则，指导我们在特定条件下做出"好或者坏""对或者错"的判断。道德也是我们判断一个人是否正直的基本标准。

公交车坐过站了该怎么办呢？连小孩子都知道正确的做法是在下一站下车再往回坐一站，而不是通过殴打、辱骂司机或者抢夺方向盘的方式强行要求司机停车。类似的情况包括：公共场所不大声喧哗、乘坐公共交通工具按指定位置就座、不插队、不闯红灯、红绿灯路口车辆礼让行人等。这些好坏对错、是非曲直、善恶美丑的基本常识就是道德观念。

达尔文认为："习得语言之后，群体的愿望得以表达，为了维护公共利益，每位成员就如何行动达成共识，这个共识自然就会成为行动的普遍准则。社会本能和其他本能一样，因习惯而得以强化，所以最终会与群体的愿望和判断一致。"高铁、飞机等出现霸座现象时，网络就会掀起一片谴责之声，甚至发展到人肉搜索、网络暴力。谴责这种不道德行为的人具有道德优越感，他们也在试图避免将来自己利益被侵犯的可能性，表达与自己对高铁、飞机乘客素质较高的预期不相符之愤怒。

二、道德的特性

道德原则作为实践行为的指南，在以下 5 种特征上具有广泛的共识[①]：

（1）规定性，道德被作为要求或者命令提出来劝告人们如何行动，它被用来评价行为、分配赞扬和谴责、产生满足或者内疚的情感。例如，在任何情况下，领导干部都应该以全心全意为人民服务为宗旨，服务国家大局，忠于党，忠于人民。

（2）普遍性，道德原则适用于处于相似情境中的所有人，个人应当对包括自己的道德判断在内的各种价值判断保持一致。例如"己所不欲，勿施于人"，一个人应当按照希望别人对待自己的方式来对待别人。

（3）优先性，道德原则优先于法律、审美等其他重要原则。法律服务

① 路易斯·波伊曼，詹姆斯·菲泽．给善恶一个答案：身边的伦理学[M]．王江伟，译．北京：中信出版社，2017：12 - 14.

于一种整体的道德目的，所以遵守法律是一种一般性的道德义务。但某些时候，当一条恶法的不正义令人无法容忍时，就会出现一些不合法却合乎道德的反抗。例如，美国南北战争之前，北方一些州规定公民将逃跑的奴隶抓住后送还给奴隶主，这些奴隶被看作“会讲话的牲口”，会受到毒打、被卖到更靠南的州做苦力，甚至被杀害。斯托夫人在《汤姆叔叔的小屋》里记录了一些高尚的人如何违抗法律来护送奴隶逃到加拿大等国的感人故事。

（4）公共性，道德原则要公开而不能秘而不宣。领导干部作为公共意志的体现者和执行者，作为公共部门形象的主要象征，对社会产生方向性和全局性影响，具有广泛的示范性，齐桓公好服紫，一国尽服紫。“上有所好，下必甚焉”。同时，领导干部作为特殊的社会职业，因为被赋予特定的公权力所具有的特殊地位可能产生异化而需要受到约束。领导干部的道德规范以法律、法规、政策、规章、条例、制度等形式出现，要接受来自下级、监督监察部门、社会群众等方面的多重监督。

（5）可行性，道德原则要符合实际情况，践行这些规则不会带来沉重的负担，过分要求无私无欲可能会造成道德绝望、过度的道德内疚以及无效的行动。

除此之外，道德还具有鲜明的政治性和发展性。道德作为一种社会意识形态，由一定社会的经济基础所决定，并为一定的社会经济基础服务。不同的阶级具有不同的道德观念。不同社会文化、不同历史时期，人们对什么是正确的事情的判断标准也存在很大差异。

1961 年，韩国前总统朴正熙发动军事政变接管韩国。他权力独揽、禁锢言论、镇压民主运动与进步运动，甚至试图通过货币改革没收华侨资产用于产业发展，剥夺人民的财产权。当时，韩国比朝鲜还穷，人均名义 GDP 为 87 美元；1979 年他遇刺时韩国人均名义 GDP 为 1764 美元，是 1962 年的 20.3 倍，年均增长 19.4%，被称为“汉江奇迹”。朴正熙发展商业与出口贸易、扶持产业、推动韩日邦交正常化、建立强有力的社会秩序。可以说没有朴正熙的右派权威，就没有自由、繁荣与文明的现代韩国。①

从美国政府的立场来看，朴正熙时代是独裁、不民主的；从现在的韩国来看，这也是让人难以忍受的统治；但是从当时的社会经济基础来看，国家底子很薄，“饿着肚子玩民主”与“吃饱肚子骂政府”谁更道德呢？道德是发展的，是区域性的，受到文化的影响。因此，没有绝对的道德，也没有普世的价值。

三、道德感的来源

管理游戏：写讣告②

写明逝者的姓名，身份，因何逝世，逝世的日期、地点、终（享）年岁数。简介死者生平，着重介绍死者生前具有代表性的经历；署上发讣告的团体或个人的名称，以及发讣告的日期。

你希望自己的讣告上写些什么？你想要人们在你的葬礼上说些什么？请仔细思考后写下来。

从一个人的讣告可以看出一个人的信仰、职业要求以及社会责任感。这也是道德感的3个主要来源。

一是良心，通常源于个人或者宗教信仰，引导人们按一定的道德标准行事。《木偶奇遇记》中匹诺曹问仙女，他如何才能知道对还是错呢？仙女说：“Let your conscience be your guide（凭良心做事）.”朱熹说：“良心者，本然之善也。即所谓仁义之心也。”仁指仁爱，“仁”字拆开来，左边

① 刘鸣．朴正熙：充满矛盾性的政治人物[EB/OL].(2013-03-13)[2023-07-30]. http://theory.people.com.cn/n/2013/0313/c107503-20769883.html.

② 根据资料改编。克里斯托弗·彼得森．积极心理学[M]．徐红，译．北京：群言出版社，2010:17.

一个人，右边一个二，是让一个人的心里至少装着两个人，不仅仅只有自己，因此仁者爱人，义指正义。“杀身成仁，舍生取义”。仁义是传统道德的最高准则。宋仁宗时代群星灿烂，与宋仁宗作为最高统治者的性格有关，对人比较宽仁。

有种说法：“你这么无耻，活得一定很轻松。”你认同吗？无耻的人很少自责，自责其实是一种道德上的自我评估和反省。然而，无耻就一定轻松吗？不见得。

有这样一则故事：“一个小男孩和一个小女孩一起玩耍，小男孩收集了很多石头，小女孩有很多糖果，小男孩想用所有的石头与小女孩的糖果做个交换。小女孩同意了，小男孩偷偷地把最好看的石头藏了起来，把剩下的给了小女孩。而小女孩则如她承诺的那样，把所有的糖果都给了小男孩。那天晚上，小女孩睡得很香，而小男孩却彻夜难眠，他始终在想，小女孩是不是也跟他一样藏起了很多糖果。”

所以，一方面虽然别人看不到，但是我们内心却会有一个声音询问自己这事做得是否问心无愧。有时候我们做事瞒天瞒地却瞒不过自己的良心。另一方面，如果你不能给予别人百分之百的话，你总是会怀疑别人是否给予你百分之百。所以，拿出我们百分之百的诚心对待所有的人和事，然后睡个安稳觉。

名人名言

最柔软的枕头是一个清醒的良知。（The softest pillow is a clear conscience.）

——N. R. 纳拉亚纳·穆尔西，Infosys 创始人和前 CEO

二是一般道德规则，这是社会对个人提出的道义要求，包括法律和公序良俗，如“有法必依，执法必严”。法律有强制力，盲目服从社会规则不一定就是道德的。例如，汉纳·阿伦特曾这样评价“二战”中屠杀犹太人的德国纳粹分子阿道夫·艾希曼：“从某种意义上说，艾希曼确实照着康德的原则做了：有法必依，毫无例外……他履行自己屠杀迫害犹太人的职责确实毫无例外。”马克·吐温的《费恩历险记》中，小说主人公帮助黑奴朋友吉姆逃跑，但他却为违反法律而心生罪恶感。公序良俗是倡议而非强制，尊老爱幼、给残疾人让位是公序良俗，让了应该受到表扬，没让也不应该受到强迫。例如，北京某大妈因为不满一位姑娘让座缓慢，对其破口大骂，自称自己是正黄旗人，头上有通天纹，二环内户口，顺义有房，侮辱人家是来北京讨饭的，显然就过分了。

三是职业道德，这是人们对担任某种职务所通常具有的道德期许。①例如，我们的文化赋予警察除暴安良、军人保家卫国、医生救死扶伤、教师德高身正、法官和律师秉持公平正义等道德期许。许多小男孩小时候都希望自己能够打败怪兽、战胜坏人，想当警察。然而，海南高院原副院长张某受贿案，一审被控受贿4375万元，身为司法人员却为其丈夫实际控制的公司少缴纳增容费4621万余元，37位行贿者中有18位律师，行贿金额低则10余万元，高则达650万元。这些律师知法犯法、违反职业操守的结果将是面临刑事处罚并且取消从业资格。

四、道德理论

领导和道德的关系可以划分为两个范畴：道德行为理论和美德理论。

（一）道德行为理论

中国古语云：“听其言，观其行。”道德行为理论分为强调领导者行为目的的理论和强调影响领导者行为的责任或规则的理论。

1. 目的理论

利己主义，即以行为的结果是否恰当来判断对错，“什么是正确的?”

---

① 塞缪尔·巴伦德斯．人格解码[M]．陶红梅，译．北京：商务印书馆，2013：151－152.

就看结果的好坏。利己主义指出，一个人的行为应该为自己创造最大的利益，具有这种倾向的领导者从事工作或职业时非常自私。这在商业领域很常见——追求竞争和利润最大化的目标。

功利主义。秉承行为应该为最大多数的人创造最大的利益为目的，从这个角度来看，在道德上正确的行为就是最大化社会利益的同时最小化成本。政府投资基础设施建设、健康免疫预防、义务教育等能够为整个国家最大多数的公民带来好处，就是功利主义的体现。

利他主义。利他主义强调领导者的主要目的是促进他人获得最大利益。从这个角度来看，领导者可能被要求为别人的利益而行动，即使有损于自己的利益。真诚领导要基于利他主义的原则。

2. 义务理论

义务理论强调在判断某一行为是否道德的时候，不仅取决于其后果，还要看行为本身是否正确。诚信、公平待人、尊重别人都是独立于结果之外的良好行为。领导者有义务和责任做正确的事情，其行为不能侵犯他人的权利并对他人有益。

国家某部委领导人刘某因受贿一案于 2014 年 9 月 24 日在河北省廊坊市中级人民法院公开审理。2012 年 12 月 6 日，《财经》杂志副主编罗某微博实名举报刘某伪造学历、巨额骗贷、对他人恐吓威胁等问题时，2012 年刘某所在单位新闻办公室有关负责人对《新京报》记者表示，上述消息纯属污蔑造谣，“我们正在联系有关网络管理部门和公安部门，正在报案、报警。将采取正式的法律手段处理此事。”刘某被“双规”后，所在单位内部曾向副处级以上干部通报，称刘某本人收受礼品，利用职务便利为亲属经营活动谋利，涉及金额 1.4 亿元，包养情妇 2 人。最终检察机关起诉指控其非法牟利与非法收受财物共计 3558.3 万元。刘某所在单位新闻办公室发布虚假信息，甚至为领导者个人背书的行为显然有失道德，没有承担诚信的责任。

（二）美德理论

目的理论和义务理论主要看领导者的行为举止，美德理论看重领导者的品格。美德根植于人的内心和性格，不是天生的，而是通过后天的实践和学习获得的。当前道德理论的支持者强调应该更多地关注道德价值观的发展和培训，重点不是告诉人们应该做什么，而是直接告诉人们应该成为什么样的人。

西方哲学家们将美德描述为：勇气、节制、慷慨、诚实、谦逊、善良、真诚、忠实、公平、公正等，认为这些都是美好的品质。

以克里斯托夫·皮特森和马丁·塞利格曼为首的心理学家，在一项针对东西方主要宗教和哲学传统进行的研究中发现，人们对很多优秀品格有普遍的认同和赞许。这些受到高度认可的优点可以归纳为六大类，他们称之为六大核心美德。①

节制——诸如自我控制和节俭等优点。

勇气——勇敢和坚持的优点，面对内外阻碍时它们有助于我们实现目标。

人道——善良和爱德优点，关爱他人，友善待人。

正义——公正和公民意识，有助于集体生活。

智慧——开放的心态，热爱学习，有助于知识的获取和运用。

超越——敬畏和精神力量，它可使我们与宇宙联结，提供生命的意义。

2013 年 12 月 23 日，中共中央办公厅印发《关于培育和践行社会主义核心价值观的意见》，将 24 字的核心价值观分成 3 个层面：

富强、民主、文明、和谐，是国家层面的价值目标。

自由、平等、公正、法治，是社会层面的价值取向。

爱国、敬业、诚信、友善，是公民个人层面的价值准则。

---

① 塞缪尔·巴伦德斯．人格解码[M]．陶红梅，译．北京：商务印书馆，2013：161－162.

社会主义核心价值观覆盖社会道德生活的各个领域，是公民必须恪守的基本道德准则，也是评价公民道德行为选择的基本价值标准。例如，在个人价值层面：

爱国是基于个人对自己祖国依赖关系的深厚情感，也是调节个人与祖国关系的行为准则。它同社会主义紧密结合，要求人们以振兴中华为己任，促进民族团结、维护祖国统一、自觉报效祖国。

敬业是对公民职业行为准则的价值评价，要求公民忠于职守，克己奉公，服务人民，服务社会，充分体现了社会主义职业精神。

诚信即诚实守信，是人类社会千百年传承下来的道德传统，也是社会主义道德建设的重点内容，它强调诚实劳动、信守承诺、诚恳待人。

友善强调公民之间应互相尊重、互相关心、互相帮助，和睦友好，努力形成社会主义的新型人际关系。

第三节　领导的一般道德原则

诺斯豪斯提出领导的 5 种原则，这些原则在不同学科领域都具有重要性，为健全的领导道德发展奠定了基础。

一是尊重他人。一个人必须被当作有自己既定目标的人来对待，绝不能仅仅被视为实现另一个目的的手段。安徒生在《丑小鸭》中讲到丑小鸭因为个子大又是灰色的，因而被其他鸭子欺负，遭到母亲和兄弟姐妹的嫌弃。后来被一个老奶奶收留，想有一天吃鸭蛋。但丑小鸭是雄的，不会下蛋，母鸡和猫都瞧不起他。有一天，丑小鸭说：“我好怀念在水里游泳的感觉，如果能潜到水底该多好。”母鸡听了，不屑地说：“你问问老奶奶有没有这样的想法，你问问猫有没有这样的想法，更不用问我有没有这样的想法，游泳、潜到水底，你还是努力学习怎么生蛋、怎么叫吧！”尊重他人的领导者允许他人有自己的空间，有自己的需求和愿望，无条件接受并尊重人与人的差异。这意味着领导者要善于倾听，有同理心，宽容，维护他人的尊严。

二是服务他人。服务建立在利他主义而非利己主义之上，服务意味着领导者要把追随者的利益放在计划的首位，在工作环境中，利他主义的服务行为体现在指导、授权、团队建设和慈善等活动中。1985 年 5 月 19 日，邓小平同志在中共中央、国务院召开的全国教育工作会议上的讲话中强调指出："什么叫领导，领导就是服务。"① 这个论断体现了全心全意为人民服务的根本宗旨，是对马克思主义领导观最简明、最科学的概括和总结。所谓领导，就是权力与责任的统一体。所谓服务，是指通过领导者的工作，给国家、社会和他人带来幸福和好处。

三是公正。公正体现在资源分配和奖惩措施中，所使用的分配规则和如何应用这些规则在很大程度上体现出领导者是否公平，以及怎样对待公平。资源总是稀缺的，如果不能分配公平，那么就要在决策中让追随者参与，并且制定明确的奖惩规则以实现程序公平。对于行政领导而言，党章中对党的领导干部的一个要求是，坚持和维护党的民主集中制，有民主作风，有全局观念，善于团结同志，包括团结同自己有不同意见的同志一道工作。②

四是诚实。不要撒谎。要成为好的领导者，必须要诚实。诚实的反义词是欺骗，是对事实的歪曲，会引发不信任。当我们对他人撒谎时，我们其实是想要操纵我们与他人的关系，并相信其他人不能分辨我们提供信息的真假，实际上是将自己凌驾于他人之上。

诚实必须为人坦荡，尽可能充分完全地展示现实。但是，这不是一件容易的事情，因为有些时候完全说真话会有破坏性或者适得其反，领导者

---

① 邓小平．邓小平文选：第三卷［M］．北京：人民出版社，1993：121。

② 中国共产党章程［M］．北京：人民出版社，2022：50.

面临的挑战是要在两者之间取得平衡：如何公开和坦诚，同时要考虑在特定情况下什么事是可以适当披露的。领导者要诚实这一点很重要，但同样重要的是他们对他人的态度和感觉。"老实人吃亏"，你是否认同？如果大家都这么认为，那么就都不要做老实人了。撒谎、诚信缺失跟我们信奉什么直接相关。

五是共同目标。共同目标要求领导者和追随者就组织前进的方向达成一致认识。领导者需要考虑自身的目标和追随者的目标。同时又要实现双方共同的目标。关注共同的利益意味着领导者不把自己的意志强加给别人。他们需要寻找每个人共同认可的目标。有人说成功领导的关键就是在身边的班子中充实人才，放权让他们去工作，最后把他们的功劳记在自己名下就可以了。[①] 区分变革型领导和伪变革型领导的典型标准就是是否有共同目标，将自己的意志强加于人，对别人的想法熟视无睹是不道德的行为。

[本章小结]

道德为领导活动提供价值引导、行为规范，是领导人格的直接体现，对个体领导力的提升至关重要。

领导道德属于广义的应用伦理学研究范畴，是将普遍的道德规范应用到具体的行为空间和职业领域。领导道德研究的根本点在于关注领导活动中领导者与被领导者之间的伦理冲突与道德悖论，探究道德难题。约瑟夫·奈提出从目标、手段和结果三个方面来判断道德领导与不道德领导。

道德是人们共同生活及其行为的准则和规范，是人们认可或者赞同的一些价值观念。

道德具有规定性、普遍性、优先性、公共性、可行性，除此之外，道

① 塞缪尔·巴伦德斯．人格解码[M]．陶红梅，译．北京：商务印书馆，2013：178.

德还具有鲜明的政治性和发展性。

道德感的3个主要来源是良心、一般道德规则和职业道德。道德目标之间会产生冲突并由此产生悲剧。

道德行为理论分强调领导者行为目的的理论和强调影响领导者行为的责任或规则的理论。美德理论看重领导者的品格。

诺斯豪斯提出领导的五种原则，分别是尊重他人、服务他人、公正、诚实和共同目标。

[关键词]

领导道德；道德特点；良心；一般道德规则；职业道德；领导行为理论；领导品格理论；尊重他人；服务他人；公正；诚实；共同目标

[思考题]

1. 领导道德的主要研究范畴是什么？
2. 如何判断“好领导”与“坏领导”？
3. 什么是道德？它具有哪些特点？
4. 道德的主要来源有哪些？
5. 基本的道德理论的主要内容是什么？
6. 领导的一般原则有哪些？

[参考文献]

[1]本书编写组.新形势下领导干部道德修养的十一堂课[M].北京:中共中央党校出版社,2012.

[2]邓小平.邓小平文选:第三卷[M].北京:人民出版社,1993.

[3]甘绍平,余涌.应用伦理学教程(第2版)[M].北京:企业管理出版

社,2017.

[4]克里斯托弗·彼得森.积极心理学[M].徐红,译.北京:群言出版社,2010.

[5]路易斯·波伊曼,詹姆斯·菲泽.给善恶一个答案:身边的伦理学[M].王江伟,译.北京:中信出版社,2017.

[6]迈克尔·桑德尔.公正:该如何做是好?[M].朱慧玲,译.北京:中信出版社,2012.

[7]诺斯豪斯.领导学:理论与实践(第5版)[M].吴爱明,陈爱明,陈晓明,译.北京:中国人民大学出版社,2012.

[8]塞缪尔·巴伦德斯.人格解码[M].陶红梅,译.北京:商务印书馆,2013.

[9]鄯爱红.领导道德[M].北京:研究出版社,2017.

[10]涂乙冬.道德型领导:提升企业绩效、团队创造力与员工幸福感[M].北京:社会科学文献出版社,2020.

[11]约瑟夫·奈.巧实力[M].李达飞,译.北京:中信出版社,2013.

[12]中国共产党章程[M].北京:人民出版社,2022.

后　记

我对领导理论的研究兴趣始于在复旦大学攻读企业管理博士学位时期。在胡君辰教授的支持与指导下，我选择变革型领导理论作为自己博士论文选题方向，并于2013年在博士论文基础上出版第一部学术专著《变革型领导影响下属满意度与组织承诺的路径研究》。到了上海对外经贸大学任教之后，我对大学生领导力产生了兴趣，经过多年积累，于2018年出版了第二部领导学专著《大学生领导力研究与开发》。如今，在上海对外经贸大学教务处精品校本建设项目的支持下，我在上了多年行政领导学课程之后，终于可以将一些教学感悟、实践思考整理成为系统的教材。这也将成为我在领导学领域完成的第三部著作。

领导现象作为一个实践问题源远流长，领导理论作为一个学科体系十分庞杂。我在撰写本书过程中，努力将源远流长的领导现象和体系庞杂的领导理论合二为一。理论之树长青，实践出真知，两者不可偏废。作者希望能够为阅读本书的学生和干部提供有价值的参考。

感谢教务处周璇蕾老师在出版之前不厌其烦地指导我按照学校的教材出版流程准备各种资料，才使这本教材按期出版。感谢法学院黄静书记、乔宝杰院长、王金强副院长鼓励教师开展课程建设的积极性，从学院拨付了部分资助经费。感谢上海对外经贸大学法学院公共管理学系邵德兴教授、上海市社科院赵建明研究员和上海市委党校孙美佳副教授、杨国庆副教授对教材提出的宝贵意见和建议。感谢杨元丽编辑在出版过程中的鼎力相助，才使这本著作最终与读者见面。